D1669403

Was die Märchen und die Bibel
gemeinsam haben

VERTREIBUNG ODER BEFREIUNG AUS DEM PARADIES ?

Axel Denecke

Was die Märchen und die Bibel
gemeinsam haben

VERTREIBUNG
ODER
BEFREIUNG
AUS DEM
PARADIES
?

Herausgegeben von
Dr. Axel Denecke - Rainer B. Matschke - Renate Weinsberg

Eschbach
im
Verlag am Eschbach

© 1990 Verlag am Eschbach GmbH, Im Alten Rathaus,
D-7849 Eschbach/Markgräflerland.
2. unveränderter Nachdruck. Alle Rechte vorbehalten.
Ausstattung und Umschlag:
Renate Weinsberg, Rainer B. Matschke.
Herstellung und Gesamtverarbeitung:
Druckerei Breiner, Bramsche.
ISBN 3-88671-107-2

Bibeltext
nach der Übersetzung Martin Luthers
in der revidierten Fassung 1984
© Deutsche Bibelgesellschaft Stuttgart

CIP-Titelaufnahme der Deutschen Bibliothek

Denecke, Axel:
Vertreibung oder Befreiung aus dem Paradies : was die Märchen
und die Bibel gemeinsam haben / Axel Denecke. - 1., unveränd.
Nachdr. - Eschbach : Verl. am Eschbach, 1990
    ISBN 3-88671-107-2

INHALT

In diesem Buch werden insgesamt zwölf Versuche veröffentlicht, Märchen und biblische Erzählungen miteinander ins Gespräch zu bringen. Entstanden sind diese Interpretationen in meditativen Abendgottesdiensten, die in den letzten sechs Jahren insgesamt 33 mal in der Jakobusgemeinde Osnabrück und auf verschiedenen Kirchentagen stattfanden. In der letzten Zeit ist die Frage nach einer Veröffentlichung immer stärker geworden. So habe ich zwölf Märchen ausgewählt, von denen ich meine, daß sie zusammen mit den korrespondierenden biblischen Erzählungen auch in der schriftlichen Form für die Weitergabe geeignet sind.

Dabei habe ich darauf geachtet, daß der Charakter des "mündlichen Vortrags" so weit wie möglich erhalten bleibt. Die Texte wurden nur unwesentlich sprachlich geglättet (z.B. wurden angefangene Sätze vervollständigt). Insgesamt ist es mir wichtig, daß sich der Leser den Charakter des mündlichen Vortrages so weit wie möglich noch vor Augen halten kann. Für die, die an den sonnabendlichen Abendgottesdiensten in Osnabrück dabei waren, wird die Atmosphäre der nur von Kerzen erleuchteten Kirche mitschwingen. Im Übergang von Tag zu Nacht, im Wechsel von Pan-Flötenmusik - Orgel - Wort - Stille suchten Märchen, Bibeltexte und Auslegungen ihren Weg zum Hörer. Weil diese Atmosphäre hier nicht wiedergegeben werden kann, habe ich lange Zeit gezögert, die Texte zu veröffentlichen.

Die oft recht langen Märchen werden im folgenden dann nicht abgedruckt, wenn sie als bekannt vorausgesetzt werden können. In anderen Fällen behelfen wir uns mit einer gekürzten Fassung. Die biblischen Erzählungen werden wiedergegeben nach der revidierten Luther-Übersetzung.

Der mühevollen Kleinarbeit der Herstellung des Manuskriptes und des Layouts für den Druck haben sich Renate Weinsberg und Rainer B. Matschke unterzogen. Ihnen ist es zu verdanken, daß die 1. Auflage des Buches pünktlich in der Adventszeit 1989 ausgeliefert werden konnte. Nachdem das Buch wohlwollend aufgenommen worden ist, nach wenigen Wochen schon vergriffen war und eine unverminderte Nachfrage bestand, erscheint es nun im unveränderten Nachdruck im Verlag am Eschbach.

Axel Denecke
Osnabrück, im März 1990

EINE EINFÜHRUNG IN DIE METHODE DER
MÄRCHEN- UND BIBELINTERPRETATION

I.

Im diesjährigen Sommerurlaub habe ich alte Kulturstätten in Schleswig-Holstein besucht. Über dem Eingangsportal zum Ratzeburger Dom befindet sich ein altes Mandala, in dem sich eine doppelte Vierteilung befindet. Die eine verläuft von innen nach außen, die andere von außen nach innen. Beide werden durch zwei Kreise begrenzt; nach außen durch einen großen, nach innen durch einen kleinen.

Kreis und Vierzahl sind von alters her jeweils Symbole der Ganzheit. Der Kreis ist Ausdruck des All-Umfassenden ohne Anfang und Ende. Die Vier ist Ausdruck einer konkreten, irdischen Ganzheit. In der Zahlen-Mystik wird die Vier auch als Symbol einer 'weiblichen Ganzheit' verstanden [1).

In dem in Ratzeburg abgebildeten Mandala sind also in mehrfacher Weise Ganzheitssymbole zusammengeschaut. Bewegung entsteht in dem Mandala dadurch, daß die _zwei_ sich gegenüber befindlichen Vierheiten sowohl als Gegensatz wie auch als Ergänzung empfunden werden können. Empfinde ich sie als Gegensatz, so bedeutet das: Innen und Außen stehen sich trennend, ja feindlich gegenüber. Empfinde ich sie als Ergänzung, so bedeutet das: Innen und Außen benötigen sich, um in einer fruchtbaren Spannung einen Ausgleich herbeizuführen.

Ich finde in diesem vielschichtigen und am Ende doch wieder ganz einfachen, auf Harmonie und Ganzheitlichkeit hinzielenden Mandala wie in symbolischer Verdichtung das spannungsvolle Verhältnis zwischen "Weisheit der Märchen" und "Weisheit der Bibel" abgebildet und zwar in mehrfacher Hinsicht:

1. Kreis und Vierung sind Ganzheitssymbole. - Auch Märchen und Bibel berichten von unterschiedlichen Ausgangspunkten aus von einer Ganzheit, oder besser: sie berichten vom Ganz-Werden des Menschen.

2. Beide, Märchen und Bibel, sind in ihrer rational nicht voll erfaßbaren tiefen Symbolsprache eher durch eine 'weibliche' Ganzheitserfahrung (die Vierheit) geprägt [2].

3. Beide Vierheiten des Mandalas sind umgeben von einem allumfassenden Kreis, der ihnen ihre äußere Grenze zuweist und ihnen als Um-Kreis Struktur verleiht. Die Vierheiten sind gleichsam von dem alles umfassenden Kreis eingebettet. Der Kreis als das Umgreifende ist zugleich auch Symbol für Gott in seiner Ganzheit. Er umgreift die biblische Weisheit und die Weisheit des Märchens.

4. Und doch stehen die beiden Vierheiten innerhalb des Kreises sich gegenüber. Sie stehen in einer fruchtbaren Spannung zueinander.

   a. Von der Mitte - dem kleinen Mittelkreis - her nach außen orientiert, ist die erste Vierheit dem Märchen vergleichbar. Von einer geheimen (göttlichen?) Mitte her drängt das Märchen nach außen in die Welt hinein mit ihren vielfältigen, oft so unterschiedlichen, ja disparaten Erfahrungen. Diese geheime Mitte des Märchens ist auf den ersten Blick nicht immer sofort zu erkennen, ist aber tief verborgen in jedem Märchen entdecken. Alle Märchen erzählen aus einer geheimen Mitte heraus von vielfältigen Formen der Weltbewältigung.

   b. Von außen, dem Umgreifenden Gottes, her in die Mitte eines Zentrums hinein zielen die biblischen Geschichten. Sie greifen äußere Alltagserfahrungen auf und betrachten sie. Auch äußere Gotteserfahrungen werden erzählt. Doch für den, der weiter blickt, zielen alle biblischen Geschichten hin auf eine geheime Mitte. Sie zielen auf das Zentrum hin, in dem Gott und Mensch in dieser oft so ungöttlichen - und damit auch unmenschlichen - Welt zusammenfinden. Die Vierheit des Mandalas, die von außen nach innen zum kleinen Kreis in der Mitte strebt, bildet es ab.

   c. Beide Vierheiten stehen in Spannung zueinander. Sie bewegen sich aufeinander zu. Sie können sich berühren, aber auch aneinander stoßen. Sie können sich von ihren gegensätzlichen Ausgangspunkten her miteinander verbinden, sie können sogar miteinander verschmelzen. Dies ist offen, wie das meiste, ja eigentlich alles in unserem leben offen bleibt.

5. Bei alledem ist mir an dem Mandala eines besonders wichtig.
   Deshalb sei es noch einmal besonders betont. Der <u>allumfassen-
   de Kreis</u> umgreift die Bewegungen der zwei Vierheiten aufeinander zu. Und weiter: Im Zentrum, von dem her und auf den hin
   sie sich bewegen, kehrt der Kreis noch einmal wieder. Groß-
   Kreis als äußere Begrenzung und Klein-Kreis als innere Begrenzung sind Symbole des Göttlichen; ja noch mehr: sie sind
   Symbole des All-Umgreifenden (Groß-Kreis) und des Eins in
   Allem (zentraler Kreis, der auch zum Punkt zusammenschmelzen
   kann). Von wo aus ich auch immer ausgehe, um mich auf den Weg
   zu machen, ich werde - wenn ich wirklich den Weg zur Ganz-
   werdung zuende gehe und nicht auf halbem Wege stehen bleibe -
   Gott begegnen, sei es im Größten oder im Kleinsten. Davon
   spricht bereits die alte biblische Weisheit im 139. Psalm:
   "Von allen Seiten umgibst du mich und hälst deine schützende
   Hand über mir." Von allen Seiten!

Das Mandala über der Eingangspforte des Domes von Ratzeburg
macht es deutlich: Die Weisheit der nach außen strebenden Märchen und die Weisheit der nach innen strebenden biblischen Erzählungen sind miteinander verbunden. Das Mandala über der Eingangspforte des Domes von Ratzeburg ist ein Sinnbild der tiefen
Verwobenheit von Äußerem und Innerem, von Märchen und Bibel. Und
beides geht von Gott aus und zielt auf ihn hin.

                              II.

1.
Ob es denn überhaupt erlaubt sei, die "Weisheit der Bibel" und
die "Weisheit der Märchen" miteinander ins Gespräch zu bringen,
beide miteinander zu vergleichen, ja gar auf dieselbe Stufe zu
stellen, werde ich oft gefragt. Ob damit nicht die Einzigartig-
keit und Unvergleichbarkeit der biblischen Erzählungen verloren
zu gehen drohe? Die Deutung des Mandalas von Ratzeburg scheint
dies ja nahezulegen. Seitdem ich versuche, Märchen und biblische
Texte miteinander zu "versprechen" - fünf Jahre sind es nun
schon - wurden diese kritischen Rückfragen immer wieder
gestellt. Manchmal auch noch etwas kräftiger, ja aggressiver!
Etwa so: "Weil du über die Bibel nichts mehr zu sagen weißt,
nimmst du wohl Zuflucht zu den Märchen". Oder so: "Bibel und
Märchen auf einer Stufe, damit wird ja das alte Vor-Urteil nur
noch bestätigt, daß alles, was in der Bibel steht, doch nur ein
altes Märchen ist." Oder auch streng, seriös klingend, theologisch formuliert: "Billigen sie etwa den Märchen neben der Bibel
eine eigene Offenbarungsqualität zu?". Oder auch so: "Werden im
Vergleich der beiden Gattungen Märchen und Bibel nicht entweder

die biblische Geschichte oder das Märchen oder im schlimmsten
Fall sogar beide 'vergewaltigt'? Ist es nicht besser, hier nicht
von einer Gattung in die andere zu springen und es lieber so zu
halten: Laß die Märchen Märchen sein und von ihrer Wahrheit reden und laß die biblischen Erzählungen von ihrer biblischen
Wahrheit reden?"

Solches ist zu hören, wenn man sich auf den mühsamen, aber verheißungsvollen Weg macht, nach dem Verbindenden - manchmal
allerdings unter dem Widerspruch verborgen - zwischen Bibel und
den Volksmärchen zu suchen.

An dieser Stelle sei der Einfachheit halber nur knapp und zuge-
spitzt gesagt: Gerade weil ich der Weisheit biblischer Erzählungen so viel Kraft zutraue, gerade weil ich glaube, daß in der
Bibel alle Weisheit und Erkenntnis Gottes und der Welt verborgen
ist (vgl. Römer 11,33), gerade weil aus den Tiefen der Bibel
alle Schätze und Geheimnisse der Welt zu heben sind, besteht für
mich kein ersichtlicher Grund, von vorn herein andere Versuche,
von der geheimen Mitte nach außen gehend, das Menschliche zu betrachten und zu entschlüsseln, gering zu achten, als 'Konkurrenz' gar zur biblischen Wahrheit zu betrachten. Paulus sagte
einst: "Alles ist euer. Ihr aber seid Christi" und "Alles ist
erlaubt. Nicht aber alles baut auf." Das verstehe ich so: Alles
ist in Christus - von dieser geheimen Mitte her - erlaubt,
alles! Da gibt es keine Verbotsschilder, da ist alle Enge und
Ängstlichkeit überwunden. "Denn wo der Geist des Herrn ist, da
ist Freiheit". Ob es dann auch aufbaut, das wird sich im konkreten Vollzug zeigen. Der steht noch aus.

Kein Geringerer als der unerbittlich streng denkende und re-
dende Theologe Karl Barth - der "steilste"Theologe dieses Jahrhunderts - hat dies in erfrischender Deutlichkeit gesagt.
"Daraus, daß Gott...menschlich ist, folgt... eine ganz bestimmte
Auszeichnung des Menschen als solchen... Wir haben jedes menschliche Wesen...darauf anzusehen..., daß Jesus Christus auch sein
Bruder, Gott selbst sein Vater ist... Es geht nicht an, Gottes
Humanität...auch nur teilweise zu verdächtigen, gering zu
schätzen... Er verwirft (alles) Menschliche (gemeint ist: alles
was Menschen hervorgebracht haben) nicht, im Gegenteil! Daran
haben wir uns zu halten... Das ist sicher, daß es kein theologi-
sches Recht gibt, der in Jesus Christus erschienenen Menschlichkeit Gottes unsererseits irgendwelche Grenzen zu setzen... Wir
wären dann unmenschlich, wo Gott menschlich ist."[3]

Doch wer über die theologische Berechtigung, Bibel und Märchen
miteinander ins Gespräch zu bringen, sich genauer informieren
will, den verweise ich auf meinen die theologische Recht-Schaf-
fenheit dieses Unternehmens ins Visier nehmenden Aufsatz:
"Mythos, Märchen und die biblischen Verkündigungssituation"[4] .

2.

Um das Ganze konkreter werder zu lassen, sei dies gesagt: Ich
habe den Eindruck, daß sich hinter einem schnell so dahingewor-
fenen Urteil: "Ach, das sind ja doch alles bloß alte Märchen"
inmitten des resignierenden Spottes nicht nur viel Traurigkeit
verbirgt über eine verlorene Kindheitsidylle, sondern daß dahinter unausgesprochen auch die geheime Sehnsucht, ja Hoffnung,
steckt: "Ach, wenn diese Märchen doch zu mir sprechen könnten
und ich ihre geheime Wahrheit entdeckte". Und wenn gar über die
Bibel gesagt wird: "Ach, das sind doch bloß alles alte Märchen"
- also bloß Dichtung, Erfindung, gut gemeint, aber nur fromme
Wunschphantasien - so steckt hinter dem "Ach" die geheime Frage:
"Oder sollten die biblischen Geschichten in einem tieferen Sinn
vielleicht doch 'wahr' sein, eine Wahrheit über mich selbst aussprechen?" Ja, so ist es!

Denn eines stimmt vor allem am Vergleich zwischen biblischen Geschichten und den Märchen: Beide sprechen in verdichteter Form
uralte Menschheitsweisheiten aus. Beide sind auf einer tieferen
Ebene 'wahrer' als manches, was uns so vordergründig wahr dünkt.
Beide sprechen von uns, von unseren Gedanken und Gefühlen, unseren Hoffnungen, Ängsten und Wünschen im Leben. Beide sprechen
damit auch von unseren Erfahrungen mit Gott. Märchen wie Bibel
wollen eine "Botschaft" an uns weitervermitteln. Sie haben ein
"Verkündigungsinteresse". Bis ins Formale und in die Entste-
hungsgeschichte hinein gehen die Ähnlichkeiten.

a) Viele biblische Erzählungen sind über Jahrhunderte hinweg in
mündlicher Tradition langsam gewachsen. Eine Generation erzählt
der folgenden die "großen Taten Gottes" weiter, die Erfahrungen,
die jeder auf seine Weise mit Gott gemacht hat. Am Ende dieses
Weges der mündlichen Überlieferung haben sie schließlich ihre
verdichtete schriftliche Form gewonnen. In dieser Form liegen
uns heute die biblischen Erzählungen in ihrer 'Endgestalt' vor.
In ihnen verbergen sich aber uralte Weisheiten des Glaubens und
der Gotteserfahrung.

b) Ähnlich ist es auch mit den Märchen, die in jedem Volk aus
alten Traditionen heraus gewachsen sind. Auch sie wurden über
Jahrhunderte hinweg weitererzählt, am Kaminfeuer an langen Win-
terabenden. Schließlich wurden sie gesammelt und aufgeschrieben.
Auch hier liegt uns nur die 'Endgestalt' vor. Und auch hier
gilt: Tiefe Menschheitswahrheiten werden in einfachen Erzählungen mit symbolträchtigen Bildern in sprachliche Form gegossen.
'Vordergründig' kann ein Märchen jedes Kind verstehen. 'Hintergründig' verbergen sich uralte Weisheiten des Lebens im Märchen,
die wie aus einem dunklen Brunnen herausgeangelt und ans Licht
gebracht werden müssen.

Die Parallelen können tatsächlich nicht übersehen werden:
Weisheit der Bibel: Weisheit des Glaubens und der Erfahrung der
Menschen mit Gott.

Weisheit im Märchen: Weisheit des Lebens und die Erfahrungen der
Menschen miteinander.

Ich komme daher zu dem Ergebnis: Märchenerzählungen und biblische Texte wollen und können miteinander ins Gespräch gebracht
werden, weil beide jeweils das gleiche, die Suche des Menschen
nach Sinn und Bedeutung seines Lebens, andere sagen, weil beide
aus der Weisheit des Glaubens und der Weisheit des Lebens gewachsen sind und weil beide in höchst indirekter, bildhafter und
symbolhafter, darin aber in höchst wirksamer Weise von unserem
Leben und unserem Glauben sprechen, ja weil beide auf vielfältige Weise Zeugnis ablegen davon, daß der Mensch auf seiner Suche (die spannungsvolle doppelte Vierheit im Mandala von Ratzeburg) umgriffen ist von der allumfassenden Ganheitlichkeit
Gottes (der Kreis im Mandala). Daher läßt sich sagen: Märchen
und Bibel bewegen sich von innen und von außen aufeinander zu
und begegnen sich auf dem Wege in ihrer Suche nach dem ganzen
Menschen - ob Mann oder Frau -, nach dem ganzen, wahren Menschen
als Ebenbild Gottes.

3.
Die Begegnung von Märchen und Bibel selbst kann ganz unterschiedlich aussehen:

a) Manchmal haben Märchen und biblische Texte - nur mit anderen
   Worten und Bildern - die gleiche Botschaft. Das gilt z.B. für
   das Märchen vom "gestiefelten Kater" (in der französischen
   Fassung von Chr. Perrault) und dem Gleichnis von den anver-
   trauten Pfunden, Lk 19,11-17 (In diesem Buch nicht mit aufgenommen) oder dem Märchen vom "Fischer un syner Fru" und der
   biblischen Erzählung vom Turmbau zu Babel, 1. Mose 11 (vgl.
   Seite 72 ff.)
b) Manchmal führt eine biblische Erzählung das Märchen weiter,
   greift einen Aspekt heraus und vertieft ihn. Als Beispiele
   dafür können genannt werden: "Frau Holle" und die biblische
   Erzählung von "Jesus und Nikodemus", Joh. 3,1-11 (in dieses
   Buch nicht mit aufgenommen) sowie das Märchen "Hans mein
   Igel" und das biblische Gleichnis "Vom verlorenen Sohn", Lk
   15,11-32 (vgl. Seite 44 ff.)
c) Manchmal kann durch ein Märchen eine biblische Erzählung eine
   andere Bedeutung gewinnen, bzw. können bisher dunkle Seiten
   der biblischen Erzählung aufgehellt werden. Ein Beispiel dafür wäre das Märchen "Hänsel und Gretel" (Stichwort: Vertrei-
   bung/Befreiung aus dem Elternhaus) und die biblische Geschichte vom Sündenfall, 1. Mose 3 (Stichwort: Vertreibung
   oder auch Befreiung aus dem Paradies?) (Vgl. dazu Seite
   20 ff.)

d. Manchmal muß auch dem Märchen durch die biblische Geschichte widersprochen werden, um die Botschaft von der unbedingten Menschenfreundlichkeit Gottes deutlich werden zu lassen. Ein Beispiel dafür wäre das Märchen "Schneewittchen", in dem am Ende die "böse Stiefmutter" auf glühenden Kohlen sich zu Tode tanzen muß. Kann auf diese Weise aber das "Böse" in mir und in der Welt ausgerottet werden? Bleibt das Böse so nicht ein "Gespenst im Schrank" und kommt zur Unzeit wieder? Was würde dagegen die biblische Aussage "Liebet eure Feinde. Bittet für die, die euch verfolgen" (Matthäus 6,44) bedeuten? (Vgl. dazu S. 34 ff.)

Ganz unterschiedlich begegnen (berühren, verschmelzen, widersprechen) sich also Märchen und Bibel. Das Märchen bietet insgesamt die Möglichkeit zur Anknüpfung, zum Widerspruch und zur Weiterdichtung durch die biblische Erzählung. In allem bietet es aber Gefühl und Anschauung, verdichtete Erfahrung unseres Lebens.

III.

Das wohl bekannteste deutsche Volksmärchen "Hänsel und Gretel" ist für mich zum Schlüsselmärchen im Vergleich mit biblischen Erzählungen geworden. Das Motto dieses Erzählbandes "Befreiung oder Vertreibung aus dem Paradies?" ist daher auch bei der Betrachtung des Märchens "Hänsel und Gretel" und der biblischen "Sündenfallgeschichte" entstanden. Denn alle Märchen - das wird im Folgenden zu lesen sein - berichten im Grunde davon, daß die Menschen auf der Suche nach sich selbst und nach Gott ein ursprüngliches Paradies verloren haben und nun auf dem Wege sind zurück zu diesem Paradies. Und ob sie es finden oder nicht, das hängt entscheidend davon ab, ob der "Verlust" des Ur-Paradieses als "Vertreibung" oder "Befreiung" erlebt wird. Meist ist es beides in einem. So ist es auch im Märchen "Hänsel und Gretel", die aus dem "Paradies des Elternhauses" zwar vertrieben werden, für die sich aber diese Vertreibung im Grunde in eine innere Befreiung verwandelt. Als sie in den Wald geschickt werden, sagt Hänsel zu Gretel: "Sei getrost, Schwesterchen, Gott wird uns nicht verlassen. Wir werden den Weg schon finden."

Selten wird in den Märchen so direkt von Gott geredet. Hier schon! Ein geheimes Wissen verbirgt sich wohl dahinter, daß uns tatsächlich Gott - in welcher Form, in welchen Menschen verborgen auch immer - durchs Leben begleiten muß. "Gott wird uns - auch in der Fremde, auch in der Wüste, auch im finsteren Walde, auch im Haus der 'Hexe', wo auch immer - nicht verlassen." Wer dieses unverrückbare Vertrauen hat, für den verwandelt sich die Vertreibung aus dem (Elternhaus)Paradies zu einer Befreiung, und er findet zurück zum Ursprung, von dem er ausging. So, wie das

Mandala des Domes von Ratzeburg den Weg von innen nach außen beschreibt, wobei das Zentrum und der Umkreis zusammen Gott repräsentieren, von dem ich ausgehe und zu dem ich heimkehre.

Im Märchen "Hänsel und Gretel" lassen sich in exemplarischer
Verdichtung Wesenszüge entdecken, die sich, wenn auch nicht in
allen, so doch in den meisten Märchen wiederfinden lassen. Ich
nenne hier nur die wichtigsten Elemente, auf die ich bei meiner
Beschäftigung mit den Märchen im Vergleich zu den biblischen Geschichten gestoßen bin. Unter dem zusammenfassenden Motto "Die
Lebenserfahrungen im Märchen - eine verschlüsselte Rede vom
Glauben an Gott, den guten Schöpfer" können folgende Gesichts-
punkte genannt werden:
1.
"Alle Geheimnisse, deutet sie dadurch, daß ihr eher zu wenig als
zu viel sagt" (Hugo von Hoffmansthal). Das hat vom christlichen
Glauben zu gelten, denn wer könnte schon meinen, den Geheimnis-
sen Gottes angemessen (indem ich zu viel sage) sprachlichen Ausdruck verleihen zu können. Das hat in besonderer Weise für die
Märchen zu gelten. Sie sind Meisterwerke in der bloßen Andeu-
tung, im beredten Schweigen, im Bewahren des Geheimnisses. Man
kann Märchen hören und doch nichts hören und verstehen. Denn sie
wollen von innen heraus verstanden werden, und das Wesentliche
ist für die Augen eben unsichtbar. Und wer Ohren hat, der höre.

2.
Die sich durch alle Märchen durchziehende Hauptbotschaft ist für
mich ein unzerstörbares Ur-Vertrauen zum Leben. Es ist die Botschaft: Sei unverzagt und zuversichtlich. Alles rüttelt sich am
Ende schon zurecht. Ein weises Schicksal bestimmt ein Leben.
Hinter allem liegt ein letzter, verborgener Sinn. Oft sieht man
ihn erst am Ende, so wie Mose nur den Rücken Gottes sehen darf
und nicht sein Angesicht. Aber, vom Ende her hat alles einen
guten Sinn.

3.
Alle Märchen sind Entwicklungsmärchen. Ein innerer Prozeß wird
beschreiben. Der Held/die Heldin befindet sich auf einer Reise,
und die äußere Reise ist nur ein Bild für die innere Lebensrei-
se. Es ist der Weg des Lebens: die Suche nach Sinn und Bestand.
Das Märchen bricht stets dort ab, wo ein Teilziel oder das ge-
samte Ziel erreicht ist. Es heißt nur noch lapidar: "Sie lebten
glücklich und zufrieden. Und wenn sie nicht gestorben sind..."
Das alles ist für das Märchen aber nicht mehr interessant. Der
Weg, nicht das Ziel, das Werden, nicht das Sein, die Entwick-
lung, nicht die Erfüllung stehen in der Mitte des Märchens.
Christus sagt: "Ich bin der Weg und die Wahrheit und das Leben."
Ähnlichkeit und Überbietung liegen in diesem anspruchsvollen
Ausspruch.

4.

Die Menschen sind im Märchen wie selbstverständlich in die Natur eingebettet, sie sind Teile der Natur, können mit Tieren reden, Tiere mit ihnen. Der Mensch steht nicht qualitativ aller Natur gegenüber, als ihr Herrscher, Beherrscher. Im Gegenteil: Oft sind die Tiere weiser und zeigen ihnen den Weg (Vögel bei "Hänsel und Gretel"), d.h. der tierische Instinkt in ihnen zeigt ihnen den Weg.

Man kann das die ökologische Dimension des Märchens nennen, die noch nicht zerstörte Einheit von Mensch und Natur. "Ihr sollt den Garten Eden bebauen und bewahren" (Gen. 2,15). "Die Ströme klatschen in die Hände und die Berge jubeln allzumal" (Ps 98,8).

5.

Es gibt in allen Märchen auch den Kampf mit dem Bösen, mit der Anfechtung, christlich gesprochen mit der Sünde. Märchen leben nicht in einem Wolkenkuckucksheim, sondern hier auf der Erde (Hexe, böse Schwiegermutter, Riesen, Gnome, Nebenbuhler usw.). Das Leben ist voller Gefahren. Ich besiege sie, wenn ich sie nicht verdränge, sondern sie wahrnehme und mich ihnen stelle.

6.

Die Botschaft lautet jedoch: Das Gute ist am Ende stärker als das Böse - wenn ich nicht geflohen bin, sondern mich der Gefahr ganz ausgesetzt und mich hineinbegeben habe in den Kampf. Das Leben siegt über den Tod. Die Liebe siegt über den Haß. Das Schöne siegt über das Häßliche.

Das alles heißt: Das menschenfreundliche, gütige Antlitz Gottes ist Gottes wahres Gesicht. Der drohende, Sünden aufrechnende, zornige Gott ist nur der äußere Schein.

7.

In alledem sind die Märchen - und darin liegt gerade ihre innere Spannung - von der Urpolarität 'Verheißung - Erfüllung' bestimmt. Doch dazwischen gibt es viele Irrwege. Dies realistisch zu akzeptieren, gehört zur Weisheit des Lebens und - so meine ich - auch zur Weisheit des Glaubens.

8.

Eine weitere Botschaft der Märchen lautet: Die Menschen sind füreinander bestimmt, aufeinander angewiesen. Sie brauchen sich gegenseitig, dadurch erst werden sie ganz, denn jeder einzelne Mensch benötigt zu seiner individuellen Ganzheit auch die soziale Ganzheit, die Gemeinschaft mit einem anderen Menschen. Nur zusammen kommen Hänsel und Gretel aus dem Wald, einmal hilft die eine, einmal der andere. Das wechselt im Märchen wie im Leben. Am Anfang führt Hänsel die Gretel, am Ende umgekehrt.

Die Märchen sprechen davon, daß die Menschen füreinander bestimmt sind und sich gegenseitig brauchen. Die Bibel spricht davon, daß Mensch und Gott füreinander bestimmt sind, sich gegenseitig brauchen.

9.
Im Märchen werden Bilder und Symbole aufgegriffen, die elementare Bedeutung für jeden Menschen haben: Feuer und Wasser, Licht und Dunkelheit, Sterben und Auferstehung, Brunnen, Höhle, Bauen, Samenkorn, Tiergestalten; Ur-Erfahrungen wie Spinnen, Jagen, Weben, Tierehüten; Symbole und elementare Erfahrungen, die auch dann, wenn man sie nicht vorschnell mit den Jung'schen Archetypenlehre in Verbindung bringen will, doch einen Vergleich mit ähnlichen biblischen Symbolen nahelegen.

1o.
Von Gott selbst wird im Märchen nur ganz selten direkt gesprochen, meist nur in Andeutungen und im beredten Schweigen. In vielen Märchen wird von Gott gar nicht gesprochen, und doch ist er mitten dabei. Wenn Gott im Märchen direkt einmal erscheint, dann inkognito. Die meisten erkennen ihn nicht. Man muß genau hinblicken, von innen heraus sehen. Es ist der als Bettler verkleidete Gott, wie im Märchen "Der Arme und der Reiche" zu beobachten. Inkognito, das eben ist Ausdruck der höchst indirekten, höchst verschlüsselten, aber auch - wem's gegeben ist, es zu entschlüsseln - höchst wirksame Rede von Gott. "Drei Wünsche hat der arme Kundige frei". Keine Kunde von Gott, aber der "Kundige" erkennt das verborgene Kommen Gottes in seinem Leben.
Ist es in unserem Glauben anders?
So können die Märchen zu Erzählungen der zufälligen, aber tiefen Begegnungen auf dem Wege werden, Begegnungen zwischen Mensch und Mensch, um auf dem beschwerlichen, aber auch beglückenden Weg durchs Leben weise zu werden im Leben und im Glauben, weise zu werden an Einsichten über den Menschen und über Gott.

IV.

Lange Zeit habe ich gezögert, Märchen und Bibel miteinander ins Gespräch zu bringen, obwohl ich mich damit schon seit fast 2o Jahren beschäftige. Denn ich muß zugeben, daß die Zuordnung von "Märchen" und "Bibel" und die damit verbundenen Assoziationen bei mir anfangs eher ein zwiespältiges Gefühl hervorgerufen haben. Ich denke, es ist gut, daß ich das Ganze habe so lange Zeit langsam erst wachsen lassen. Es bedurfte bei mir erst einen langen, ja langsamen Klärungsprozeß, ehe das, was einen innerlich bewegt, dann auch äußerlich einen "sprachlichen Ausdruck" finden kann.
Ja, es scheint wohl notwendig zu sein, manches, das man anfangs nur ahnt und vage beschreiben kann, lang und langsam in sich arbeiten zu lassen, ehe es reif ist und in sprachlicher Gestalt nach außen treten kann.

Denn bei dem allen handelt es sich um ein Verstehen der biblischen Texte und der Märchen "von innen" heraus, so, wie es mir während meiner Beschäftigung mit den Märchen in einem Traum unver-
sehens deutlich wurde: Ich sah die Erdkugel plötzlich von innen
heraus geöffnet, sah Länder von ihrer "Unterseite" her, sah von
Europa übers Mittelmeer bis nach Israel hindurch, stieg "von
innen" oder auch "von unten" an die Oberfläche des "Heiligen
Landes" herauf. Ein schönes Traum-Bild bloß? So geht es jedoch -
so scheint es mir - in vielen Märchen zu, so geht es in der Bibel zu! Und es mag ja sein, daß vieles im jüngeren Menschen erst
reifen muß, über Jahre hinweg, in jungen Jahren, ehe es auf der
Höhe des Lebens, in der Mitte des Lebens, in Erscheinung treten
kann. Alles hat seine Zeit. Vielleicht hat der Versuch, Märchen
und Bibel zusammenzuschauen, seine Zeit noch nicht in jungen
Erwachsenenjahren, sondern erst in der Mitte des Lebens.
Vielleicht!

Mag sein, ich weiß es noch nicht genau. Auf jeden Fall ist
"lange Zeit", ja "aufrechte Geduld" vonnöten, um sich in die
Märchen und die Bibel innerlich hineinzuhören, um Verborgenes
'wahr'-zunehmen und dann, wenn man es 'begriffen' hat, nein:
meint, begriffen zu haben, vorsichtig nach außen zu tragen,
langsam und mit Geduld, so wie es Pablo Neruda in einem seiner
schönsten Gedichte sagt:

Sinkt jeder Tag hinab
in jede Nacht
so gibt's einen Brunnen
der drunten die Helligkeit
hält
Man muß an den Rand
des Brunnendunkels
hocken
entsunkenes Licht
zu angeln
mit Geduld

"Entsunkenes Licht --- zu angeln --- mit Geduld". Wer die Angel
auswirft, der weiß noch nicht, wie lange er warten muß, was er
angeln wird, ob er überhaupt etwas angeln wird. "Entsunkenes
Licht --- zu angeln". Oft scheint es dunkel zu sein, wenn wir in
den Brunnen blicken, wenn wir in die Märchen blicken, wenn wir
in die Bibel blicken. Doch habe Geduld. Sieh genau hin, sieh
lange hin, mit Geduld, dann wird es sich lichten, das Dunkel,
wenn du dir Zeit zum Hinschauen nimmst, wenn du dir Zeit zum
Angeln nimmst. Von einigen dieser "Angelversuche" wird im Folgenden erzählt, wenn die Märchen und die biblischen Geschichten
zusammengeschaut werden.

V.

Das Besondere meines Ansatzes liegt im Vergleich und im "gegenseitigen Versprechen" von "Märchen-Texten" und "biblischen Texten". Das ist meiner Kenntnis nach tatsächlich ein neuer Ansatz, der über die in der letzten Zeit reichlich veröffentlichten tiefenpsychologischen Märchendeutungen hinausgeht. Dabei will ich nicht verhehlen, daß ich - so wie ich bei der biblischen Deutung selbstverständlich die gängige exegetische Literatur zurate gezogen habe - manche Deutungen tiefenpsychologischer Märchen-Interpretationen, die gegenwärtig auf dem Markt sind, aufgegriffen, zum Teil einfach übernommen, zum Teil aber auch anders gewichtet und weitergeführt habe.

Ich verweise in diesem Zusammenhang besonders auf die im Kreuz-Verlag Stuttgart erschienene Reihe "Weisheit im Märchen", auf die verschiedenen von Verena Kast im Walter-Verlag veröffentlichten Märchendeutungen (z.B. "Familienkonflikte im Märchen"; "Wege zur Autonomie"; "Mann und Frau im Märchen" u.a.), auf die von Eugen Drewermann (mit Illustrationen von Ingritt Neuhauss) ebenfalls im Walter-Verlag herausgegebenen tiefenpsychologischen Märchen-Deutungen sowie auf Bruno Bettelheims Buch "Kinder brauchen Märchen" (dtv 15010). Neben diesen, vor allem dem psychoanalytischen Ansatz C.G. Jungs verpflichteten Interpretationsangeboten (nur Br. Bettelsheim darf der 'Schule' S. Freuds zugerechnet werden) habe ich aus der philologischen Märchen-Deutung vor allem den Klassiker der Märchen-Forschung Max Lüthi "Das europäische Volksmärchen" Tübingen 1985 und andere seiner Veröffentlichungen zurate gezogen. In der meisten der genannten Literatur wird im Nebenbei auf manche Parallelen zwischen den Märchen und biblischen Erzählungen hingewiesen. Es bleibt dort jedoch bei bloßen Andeutungen oder recht vagen Vermutungen. Auch dies ist für mich mit ein Grund gewesen, das hier und da eben nur angerissene Thema genauer in den Blick zu nehmen [5].

VI.

Auf einige Besonderheiten in den folgenden Erzähltexten ist noch hinzuweisen:

1.
Wenn Märchen und biblische Erzählungen miteinander ins Gespräch gebracht werden, so kann es kein festes Auslegungs- und Organisationsprinzip geben. Die Texte selbst bestimmen die Art der Darbietung und der Verbindung der einzelnen Aussagen miteinander.
Oft werden die Märchen und die biblischen Texte nacheinander betrachtet. Eine äußerlich klare Abtrennung voneinander kann aber

kein Zeichen einer inneren Trennung sein. Manchmal wird daher
auch mit dem biblischen Text begonnen, dann zum Märchen hinge-
führt, das am Ende wieder den Weg zum biblischen Text weist
(vgl. das Märchen von den "Zwei Brüdern" S.   ff.). In einigen
Fällen laufe ich auch mehrmals zwischen Märchen und biblischem
Text hin und her, versuche im unmittelbarsten Sinn, Märchen und
Bibel miteinander zu "versprechen" (so bei "Hänsel und Gretel",
S. 20 ff). Stets habe ich mich davon leiten lassen, was den Aussagen der beiden Texte am sachgemäßesten zu sein schien. Der In-
halt selbst sucht sich seine je eigene Form.

2.

Die Märchen selbst können auf der "Subjektstufe" und auf der
"Objektstufe" verstanden werden (so die Formulierung von C.G.
Jung in seiner psychoanalytischen Praxis). Mit "Objektstufe" ist
in diesem Zusammenhang gemeint: Alle Personen, die in den Märchen vorkommen, sind eigene Wesen, die für sich betrachtet werden können. Ich habe die Möglichkeit, mich mit meinen Gefühlen,
Erfahrungen in einer der Personen wiederzufinden, mich für eine
zu entscheiden, mich mit ihr zu solidarisieren, mit ihr zu leben. So werden die Märchen meistens, wenn sie überhaupt als
Sinn-Bilder innerseelischer Vorgänge begriffen werden, verstanden. Mit der "Subjektstufe" ist gemeint: Alle einzelnen in den
Märchen handelnden Personen, auch Tiere, auch nichtorganische
Symbole, repräsentieren Teile von mir selbst. Ich kann jedes
Märchen auch so lesen, daß ich in allen im Märchen in Erscheinung tretenden Einzelelementen mich wiederfinde; in dem einen
mehr, in dem anderen weniger. Also: Für das Märchen von "Hänsel
und Gretel" würde das bedeuten: Ich finde mich - zum mindesten
Anteile von mir - in der bösen, die Kinder vertreibenden Mutter,
in der Hexe, in Hänsel und in Gretel, ja auch in der Taube, die
den Weg weist, wieder. Dieses Verständnis ist ungewohnt, manches
sperrt sich in uns, die Märchen - und im übrigen auch die biblischen Geschichten - so zu verstehen. Und dennoch ergeben sich
ganz neue Ein-Sichten, wenn wir uns auf diese Sicht-Weise ein-
lassen. In der folgenden Märchenbetrachtung wird zwischen
"Objekt- und Subjektstufe" ja nach dem Betrachtungsstand gewech-
selt. An manchen Stellen wird auch angegeben, warum jetzt gerade
auf eine andere Stufe der Betrachtung übergegangen wird.

3.

Oft werde ich gefragt, wie ich denn zu der Zuordnung bestimmter
Märchen zu bestimmten biblischen Texten gekommen bin. Dazu kann
ich nur sagen: Es geschah spontan nach einem unmittelbaren
Empfinden und Ein-Druck von "Gefühl und Anschauung". Man kann es
"Intuition", man kann es "Ein-Bildung", man kann es auch "Will-
kür" und "Zufall" nennen. Bei der Betrachtung der einzelnen
"Versprechungen" von Märchen und Bibel wird sich schon heraus-
stellen, ob die "Ein-Bildung" eine "Einbildung" war oder nicht.

4.

Von Gott wird wie in der Bibel, so vor allem in den Märchen, wenn denn von ihm gesprochen wird, sehr menschlich - wir Theologen nennen es 'antropomorph' - gesprochen. Ich nehme mir daher die Freiheit, auch sehr menschlich - in wörtlicher Rede, so, als spräche Gott gerade mit uns - von ihm zu sprechen. Doch wenn ich so ganz menschlich mit ihm rede, so ist natürlich klar, daß ich damit nur nach Bildern und Symbolen suche, die das zum Aus-Druck bringen, was uns von innen heraus bewegt. Gerade wenn wir uns darüber im klaren sind, daß wir von Gott - wo wie er ist, so wie es das Mandala wieder symbolhaft, aber abstrakt ausdrückt - sowieso nicht reden können, weil wir ihn weder mit klaren Worten noch mit vielschichtigen Bildern erfassen können, gerade also wenn wir uns darüber im klaren sind, daß wir uns - wie es uns das 2. Gebot einschärft - auch mit unserem besten Bemühen "kein Bildnis noch Gleichnis" von ihm machen können, daß also kein Bild und kein Gleichnis und keine noch so abstrakte Rede und keine noch so gegenständliche, anschauliche Rede angemessen sein kann, ihn zu erfassen, gar in Wort/Bild/Symbol zu "bannen", gerade wenn wir das wissen, dann können wir nicht anders, als ganz menschlich mit vielen Bildern und Gleichnissen, in ganz wörtlicher Rede, als stünde er direkt neben uns, von ihm zu reden, darauf vertrauend, daß eben durch die Bilder und Gleichnisse und menschliche Rede ein Abglanz von dem, was er ist, hindurchscheint, daß "in, mit und unter" aller Bilder und Gleichnisse für den, der Ohren hat zu hören und Augen hat zu sehen, ein Abglanz seiner Wirklichkeit, seiner Schönheit und Güte - denn Gott ist schön und gut - zu leuchten beginnt. Denn im Grunde können wir von Gott gar nicht anders reden als ganz menschlich. Gott selbst hat uns dies vorgemacht, ist den Weg, mit uns zu reden, uns vorausgegangen, in dem Menschen Jesus, in dem wir im Glauben Gott erkennen. Jesus - selbst ein Bild Gottes, das menschliche Ebenbild Gottes.

5.

Man wird in den folgenden zwölf Märchen-Betrachtungen entdecken, daß sich vieles wiederholt, ja daß es sich im Grunde in allen Märchen um Variationen des einen Themas handelt: Der Mensch ist auf dem beschwerlichen, aber verheißungsvollen Weg zu sich selbst, zu dem innersten Kern seines Mensch-Seins, und er findet dabei, wenn er sich denn auf den Weg macht und den Weg konsequent zu seinem Ende geht, nicht nur zu sich selbst, er findet zu Gott. Was die Märchen verborgen, indirekt aussprechen, wird in der Bibel offenbar. Das eine Thema ist es, das in vielen Variationen entfaltet wird. Daher muß es zu Wiederholungen kommen. Das ist unvermeidbar, ja durch die Sache bedingt, denn es gibt im Grunde nur dieses eine Thema.

Karl Barth hat einmal über die Aufgabe der christlichen Predigt gesagt (zusammen mit seinem Freund Eduard Thurneysen): "Es muß jeden Sonntag auf der Kanzel alles und darum jeden Sonntag das gleiche gesagt werden". Das ist ein wirklich richtiger und wahrer, aber auch ein gefährlicher Satz. Denn schnell wird er dazu mißbraucht, nicht nur stets "alles" und "das gleiche" zu sagen, sondern auch stets langatmig und langweilig dieselben tod-richtigen Sätze "über" Gott zu deklamieren und zur "institutio-nellen Belanglosigkeit" (G. Ebeling) unserer Predigten beizu-tragen. Den Mißbrauch dieses weisen Ratschlages von Karl Barth gilt es in der Tat vor Augen zu haben.

Dennoch - und das zeigt sich, wenn wir die Märchen betrachten - im Grunde gibt es wirklich nur das eine Thema, das eine echte, uns wirklich bewegende Thema: Wie findet der Mensch zu sich selbst, wie findet er zu Gott? Wie kann der Mensch, befreit oder vertrieben aus dem Paradies, zum "Paradies" - nennen wir es "Integration" oder "das Selbst" oder "Ganzheitlichkeit" oder "Identität" oder "Versöhnung mit sich selbst" oder "Glauben" oder "Geborgenheit in Gott" oder wie auch immer - zurückfinden? Das eine Thema ist es, das uns im tiefsten bewegt. Märchen und biblische Geschichten nehmen sich - allerdings auf vielfältige phantasievolle, facettenreiche Weise - dieses einen Themas an, betrachten es immer wieder neu, beginnen immer wieder neu mit dem Anfang. Sie wenden es von außen nach innen, wenden es von innen nach außen, wie in der doppelten Vierheit des Mandalas, und doch zielen sie damit hin auf das Zentrum in der Mitte und auf den umgreifenden Kreis zugleich.

Mehr, als am Ende stets das eine und gleiche auf vielfältige Weise - in Wort, Bild, Symbol, Weisheitsrede, Gleichnis, Fabel, Träumen, Allegorien - zu sagen, steht uns nicht zu. Mehr können wir nicht tun. Doch das immerhin können wir tun.

VII.

Märchen und biblische Texte reden in der Bildersprache von der Wahrheit. So wie es eine schöne rabbinische Geschichte be-schreibt:

> "Die Wahrheit und das Märchen begegnen sich eines Tages auf der Dorfstraße; das Märchen bunt gekleidet und fröhlich, die Wahrheit im grauen Gewand. Die Wahrheit klagt: "Niemand will mich einlassen". Das Märchen ant-wortet: "Weil ich so heiter und farbig bin, läßt mich jederman gern zur Tür herein, und ich muß nicht darben. Mach es doch einfach wie ich."
> Seither nun erscheint die Wahrheit im Märchengewand und erzählt von der Weisheit, die sich in ihm verbirgt."

Alle Versuche, die Weisheit des Märchens und der Bibel miteinan-der ins Gespräch zu bringen, wollen in uns eines auslösen: daß wir uns auf die spannende Entdeckungsreise machen, uns selbst in

der manchmal gemeinsamen, manchmal auch entgegengesetzten Wahrheit im Märchengewand und im Kleide biblischer Erzählungen
wiederzufinden, um uns selbst zu finden und um Gott zu finden.

Anmerkungen:

1. Vgl. zur Zahlen-Deutung J. Jakobi, Vom Bilderbuch der Seele. Wege und Umwege
   zu sich selbst, Olten 1989[3] , S. 92ff; soie I. Riedel, Formen, Stuttgart
   1985, S. 11ff, 89ff. Danach fügt das eher 'weibliche' Ganzheitssymbol der
   Vier dem eher 'männlichen' Ganzheitssymbol der 'transzendenten' und 'ver-
   geistigten' Drei das Element des 'Erdhaften' und 'Materiellen' noch mit hinzu. So entsteht aus der transzendenten Drei durch Hinzufügen der Eins die irdische Vier.

2. Dabei sollte deutlich sein, daß das 'Weibliche' nicht einfach äußerlich auf
   die "Frau" bezogen werden kann, das 'Weibliche' als eine Weise der Wirklichkeitserfahrung läßt sich vielmehr in jedem Menschen - offen oder verborgen -
   wiederfinden. Zu erinnern ist hier im weitesten Sinn an die Unterscheidung
   und gegenseitige Bezogenheit von 'animus' und 'anima' in jedem Menschen von
   C.G. Jung.

3. Karl Barth, Die Menschlichkeit Gottes, Zürich 1956, S. 16ff.

4. Axel Denecke, Mythos, Märchen und die biblische Verkündigungssituation, in:
   Pastoraltheologie, 6/1988, S. 254-271.

5. In diesem Zusammenhang verweise ich für den, der sich in den gesamten Zusam-
   menhang von "Mythos, Märchen, Legende, Sage, Traum - und die biblischen
   Texte" hineinlesen will, auf die nun wirklich umfassende Darstellung von
   E.Drewermann, Tiefenpsychologie und Exegese, Bd. I - Traum, Mythos, Märchen,
   Sage und Legende, Walter-Verlag Olten 1985[3] , vor allem S. 72ff., 164-388.

HÄNSEL UND GRETEL

VERTREIBUNG ODER BEFREIUNG AUS DEM PARADIES?

1. Mose 3

WAS ADAM UND EVA
IM
PARADIES SUCHTEN

18 Und Gott der HERR sprach: *Es ist nicht gut, ˣdaß der Mensch allein sei; ich will ihm eine Gehilfin machen, die um ihn sei.*
25 Und sie waren beide nackt, der Mensch und sein Weib, und schämten sich nicht.

Der Sündenfall

Aber die ᶻSchlange war listiger als alle Tiere auf dem Felde, die Gott der HERR gemacht hatte, und sprach zu dem Weibe: Ja, sollte Gott gesagt haben: ihr sollt nicht essen von allen Bäumen im Garten? **2** Da sprach das Weib zu der Schlange: Wir essen von den Früchten der Bäume im Garten; ᵃ **3** aber von den Früchten des Baumes mitten im Garten hat Gott gesagt: Esset nicht davon, rühret sie auch nicht an, daß ihr nicht sterbet! ᵇ **4** Da sprach die Schlange zum Weibe: Ihr werdet keineswegs des Todes sterben, ᶜ **5** sondern Gott weiß: an dem Tage, da ihr davon esset, werden eure Augen aufgetan, und ihr werdet sein wie Gott und wissen, was gut und böse ist.

6 Und das Weib ᵈsah, daß von dem Baum gut zu essen wäre und daß er eine Lust für die Augen wäre und verlockend, weil er klug machte. Und sie ᵉnahm von der Frucht und aß und gab ihrem Mann, der bei ihr war, auch davon, und er aß. **7** Da wurden ihnen beiden die Augen aufgetan, und sie wurden gewahr, daß sie ᶠnackt waren, und flochten Feigenblätter zusammen und machten sich Schurze. **8** Und sie hörten Gott den HERRN, wie er im Garten ging, als der Tag kühl geworden war. Und Adam ᵍversteckte sich mit seinem Weibe vor dem Angesicht Gottes des HERRN unter den Bäumen im Garten. **9** Und Gott der HERR rief Adam und sprach zu ihm: Wo bist du? **10** Und er sprach: Ich hörte dich im Garten und fürchtete mich; denn ich bin nackt,

. , . **23** Da wies ihn Gott der HERR aus dem Garten Eden, daß er die Erde bebaute, von der er genommen war. ⁿ **24** Und er trieb den Menschen hinaus und ließ lagern vor dem Garten Eden die Cherubim mit dem flammenden, blitzenden Schwert, zu bewachen den Weg zu dem Baum des Lebens.

I.

Wer kennt es nicht, das Märchen "Hänsel und Gretel", dieses vielleicht bekannteste deutsche Volksmärchen? Wer kennt es nicht von Kindheitstagen an? Denn es ist ein Märchen, geliebt und weitergeträumt von den Kindern."Abends, wenn ich schlafen geh', 14 Engel um mich stehn..." - "Knusper, knusper knäuschen...".

Schöne Erinnerungen? Kinder lieben es; sie wollen es immer wieder hören. Erwachsene dagegen lehnen es oft ab - dieses böse Märchen, weil es so grausam ist. Das ist - so denke ich - durchaus verständlich, denn wir Erwachsenen - Vater, Mutter, Hexe - kommen in diesem Märchen schlecht weg. Die Kinder dagegen sind die Helden, sie gehen ihren Weg und finden am Ende nach einem langen, mühsamen Irrweg - wie in allen Märchen - nach Hause. "Wir werden den Weg schon finden", sagt Hänsel am Anfang. Und sie finden ihn; ganz anders als sie dachten zwar, über Umwege und Lebensgefahr; aber sie finden ihn.

Adam und Eva.
Wer kennt nicht auch diese Geschichte von der "Vertreibung aus dem Paradies"?
Adam und Eva, zwei Menschen, die in ursprünglicher Unschuld wie Kinder in ihrem Paradies zusammenleben, Mann und Frau - Frau und Mann, in ursprünglicher Einheit, so wie Gott sie schuf: "Und er schuf sie, einen Mann und eine Frau".

Nicht der Mann für sich, das ist nichts; nicht die Frau für sich, das ist auch nichts. Sondern zusammen, aufeinander bestimmt, so erst sind sie ganz, sind sie eins. "Und die zwei werden ein Leib sein". So gehören sie zusammen, und wenn sie so zusammengehören, so ist das das Paradies. Ja.

Und auch die Geschichte von der "Vertreibung aus dem Paradies". Diese böse Geschichte, in der die Eva dem Adam die Frucht reicht vom Baum der Erkenntnis. Beide essen davon, werden entdeckt und dann herausgetrieben aus dem Paradies - von Gott; hinein in die kalte, in unsere Welt.
Die Schlange, die den Menschen verführte. "Sie war listiger, als alle Tiere des Feldes". Da zischt es und zischelt es wie in einem Hexenhaus. "Mitnichten werdet ihr sterben, wenn ihr davon eßt. Im Gegenteil: Euch werden die Augen aufgehen, und ihr werdet wissen, was gut und böse ist." Jawohl, "da gingen ihnen die Augen auf und sie merkten, daß sie nackt waren." - Aus der Traum vom Paradies.

Hänsel und Gretel - Adam und Eva.

Ich habe entdeckt, daß beide Geschichten vieles gemeinsam haben. In der Tat. Es ist nicht nur reizvoll, sondern einfach spannend, beide miteinander ins Gespräch zu bringen. Die Weisheit des Märchens - die Weisheit der biblischen Erzählung. Beide erzählen in der verschlüsselten Sprache des Mythos oder in symbolischen Bildern von Ur-Erfahrungen der Menschen miteinander - der Menschen mit Gott. Beide erzählen von einer "Vertreibung aus dem Paradies" und beide erzählen zugleich von der "Befreiung aus dem Paradies". Beide beschreiben den langen Weg von zwei Menschen auf der Suche nach sich selbst. - Ein Weg mit manchen Hindernissen und Versuchungen. Doch für beide gilt auch, was Hänsel zu Gretel sagt, als sie das Haus verlassen müssen: "Wir werden den Weg schon finden - Gott wird uns nicht verlassen."
Es reizt mich, Sie mitzunehmen auf diesen Weg. Vielleicht können wir ein Stück gemeinsam diesen Weg gehen: Hänsel und Gretel - Adam und Eva begleiten; das Hexenhäuschen, den Baum des Lebens, die Hexe, die Mutter, den Vater, Gott-Vater, Gott-Mutter, uns selbst betrachten auf dem Weg zum Leben.

II.

Hänsel und Gretel - sie werden aus dem Paradies vertrieben, aus ihrem Paradies, dem Elternhaus. Hinein in die kalte Welt, den tiefen, dunklen, unbekannten Wald. Vertrieben werden die Kinder aus dem Elternhaus. Es war, so wie es ganz realistisch geschildert wird, mit Hunger, Not und Kälte und erstarrten Gefühlen, sicher kein Paradies. Es war kein Rosengarten. Und doch, ist nicht jedes Haus, jedes Elternhaus zumal, ein Stück Heimat, gar ein Paradies? Hier gehöre ich hin, hier bin ich zuhause; behaust, geborgen. Und wenn die Eltern noch so schwach oder kalt sind, mich dazu bringen, daß ich ausreiße -ist's nicht doch ein Stück Paradies? Kindheitsparadies? So ist es ja kein Zufall, daß die Kinder - Hänsel, der Einfallsreiche voran - alles daran setzen, wieder zurückzukehren nach Hause; trotz Armut, trotz Stiefmutter, trotz all der Kälte dort. "Ich will nach Hause. So schnell, ihr lieben Eltern, werdet ihr mich nicht los. Ich lasse mich nicht abweisen. Ich will zurück". Die weißen Kieselsteine weisen im mütterlichen Mondlicht den Weg zurück. Zurück zum Paradiesgärtlein der ärmlichen Hütte mit schwächlichem Vater und -so wie es aussieht -Rabenmutter. Ist uns das so unbekannt? Wirklich? es bleibt dabei: Elternhaus ist Ur-Heimat, Mutterschoß.

Jedoch: Wir leben auf dieser Welt nun einmal nicht im Paradies. Kein Paradies auf Erden, kein Paradies im Mutterschoß, in der Höhle des Elternhauses. Die Mutter weiß das gut. Und so schickt sie ihre Kinder fort, hinein in den Wald. "Geht weg von mir! Sucht euren Weg selbständig!" Sie reißt sie sich vom Herzen, wirft sie, wie die Vogelmutter ihre Kleinen, aus dem Nest, damit sie flügge werden, damit sie fliegen können. Ja, so handelt die Mutter von Hänsel und Gretel. Die Brüder Grimm nannten sie noch "Mutter". Später wurde eine "Stiefmutter" daraus gemacht, eine Rabenmutter.Das ist gut bürgerliche Interpretation. Denn handelt eine gute Mutter so?

Die gute Mutter liebt ihre Kinder, sie opfert sich für sie auf, versteht alles, erduldet alles, liest ihnen die Wünsche von den Lippen ab, verwöhnt sie auch, tut alles für sie, soviel, daß die Kinder ihr immer dankbar sind. Denn sie will ja nur das Beste. Immer dankbar - solange sie leben. Ich kenne solche liebevollen Mütter, die ihre Kinder so sehr an ihr Herz drücken, daß sie gar nicht mehr frei atmen können; daß ihnen schier die Luft abgedrückt wird. Und wenn sie dann mal raus wollen, weg wollen aus dem gar zu engen Paradies des Elternhauses, in dem man wie ein Vogel im Käfig eingesperrt ist - so wie später Hans im Hexenhäuschen - was dann?... Wir können ein Lied davon singen, das Lied vom kleinen Hänschen:

> "Hänschen klein ging allein in die weite Welt hinein.
> Stock und Hut stehn ihm gut, ist gar wohlgemut.
> Aber Mama weinet sehr - hat ja nun kein Hänschen mehr.
> Da besinnt sich das Kind - kehrt nach Haus geschwind."

> Oh weh!

Und auf einem Grabstein habe ich gelesen:

> "Den schönsten Platz, den ich auf Erden hab' -
> das ist der Rasenplatz vorm Elterngrab."

Ja, das sind die Kinder der Mütter (und natürlich auch der Väter), die nicht loslassen, die ihre Kinder an sich klammern,
die ihnen ein Paradies bereiten wollen, und die sie doch ein-
sperren in einen Käfig, auch wenn er golden ist - wo die Kinder
doch frei werden müssen, frei wie der Vogel im Wind. Wer befreit diese Kinder aus dem Paradies, aus dem Käfig im Elternhaus, im Knusperhaus?

III.

Frei wie ein Vogel im Wind - ja, das sind nun die beiden Kinder
im tiefen, dunklen Wald. Frei und verloren. Verlassen von Mutter und Vater.
Ach ja, der Vater! Wie so oft in der Familie steht er ganz am
Rande, unschlüssig zwischen Ehefrau und Kindern hin und her
schwankend, dumpf vor sich hinbrütend, Holz hackend, ratlos -
soll ich sagen: wie oft die Väter sind, wenn die Frage ansteht:
Wie geht's weiter mit den Kindern?
Verlassen vom Vater - vertrieben von der Mutter!
Frei sind sie und doch verlassen; müssen sich ganz auf sich
selbst verlassen. Und - das Märchen deutet es immerhin an -
auch auf Gott. "Gott wird uns nicht verlassen. Wir werden den
Weg schon finden."

Und sie finden das Hexenhäuschen. Ein weißer Vogel weist ihnen
unschuldig den Weg. Das Hexenhäuschen: verlockend und einla-
dend. Äpfel, Nuß und Mandelkern, lauter Dinge, die das Herz begehrt. Knusper, knusper, knäuschen...! Das Wasser läuft im Mund
zusammen. Man spürt es förmlich. Süchtig macht es. Die Droge
"Knusperhäuschen". Ein neues Paradies? Soll man da hineingehen?
Darf man? Muß man?

Vor einiger Zeit habe ich das Märchen einer kleinen Gruppe von
Erwachsenen erzählt und sie vor die Entscheidung gestellt: Wür-
det ihr da hineingehen? Oder hättet ihr Angst? Da wurde mir
recht verschieden geantwortet:
1. Also ich weiß gar nicht, wo hier das Problem liegt. Ich wäre
spornstracks hineingegangen in das Haus. Schließlich gibt es da
noch viel mehr köstliche Dinge. Viel besseres, als bloß trocke-
nen Lebkuchen. Ich verstehe gar nicht, wie man zögern kann. Und
die Hexe sieht ja auch gar nicht so böse aus.

2. Also, ich verstehe das schon. Schließlich hatten die Kinder
vorher etwas Unerlaubtes getan - das Haus angeknabbert. Da meldet sich das schlechte Gewissen. Wenn ich als kleines Mädchen
bei so etwas ertappt wurde, da habe ich immer schnell reißaus
genommen. Ich glaube, ich wäre hier auch weggelaufen!

3. Ja, aber die Versuchung, hineinzugehen, war doch viel zu

groß. da drinnen locken ja alle Köstlichkeiten. Da möchte ich
schon rein. Aber ich hätte auch schon verstanden, wenn sie gezögert hätten. So ganz hätte ich den Verlockungen nicht
getraut. Da muß noch was dahinterstecken. Das sagt mir meine
Erfahrung. Ich hätte schon Angst gehabt, allein. Ja, wenn da
noch ein anderer gewesen wäre, dann wäre es gegangen.

So verschieden waren die Reaktionen. Und bei uns? Wie hätten
Sie sich denn verhalten? Aus Ihrer Lebenserfahrung heraus? Wären Sie ohne Überlegung hineingestürmt oder zögerlich hineingegangen, wären Sie unschlüssig draußen stehengeblieben oder wären Sie gar geflohen? Wie geht's Ihnen, wenn etwas ganz Neues,
Unerwartetes, vielleicht auch Gefährliches auf Sie zukommt?
Verlockend und unheilschwanger zugleich?So etwas nennt man ja
eine Versuchung Und die hat immer zwei Seiten. Man kann sie bestehen, man kann ihr erliegen, man kann an ihr reifen, man kann
stehenbleiben, gar fliehen. Ich glaube, eine grundlegende Ein-
stellung zu unserem Leben steht hier auf dem Spiel. Wie also
hätten Sie gehandelt?

IV.

Ja, es war schon eine Versuchung. So wie auch in der Geschichte
von Adam und Eva, die wir ja mitbedenken wollen. Auch sie
trauten sich zunächst nicht so recht. Doch dann ist Eva die
Stärkere und zieht Adam mit, und sie essen gemeinsam die
Frucht, die ihnen Erkenntnis von Gut und Böse bringt. Und mit
dieser Erkenntnis werden sie dann von Gott ins Leben, in den
dunklen Wald, hineingeschickt.

Aber noch sind wir beim Märchen. Hier im Märchen sind es beide,
die sich gegenseitig ermutigen, animieren, und sie gehen
gemeinsam ins Haus, ins neue Paradies, ins neue Gefängnis, denn
da ist die Hexe.
Die Hexe. - Von der Frau Mutter aus dem Haus getrieben in den
Wald hinein. Von der Frau Hexe angezogen, angesogen, so sehr,
daß sie gar die Kinder auffressen will - "ich habe dich zum
Fressen gern." Und jetzt wird es wirklich dramatisch.
Ich möchte an dieser Stelle genauer in das Märchen hineinblik-
ken. Möchte das Märchen von seiner Innenseite her lesen. Das
Ganze des Märchens als einen nach außen gewendeten dramatischen
Ablauf für einen innerseelischen Kampf im Menschen verstehen.
Ich denke, das dürfen wir. Wir dürfen das Märchen zumindest
auch so sehen. Und wenn wir es so sehen wollen, dann denke ich,
die Mutter, die ihre Kinder hineinschickt in den Wald, damit
sie dort zu sich selbst finden, sie kehrt in der Hexe in anderer Gestalt wieder. Nein, nicht in anderer Gestalt, die andere
Seite der Mutter kehrt in der Hexe wieder.

Ich habe die Mutter, die allzuschnell zur Stiefmutter erklärt wird, gelobt, weil sie die Kinder losgelassen hat, sie von sich abgenabelt hat, damit sie sich nicht gegenseitig ein Leben lang umklammern. Ich denke, die Mutter hat das nicht ausgehalten. Und das kann ich gut verstehen. Welche Mutter kann ihr Kind schon so völlig freilassen? Sie ist ihnen heimlich gefolgt, hat sie überholt und nun steht sie wieder vor ihnen in der Gestalt der Hexe. Und sie lockt mit allen Köstlichkeiten. "Komm her, laß dich verwöhnen. Ich will doch nur dein Bestes. Bleibst doch immer mein Kind." Sie zieht alle Register. Und welches Kind - einsam in dieser harten Welt, verloren im tiefen, dunklen Wald - wäre nicht anfällig dafür? Die loslassende, freilassende Mutter wird zur anziehenden, aufsaugenden Mutter. Ja, es ist ganz natürlich, daß die Hexenmutter die Kinder fressen will. "Ich liebe dich so, daß ich dich auffressen könnte." Das kann in der Tat tödlich sein.

Und Gretel kämpft mit dieser Hexenmutter. Das muß sie auch, um ihres eigenen Lebens willen. Ich glaube, unsere Eltern, und wir alle, die wir Eltern sind, oder es einst werden, haben diese zwei Seiten in uns. Die eine Seite, die losläßt und die andere Seite, die immer festhalten will.

Was tun? Vielleicht hilft's da wirklich weiter, zur Mutter "Du Hexe" zu sagen. "Ich dachte, ich bin endlich frei von dir und nun tauchst du wieder von hinten auf und ich merke, wie stark ich noch an dich gebunden bin. Das Paradies, das du mir versprichst, ist in Wirklichkeit ein Gefängnis, ist eine Todeszelle. Du Hexe, weg mit dir, weg mit dem Spuk".
Dieser böse Spuk muß tatsächlich verschwinden. So, wie die Hexe im Märchen in den Ofen gesteckt wird, damit sich der Spuk in Nichts auflöst. Und alle Kinder, die diese äußerlich so grausame Märchenszene freudig bejubeln, die wissen schon, daß diese Befreiungstat nötig ist - nötig ist, um zum Leben zu gelangen. Nun erst sind sie frei, wirklich frei und können auch zurückkehren - zurück ins alte Elternhaus. "Wir werden den Weg schon finden." Zurück ins Paradies?

V.

Vertreibung aus dem Paradies! Befreiung aus dem Paradies?

Haben Sie noch die Geschichte von Adam und Eva im Ohr - von Ferne?

Wie war's denn da? Die Hexen-Mutter bleibt den beiden erspart; doch sonst ist vieles ähnlich, wenn ich's genau bedenke.

Das biblische Paradies, der Garten Eden, Ur-Bild einträchtiger, ungebrochener Harmonie der Menschen untereinander - der Menschen mit Gott.

Gott ist wie ein Vater und wie eine Mutter in einem. Er geht wie ein Gärtner in seinem Garten umher. Wir leben in diesem Garten, umsorgt von ihm - wie die Kinder im Paradies des Elternhauses.

Das Paradies - ist's nicht auch so etwas wie ein Knusperhäuschen? All meine Wünsche werden befriedigt. Bauch und Seele kann ich mir vollschlagen. Ich bekomme alles. Und das macht abhängig, süchtig wie bei einer Droge. Denn wer bin ich schon, wenn ich alles habe, wenn all meine Wünsche sofort befriedigt werden? Dann ist Stillstand; es bewegt sich nichts mehr. Ich bin zu nichts nutze. Eingesperrt im goldenen Käfig. Sei's das Elternhaus, sei's das Knusperhaus, sei's das Paradies. Wie komme ich frei, frei aus diesem Paradies-Gefängnis?

Und Gott, welche Rolle spielt er dabei? Gott als die nährende, mich mit Essen vollstopfende Mutter? Ist das ein Gott, den wir brauchen und lieben können? Mag sein, manchmal wünschen wir uns Gott so. Manchmal, wenn wir allein sind, allein im dunklen Wald. Dann wäre es doch schön, Gott würde auf Knopfdruck einfach dasein, würde uns die Wünsche von den Lippen ablesen und erfüllen. Aber wäre das das Paradies? Wenn wir so abhängig wären von ihm, so in seiner Macht stünden, daß er uns auffressen könnte, wie die Hexe - vor Liebe natürlich? Ich bezweifle es.

Ich finde in der biblischen Geschichte bei Gott nur die eine Seite der Mutter wieder. Die Seite, die losläßt und fortschickt. Die Seite, die sagt: "Geht euren Weg. Macht euch draußen in der Welt auf den Weg, euch zu finden, mich zu finden. Denn ich will euch nicht an mich binden, will euch nicht klein und unmündig halten, will nicht, daß ihr bei jeder Gelegenheit zurückgelaufen kommt. Ich lasse euch frei und traue euch zu, den richtigen Weg schon zu finden."

Das klingt ungewohnt; für einige vielleicht sogar unbiblisch. Und doch: Ich glaube, es ist die stärkste und eindrucksvollste Eigenschaft des christlichen Gottes, daß er uns Menschen Freiheit schenkt. Er läßt uns frei, läßt uns los, hält uns nicht an der kurzen Leine. Und er sagt: "Geht, meine Kinder. Geht hinaus in den dunklen Wald, in diese Welt. Und ich habe da kein Hexenhäuschen aufgestellt, wo ich wieder auf euch warte und euch fesseln will. Nein, ihr habt alles, was ihr braucht, von mir schon erhalten, um nun euren Weg gehen zu können. Ich lasse euch gehen,und auch wenn ihr es nicht merkt, ich ziehe mit euch."

VI.

Also, ich weiß nicht, wie Adam und Eva die "Vertreibung aus dem Paradies" erlebten - als Rausschmiß oder als Befreiung? Ich weiß nur, daß es uns Menschen recht schwer fällt, dieses Geschenk der Freiheit anzunehmen. So sagen wir "Vertreibung", wo wir doch "Befreiung" sagen könnten. Und es fällt uns noch schwerer, an einen Gott zu glauben, der uns diese Freiheit zumutet. Da wenden wir es lieber gegen uns selbst und sagen: Es ist unsere Schuld, daß wir aus dem Paradies raus mußten. Das ist einfacher.

Die biblische Erzählung ist selbst ein Beleg dafür. Es war die Sünde der Menschen, sagt sie. Adam und Eva wollten sein wie Gott. Sie haben sein Gebot übertreten. Deshalb mußten sie zur Strafe raus aus dem Paradies. Ich denke, daß ist eine fromm-moralisierende Lösung, eine gar zu logische Umdeutung der Geschichte Gottes mit den Menschen. Umgedeutet von Menschen, die ihre ihnen von Gott zugewiesene Freiheit nicht aushalten konnten, die sie wieder zurückgeben wollten, die lieber einen Gott haben wollten, der als große Wünschelrute hinter ihnen steht oder über ihnen thront, der sie so im Griff behält, im Hexen-Griff, damit sie unfrei bleiben, nicht erkennen, wer sie sind.

"Sie erkannten, daß sie nackt waren" heißt es. Sie erkannten sich gegenseitig als Mann und Frau. Unterschiedlich - doch aufeinander bezogen. Sie nannten sich mit Namen: "Ich bin Adam" - "Ich bin Eva". Und weiter: "Sie erkannten, was gut und böse ist". Ein Hinweis darauf, daß diese Geschichte auch vom Heil und vom Segen für die Menschen weiß. Die Kraft der Unterscheidung von Gut und Böse - die Scheidung der Geister - wird ihnen verliehen. Sie werden ausgestattet mit der Kraft, die wichtig ist, ihren Weg nach draußen auch gehen zu können, um sich im dunklen Wald nicht zu verirren, den vielen Versuchungen nicht anheim zu fallen.

Gott vertreibt sie aus dem Paradies, weil sie gesündigt haben. Das ist die eine Version. Die, nach menschlicher Logik. So kann man es durchaus sehen, und so habe ich es auch im Theologiestudium gelernt und lange so für richtig befunden.

Heute möchte ich es einmal versuchsweise anders sehen:

Gott läßt sie frei - entläßt sie in das Leben und läßt sie dabei nicht nackt und hilflos zurück. Er stattet sie aus mit der Fähigkeit, sich selbst zu erkennen und zwar mit der Kraft, zwischen Gut und Böse zu unterscheiden. Und jeder von uns hat ja diese Fähigkeit und Kraft, auch wenn er keinen Gebrauch davon macht. Doch: Ob er dann wohl den Weg findet oder sich im tiefen Wald verirrt und voll Sehnsucht nach irgendeinem Hexenhäuschen Ausschau hält, wo er wieder neu zum Gefangenen wird - immer wieder neu?

VII.

Noch einmal zurück zu dem Gott, der Adam und Eva und uns die Freiheit schenkt. Sie kennen sicher die allzu menschliche Frage: "Warum hat Gott das zugelassen? Warum gerade ich? Warum geht's den Bösen so gut, den Guten so schlecht? Warum gibt es so viel Unrecht auf der Welt? Warum ist Gott so ungerecht?" Diese Fragen nagen an uns.

Da nagt der Hexen-Gott in uns. Der Gott, der dazu da ist, uns das Handeln abzunehmen, uns wie kleinen Kindern alle Wünsche zu erfüllen. Der Paradies-Gott, der uns zwar vollstopft mit allerlei Leckereien und schnellem Glück, der uns aber nicht losläßt und uns am Ende verschlingt. Der Gott, der uns verwöhnt, und wir als verwöhnte Kinder können nicht genug kriegen, werden abhängig von ihm wie von einer Droge. Gott als Droge. Das ist der Hexen-Gott, der uns in einen Käfig einsperrt und nicht mehr freiläßt. Ein grausamer Gott. Wer sich einen solchen Gott zurechtgebastelt hat, der mich immer verwöhnen soll, der muß natürlich enttäuscht "warum" fragen, wenn die Verwöhnung einmal aufhört. Und sie hört im Leben auf.

Nein, der Gott der Bibel, der Vater von Adam und Eva und der Vater Jesu Christi ist anders. Er hat Adam und Eva und uns aus dem Drogen-Paradies der stets steigenden neuen Wünsche fortgeschickt. Er hat sie auf eigene Füße gestellt, damit sie laufen lernen. Denn sie wissen ja, wo es lang geht; sie wissen, was Gut und Böse ist. Es bleibt dabei: Er mutet uns die Freiheit zu, selbst zu entscheiden, auch wenn wir dabei einmal den falschen Weg gehen, hinken, anecken, uns Schrammen holen und dann schmollend die Hexen-Frage stellen: "Warum hast du das zugelassen? Warum hast du mich in die Irre gehen lassen?"

Ja, Gott hat mich losgelassen, damit ich laufen lerne. Laufen lerne im Vertrauen: "Ich werde den Weg schon finden - Gott wird mich nicht verlassen". Wie Hänsel und Gretel - wie Adam und Eva - so auch mich.

VIII.

Die biblische Geschichte findet hier schon ihr Ende. Vertrieben aus der Windstille des Paradieses, bewahrt in den Stürmen des Lebens, so sind wir jetzt mitten im Wald auf der Suche nach einem neuen Himmel und einer neuen Erde, wo Gott abwischen wird alle Tränen.

Im Märchen - wir kehren noch einmal zurück - geht die Geschichte noch weiter. Denn da ist ja die Hexe, die es in der biblischen Erzählung nicht gibt. Die Hexe, der Spuk, Spuk einer allzu guten Mutter, der vernichtet werden muß, damit ich nicht selbst vernichtet werde.

Gretel hat sich so gut im Haus, diesem Scheinparadies, orientiert, zu sich selbst gefunden im Haus des Lebens, daß sie die Hexe durchschaut. Eine gierig aufsaugende Mutter kann nicht gut sehen, was im Kind wirklich vorgeht . Wie es hier auch von der Hexe heißt: "Sie hat schlechte Augen" sagt das Märchen. Sie sieht im Grunde gar nichts, spürt nicht die Gefühle des Mädchens; sie ist ganz fixiert von ihrer Freßlust - und was in anderen vorgeht, interessiert sie keine Spur. Wie eine Droge ist ihre Lust. Auch das eigene Kind kann zur Droge werden. Sie ist blind für die Realität.

Daher merkt die Hexe nicht, daß die Gretel ihr listig einen Streich spielt. Dumm und tölpelhaft tappt sie in die Falle. Hell und wach dagegen die Kinder. Soweit sind sie auf dem Weg zum Leben schon gelaufen, daß die Hexe ihnen im Grunde nichts mehr anhaben kann. Sie ist ihnen nicht mehr gewachsen. Die Kinder stecken sie in den Sack, in den Ofen. Also ich denke mir: Dieser Hexen-Abklatsch einer Mutter, so gefährlich ist er gar nicht, wenn ich nur wach bleibe, mir und meinen Gefühlen traue. Wie ein dummer Spuk ist sie zu verscheuchen. Gretel steckt sie mit dem einfachsten Trick ins Feuer, in den Ofen. So simpel ist der Trick, daß man denkt, so dumm kann doch gar keine Hexe sein. Doch, sie ist so dumm. Unsäglich dumm mit ihren schlechten Augen im Rausch ihrer Freßlust. "Ich habe dich zum fressen gern". Die fesselnde, aufsaugende Mutter muß zurück in den Ofen, dahin, wo sie hergekommen ist. Denn: Sie ist eine Phantasie, ein Phantom, ein Nichts, ein aufgeblähtes Gespenst. Im Grunde gibt es sie gar nicht. Deswegen taucht sie ja auch in der biblischen Geschichte nicht auf.

Und als die beiden Kinder diesen unwirklichen, aber oft so mächtigen Hexen-Anteil der Mutter verbrannt haben, da sind sie erst wirklich frei. Die Gitter sind gesprengt. Und mehr als frei: "Wir sind erlöst" sagt Gretel. Ja, erlöst. Das ist eine Erlösung. Erlöst von der ewig vereinnahmenden und verwöhnenden Mutter. Erlöst auch von der ewig quälenden Frage: <u>Warum</u> hast du das zugelassen? <u>Warum</u> hast du mir das angetan? <u>Warum</u> versorgst du mich nicht mehr? Erlöst!

Und sie finden Schätze im Haus. Die wirklichen Schätze, die inneren Schätze, die in jedem Elternhaus bereitliegen, wenn ich nur die Augen öffne und richtig hinsehe, wenn ich nicht mehr geblendet bin durch Hexen-Verlockungen Ja, dann sind Schätze zu heben im Elternhaus. Edelsteine - unvergängliche. In jedem Elternhaus liegen sie bereit. Nur meist übersehen wir sie. Wenn wir die Hexe verbrannt haben, können wir sie entdecken. Unser Elternhaus ist wirklich eine Goldgrube, ein Paradies.

Der Weg zurück ist schnell beschrieben. Was soll sie auch jetzt noch daran hindern, nach Hause zu gelangen. "Wir werden

den Weg schon finden..." das gilt jetzt noch mehr als vorher. Doch halt, da ist noch ein Wasser, ein großes Gewässer. Ein letztes Hindernis. Hindernis? Als die Kinder Israels aus Ägypten auszogen ins Gelobte Land, da war das Rote Meer, da war der Jordan direkt vor dem Land, vor dem Heiligen Land. Durch den mußten sie hindurch. Jordan, Wasser, Taufe.
Ja, Taufe zur Neugeburt. Das ist es. Alles Alte abwaschen, damit ich wie neu geboren nach Hause komme.

Eine weiße Ente ist da. Und wieder hat Gretel die richtige Idee. Nicht mehr zusammen, wie vorher als Kleinkinder, die aneinander gekettet sind wie siamesische Zwillinge, sondern jeder einzeln. So trägt die Ente sie über das Wasser. Sie sind jetzt selbständige Menschen. Jeder muß für sich durchs Wasser - für sich, sich taufen lassen.

Doch dann, das geht schnell, ist der Weg frei. Sie bringen Schätze nach Hause. Viele Schätze. Friede kehrt ein. Zurück im Paradies.

Doch der Märchenerzähler weiß, das ist alles ein schöner Traum. Viel zu schön, um wahr zu sein. Ein Idealgemälde davon, wie es sein sollte, sein könnte; der Wirklichkeit ein paar Schritte voraus. Daher schließt das Märchen, damit der Traum vom neuen Paradies mich nicht übermannt, und damit ich von der Wirklichkeit mitten im Wald wieder eingeholt werde, für die, die es hören: "Mein Märchen ist aus, dort läuft eine Maus, und wer sie fängt, darf sich eine große, große Pelzkappe draus machen".

IX.

Und wir? Heute und hier? Wir leben dazwischen. Zwischen Paradies und Knusperhäuschen. Irgendwo mitten im Wald - irgendwo dazwischen. Manchmal träumen wir vom Paradies: Ach war's doch schön dort. Und nun irren wir im dunklen Wald umher - irgendwo. Wir leben dazwischen und laufen im Wald hin und her; auf Lichtungen, verirren uns im Dunkel und dann fragen wir warum? Warum hat Gott das zugelassen. Die alte Hexen-Frage meldet sich wieder. Und manchmal glauben wir, auch ein Knusperhäuschen zu sehen, das uns anlocken und dann nicht mehr loslassen will. Doch das ist ein Spuk. Nichts als ein bloßer Spuk.

30

Ich will daher zum Abschluß das Märchen einfach noch einmal erzählen; etwas verändert, wie ich denke, damit es unsere Wirklichkeit widerspiegelt. Hänsel und Gretel - Adam und Eva - und wir mitten dazwischen:

"Die Mutter schickte ihre Kinder in den tiefen Wald hinein. Das fiel ihr nicht leicht, denn sie liebte ihre Kinder. Sie riß sie sich vom Herzen und vertrieb sie aus dem Haus. Und sie sagte ihnen zum Abschied: "Lauft Kinder, lauft, ehe ich es mir wieder anders überlege. Ihr habt bisher in eurem Elternhaus genug Liebe und Vertrauen erfahren. Ihr seid stark. Ich vertraue euch und ich traue euch zu, daß ihr euren Weg schon findet. Meine guten Wünsche, mein Segen begleiten euch. Vertraut euch gegenseitig. Ihr wißt ja, was Gut und Böse ist." Und die Kinder gingen in den tiefen Wald hinein. Sie faßten sich fest an ihren Händen, denn sie brauchten sich - einer den anderen. Da waren viele Gefahren, wilde Tiere, dunkle Täler, Hunger und Not. Und manchmal im tiefen Schlaf oder wenn sie nicht recht bei sich waren, da meinten sie, ein Haus zu sehen. Schön und verführerisch. Eine liebe, große Mutter stand davor und lockte sie herein. "Kommt her zu mir, ich mache euch glücklich. Allein kommt ihr doch nicht zurecht. Bei mir leidet ihr keine Not". Doch sie fürchteten sich vor ihr und trauten ihr nicht. Wenn sie dann erwachten, merkten sie: Es war ja bloß ein böser Traum, ein Alptraum. Und der Spuk war auf einmal wie weggeblasen. Sie lachten und gingen gemeinsam weiter. Manchmal hatte Hänsel den Traum und manchmal Gretel. Und immer sagte der andere: "Blas weg den Spuk. Gespenst verschwinde". Und sie sprachen zueinander: "Wie schön der helle Tag ist, und wie schön ist es, daß wir wissen, wohin wir gehen". Und sie dankten Gott, daß er sie bis hierher geführt hatte. Und sie sagten: "Er wird uns auch weiter führen, auch wenn wir ihn nicht sehen können. Wir werden den Weg schon finden, den Weg zurück nach Hause". Und so wandern sie heute noch im Wald umher. Denn der Wald ist groß und tief und sie haben ihn noch längst nicht erkundet. Und sie befinden sich jetzt, in diesem Augenblick, gerade in der Mitte des Waldes. Keiner weiß, wie weit es noch ist bis zum Vaterhaus. Aber sie werden ankommen. Da bin ich ganz sicher. Deshalb bleiben sie auch nicht stehen - sie gehen unbeirrt weiter. Und wenn da wieder der Spuk von einem Knusper-Hexenhaus auftaucht, so verscheuchen sie ihn schnell, denn sie wissen:

Alles nur Einbildung, Trugbild, damit wir nicht weiterge-
hen. Und irgendwann werden sie den Wald verlassen -irgend-
wann werden sie ihr Vaterhaus finden uns sagen:"Nun haben
wir den Weg gefunden. Jetzt sind wir wirklich frei. Gott
hat uns nicht verlassen". So finden diese Kinder, Hänsel
und Gretel, Adam und Eva, zu ihrem Leben. So finden sie
das Leben.

Von Kindern habe ich gesprochen. Sie lieben das Märchen. Und
wir Erwachsenen? Ich denke, es ist ein langer und vielleicht
auch schmerzlicher Weg für uns, uns Erwachsene, bis wir soweit
sind, soweit wie die Kinder. Das steht übrigens auch schon in
der Bibel.

Ein langer Weg - vielleicht ein ganzes Leben lang, wer weiß.
Und was wissen wir schon vom Leben? Und wann sind wir schon
weise? Doch vielleicht sind wir schon auf dem Wege dazu. Wer
weiß, wir Kinder, wir Erwachsenen, wir erwachsenen Kinder.

SCHNEEWITTCHEN

EWIGER TOD ODER AUFERSTEHUNG AUS DEM GLÄSERNEN SARG?

Lukas 7, 11-17

WENN TOD UND LEBEN SICH BEGEGNEN

I.

Schneewittchen. Wir kennen alle dieses Märchen. Schneewittchen im gläsernen Sarg. Aufgebahrt hoch oben auf dem Berg; so daß ihn jeder sehen kann, den gläsernen Sarg. Und es wartet auf den Prinzen, der es erlöst, befreit, so daß es aufstehen kann aus dem Sarg, das Schneewittchen. Tot und doch noch lebendig, mit einem vergifteten Apfelgrütz im Hals. Ich denke mir, so stehen viele gläserne Särge um uns herum, auf Bergen, in Tälern. Mit Männern und Frauen, denen man vergiftete Äpfel gereicht hat; außen schön, inwendig voll Gift. Nun liegen sie da im gläsernen Sarg, lebendig und doch schon tot, tot und doch noch lebendig, wie auch immer.

Wir wissen inzwischen, daß die Märchen wie Träume in Bildern und Symbolen von uns selbst reden. Sie haben eine Außenseite und eine Innenseite. Sie reden von mir und von dir. Wir wissen, daß alle Personen, die im Märchen vorkommen, Anteile der gleichen Personen sind; Teile von uns. Also, Schneewittchen ist auch die Königin, die böse, die mit dem Schnürriemen, dem giftigen Kamm, dem giftigen, giftigen Apfel. Und Schneewittchen trägt auch die 7 Zwerge in sich und den Jäger, der sie bewahrt und den Prinzen, der sie befreit - sie alle. Von mir wird dabei gesprochen. Vom Weg meiner Seele, von ihrer Wanderung hin zum Leben - oder zum Sterben? Wer weiß! Zum gläsernen Sarg auf jeden Fall.

34

II.

Dieser gläserne Sarg läßt mich nicht los. Er ist so widerspruchsvoll, so zwiespältig. Auf der einen Seite ist da ein Sarg - das heißt tot, Ende, aus, vorbei. Auch die Zwerge, die vorher durch ihre Kräfte das fast schon tote Schneewittchen immer wieder zum Leben brachten, können hier nicht mehr helfen. Nur noch weinen können sie. Sarg - Tod - am Leben vorbeigelebt. Das war's also. Auf der anderen Seite aber gläsern und auf dem Berge - für alle sichtbar; wenn auch wie durch eine gläserne Wand getrennt. So, als riefe Schneewittchen: " Bitte, ich bin nicht ganz tot. Es scheint nur so. Seht ihr mich denn nicht? Helft mir zum Leben, zum wahren Leben. Wo ist mein Erlöser, der den vergifteten Apfel aus mir herausholt?"

Ich denke mir, vielen von uns werden in ihrem Leben vergiftete Äpfel gereicht. Vielleicht sterben wir nicht gleich daran; aber sie liegen uns schwer im Magen. Ich denke da an zwei Ehepartner, die sich schon lange nichts mehr zu sagen haben, die aneinander vorbeigelebt haben mit der Zeit. Der eine einsam im Schloß isoliert: 'Ich habe keine Schuld daran. Ich habe mich immer bemüht um Verständnis. Ich habe alles eingebracht, was ich konnte. An mir liegt's ja nicht.' Spiegelfechtereien. Spieglein, Spieglein an der Wand, wer ist der Größte im ganzen Land? Der/die Andere einsam in seiner/ihrer kleinen Hütte im tiefen Wald bei den kleinen Zwergen : 'Ich kann nichts, ich bringe nichts, ich muß mich erst noch selbst finden. Mich versteht doch keiner. Ich verkrieche mich am besten in mich selbst.' Sagt der eine: "Du, ob wir doch noch einmal miteinander reden wollen? Sollten?" Der Apfel wird gereicht. Skepsis beim anderen: "Was lohnt's denn schon, haben wir ja schon so oft gemacht." "Ja, ja, ich weiß ja, daß vieles an mir liegt. Ich hab' auch darüber nachgedacht, was ich falsch gemacht habe." Die eine Hälfte des Apfels ißt man selbst, die andere Hälfte , rot, glänzend, bleibt für den anderen - verheißungsvoll. Neuer Anfang. Schneewittchen war ganz lüstern danach, heißt es. Wer ist nicht lüstern nach solch einem Angebot des Neubeginns. "Ich hab' über uns nachgedacht - über meine Fehler." Also ergreift er oder sie die so glänzende andere Hälfte. Und kaum hat man sie im Mund, heißt es: "Also über deine Fehler müssen wir natürlich auch sprechen." Vergiftete Äpfel - vergiftete Worte - vergiftete Liebe. Der Apfel war giftig, giftig, heißt es. Viele solcher Äpfel werden gereicht zwischen Mann und Frau, zwischen Mutter und Tochter, zwischen Vater und Sohn, zwischen Lehrer und Schüler, zwischen Schwarzen und Weißen, zwischen Reichen und Armen und wir sterben ab. Gut ist es dann, wenn der Apfelgrütz nicht schon im Magen verdaut ist, wenn das giftige Blut nicht schon zu tief in uns eingedrungen ist, denn dann ist es zu spät.

Gut ist's, wenn wir es noch ausspucken können - das Gift; auch wenn es schon 3o Jahre, seit unserer Kindheit, in uns steckt. Oh, ich denke mir, viele Menschen rechts und links neben uns - schlafen in einem gläsernen Sarg. Wer befreit uns? Wie können wir aufstehen, auferstehen zum Leben, ohne uns vergiftete Äpfel reichen zu müssen?

III.

Wir müssen zurückblicken auf den Anfang des Märchens. Recht trostlos fängt es an. Die einsame Königin sitzt am Fenster und blickt in die weite, weiße Winterlandschaft. Öde und leer und wüst. Da gibt es keinen Gemahl, keinen König. Einsam, Schnee, weiß, kalt, starr der Blick nach draußen durch ein kleines Fenster mit Trauerrand, schwarzes Ebenholz. Eingeengter Blick - begrenzt. Ja, im Grunde liegt sie auch in einem gläsernen Sarg, die Königin. 'Ich fühle mich wie tot' sagen wir manchmal. Das Leben steht still. Nichts bewegt sich mehr. Traurig blickt sie durch das kleine Fenster in der Mitte ihres Lebens in die weiße, überall gleiche Winterlandschaft. Wie ein Leichentuch kann eine Schneedecke sein. Alles Leben ist darunter verborgen. Kalt ist's, erstarrt. Kalt draußen, kalt im Herzen, erstarrte Gefühle. Mich fröstelt. Schneedecke, Schneewittchen, Schnee-weißchen - doppelt weiß. So liegt schon ihre Mutter im Sarg. Auch Schneekristalle können wie Glas sein - durchsichtig, aber doch getrennt von allem.
Aber, da ist auch Bewegung. Mitten im Winter ist es. Mitten im kalten Winter, wohl zu der halben Nacht. Auf die dunkle Nacht folgt der Tag. Auf den kalten, strengen Winter folgt der neue Frühling. Schneeflocken fallen wie von weit, weither vom Himmel, leicht, federleicht, man kann sie wegpusten. Kleine, kaum spürbare Anzeichen neuen Lebens, warme Gefühle, Hoffnung auf Leben, auf Auferstehung?

Die Königin näht oder spinnt. Sie rührt ihre Hände. Etwas bewegt sich. Sie legt ihre Hände nicht ergeben in den Schoß. Man kann ja doch nichts machen. Wer spinnt, strickt und näht, läßt aus seinen Händen Neues entstehen. Abfällig sagen wir: 'Der oder die spinnt ja'. Ja, sie spinnt. Sie spinnt am Schicksalsfaden ihres Lebens. Das Leben geht weiter. Ich beginne als Mann zu verstehen, was es bedeutet, wenn Frauen, junge Frauen zumal, bei geistiger Arbeit wie nebenbei stricken, spinnen - wie nebenbei Und manchmal lernen wir Männer es ja auch schon.
Dann der Stich in den Finger. Manchmal geht's im Leben - man weiß gar nicht wie - wie ein Stich durch uns; durchzuckt es uns wie ein Blitz. Was ist es? Es sticht einen ins Herz. Das Herz, das heißt Blut. Drei Blutstropfen fallen in den Schnee. Jetzt kommt Farbe ins Spiel. Zu weiß und schwarz nun rot. Rot: Leben und Freude und Aktivität und Spannung, auch Liebe. Ja, Liebe,

lebendig, warm, Hingabe. 'Siehst du mich noch? Kennst du mich noch? Weißt du noch, was das ist, Liebe?' Blut, neues Leben. Und weil das Blut im Schnee so schön aussah, dachte sie, hätt' ich ein Kind, so weiß wie Schnee, so rot wie Blut, so schwarz wie Ebenholz! Aus mir soll noch einmal neues Leben entstehen. Nein, Leute, ich bin noch nicht abgestorben unter dem schneeweißen Leichentuch. Ich lebe noch, noch lebe ich. Blut fließt, ich will lieben, will auferstehen aus meinem gläsernen Sarg.

Das lebendige rote Blut bringt's in Bewegung. Da ist die Tochter, mein Kind, mein inneres Kind. Schneewittchen, Schneeweißchen, heißt es. Wie seltsam und verräterisch. Sollte es nicht Schneeröschen heißen? Rot und weiß in einem? Schwarz und weiß, Gegensätze vereint; dazu rot, die verbindende Mitte? Alles Getrennte vereint, das wäre Wiedergeburt des erstarrten Bewußtseins, der toten Gefühle. Aber nun Schneewittchen - doppelt weiß. Warum? Eine böse Ahnung steigt in mir auf. Ist Schneewittchen, kaum daß sie geboren ist, schon wieder zum Tod mitten im Leben verurteilt? Verdammt zum Leben im gläsernen Sarg? Hat das Unbewußte der Mutter ihr einen Streich gespielt? Lehnt sie insgeheim das Kind, das sie sich so wünschte, ab, weil es zu viel Neues von ihr fordert; weil sie vertrautes Altes aufgeben muß, Konventionen, an die sie sich gewöhnt hat? Lehnt sie das neue Kind in ihr ab, weil es zu viel umkrempelt an ihr, was ihr inzwischen, auch wenn's langweilig ist, doch lieb und wert geworden ist? Muß sie es deshalb gleich wieder unter einem weißen Leichentuch verbergen, so wie die drei Blutstropfen - rot - schnell im weißen Schnee versickern? In einem Parallelmärchen ist bezeichnenderweise die Königin die Gegenspielerin des Schneewittchen - nicht die Stiefmutter. Aus dem Fenster blicken und träumen, schön und gut; aber wenn's Wirklichkeit wird? 'Was sagen die Leute dazu? Macht man das? In meinem Alter noch? Die denken ja, ich spinne!' Also schnell alles zurück - unter die Decke. Schneewittchen sollst du heißen - untern Schnee kehren. Schneewittchen - schneegeweiht - todgeweiht Die winterliche Kälte unserer Konventionen und unserer Vernunft siegt über die Wärme einer seelischen Neugeburt. Traurig, aber ein Abbild unseres Lebens.

IV.

Daß diese so traurige Vermutung richtig ist, das zeigt sich im Folgenden doppelt. Die Königin stirbt; mir nichts - dir nichts. Sie stirbt an ihrem Kinde, das sie zur Welt bringt und das sie doch innerlich ablehnt. Die Ersatzkönigin, die nach der Konvention des Trauerjahres sogleich zur Stelle ist, ja, sie ist der Anteil in mir, in uns, den wir nur allzugut kennen. In der Stiefmutter feiert die Königin umso stärker ihre Auferstehung. Das Alte kehrt wieder wie ein böser Traum. Das neue, junge

Leben soll mit Macht kleingehalten werden, unmündig, unreif.
Ja, im Grunde muß es weg. Alles Neue, das mich in Frage stellen
könnte, muß weg; muß ausgerottet werden. Macht und Stellung und
Oben und Erfolg und schön und brav, na ihr wißt schon, das
soll gelten. So, wie es immer war. Krieg, aber kein Friede.
Schwerter, keine Pflugscharen. Im Persönlichen und in unserer
Gesellschaft. So ist das. Aus Selbstbehauptung entsteht Einsam-
keit und Angst und Neid und Größenwahn und Tod; alles in einem.
Der Spiegel sagt die Wahrheit: Solch ein Leben ist Lüge, dem
Tod geweiht. Also, Schneewittchen in ihr muß sterben.
Doch wieder ist es merkwürdig. Statt Schneewittchen selbst zu
töten, bittet sie den Jäger, es zu tun. Und natürlich gibt sie
damit durch den Jäger, der symbolisch mit Natur, mit den natürlichen Empfindungen verbunden ist, Schneewittchen eine Chance.
Ob die Stiefmutter Schneewittchen heimlich doch liebt? Ob ich
das liebe, was ich nach außen hasse? So böse die Stiefmutter
auch sein mag, eitel und neidisch, da ist doch noch etwas in
ihr, was am wahren Leben hängt, und was ihr später Angst machen
muß. Ich denke, so ist das im Leben. Viele hatten ja auch im
Dritten Reich ihren ganz persönlichen guten und geretteten Juden. Und viele finden Zigeunermusik und russische Literatur
schön. Auch wenn, ja wenn ... Schneewittchen also erhält eine
Chance direkt vom Jäger, indirekt von der Stiefmutter.

Was Schneewittchen nun zustößt, das kennen wir alle. Es ist ein
Gemälde voller symbolischer Bilder. Wald, weiter Wald - 7
Berge. Das große, unbekannte Reich meiner unbewußten Gefühle.
Sie muß den beschwerlichen Weg nach innen, ins Dunkle, zu sich
selbst gehen. Das kann Jahre dauern. 7 Berge, 7 Zwerge, 7
Jahre. Das Haus der Zwerge: Im Kleinen, Verborgenen, still und
abgeschieden, weit weg vom Getriebe der großen und kleinen Königinnen um uns herum. Da entsteht Neues - vielleicht. Zwerge
sind hilfreiche Wesen, manchmal Heinzelmännchen, sehr kreativ,
unbestechlich, aber hilfreich. Sie begleiten uns, damit wir den
rechten Weg nicht verfehlen: 'Öffne die Tür nicht, wenn die
Stiefmutter kommt'.
Schneewittchen öffnet die Tür, dreimal. Immer wieder läßt sie
sich blenden von dem Tand, die Kleine. Von schnellen Werten
dieser Welt. Hübsche Gürtelschnalle, glänzender Kamm, roter
Apfel. Es ist halt noch das kleine Schneewittchen, etwas einfältig und naiv, recht unreif noch. Wer nur eine Farbe kennt,
so wie unterm weißen Leichentuch lebt, ja, der ist noch nicht
reif für das Leben. Nomen est omen. Schneewittchen ist weiß wie
ein noch unbeschriebenes Blatt Papier; ist abhängig von den
gleichen Versuchungen und Konventionen wie ihre Mutter und
Stiefmutter. Deshalb ist sie für allen Tand anfällig. Vor allem
für den halben roten Apfel, weil sie noch so ganz weiß, weil
sie noch kein Schneeröschen ist. Schneewittchen ist bei den
Zwergen noch nicht gewachsen, ist noch klein und unmündig.

Wer befreit sie? Wer befreit uns?

V.

Da ist der Prinz. Von weit kommt er her; aus unserer Kindheit. Damit wir uns verstehen, er ist ein Teil von uns, unser Prinz. Das Prinzenhafte, Jugendliche in uns ist er; die alte Echtheit in uns von früher. Der kleine Prinz - Hoffnung auf neues Leben in mir.

Er sieht den gläsernen Sarg und wo alle anderen sagen: Tot, endgültig aus, nichts mehr zu machen, es ist halt so, es ändert sich nichts mehr, da erkennt er, Schneewittchen sieht aus wie lebend. Nein, noch ist sie nicht tot. Das Leben ist noch nicht ganz gestorben. Heimlich lebt sie noch, denn der Name ist auf den Sarg geschrieben und er schreit, 'Finde mich, suche mich, befreie mich. Hier bin ich!'

Und nun das Entscheidende für mich: Es kommt zur Befreiung. Doch wie? Durch unvergiftete Liebe - unvergiftet. Er wollte zunächst den Leichnam Schneewittchens kaufen. Doch da ist nichts zu machen mit Geld. Mit Geld kann man nicht das Leben kaufen. Dann sagt er völlig unlogisch 'So schenkt sie mir, ich will sie ehren und hochhalten wie mein Liebstes'. Da schenken ihm die Zwerge aus Mitleid den Sarg - umsonst. Liebe kann man nicht kaufen, um nichts auf der Welt. Liebe ist umsonst, wenn es denn Liebe ist. Unvergiftete Liebe, rot wie drei Tropfen Blut. Das Leben kann man nicht kaufen, wir haben es umsonst - aus Gnade. Der Apfelgrütz steckt ganz oben in der Kehle, er springt heraus, ohne daß der Prinz von sich aus etwas dazu tun muß - umsonst. Ein Wunder? Auch wir sagen viel zu rasch zu dem, was wir nicht so schnell verstehen, ein Wunder. 'Ach Gott, wo bin ich?' fragt sie. 'Du bist bei mir' sagt er. Sie kannte den Prinzen doch vorher gar nicht. Wieso kann er sagen 'Du bist bei mir'. Was für eine dumme Frage. 'Ach Gott' - 'Du bist bei mir' - 'Du bist bei dir, bei dir selbst'. So einfach ist das. Schneewittchen, sie ist befreit, endlich ein Schneeröschen werden zu können, in dem weiß und rot und schwarz zusammenpassen; Gegensätze in sich vereint sind in der Mitte der verbindenden Liebe, des Roten. Ist sie wirklich befreit? Ist das neues Leben, gar Auferstehung?

VI.

Ich befürchte, leider, im Märchen gibt's noch keine echte Auferstehung, denn das Märchen endet grausig. Die Stiefkönigin muß auf der Hochzeit einen gräßlichen Totentanz tanzen. Die glühenden Eisenpantoffeln waren schon bereitgestellt. Mit Zangen werden sie hereingetragen. Wie ein vergifteter Apfel. Strafe, Rache, wohlüberlegt, fast sadistisch. Kalte Berechnung, glühender Haß. Das Böse soll ausgerottet, ausradiert werden. Das Böse in uns, einfach vernichten, abschlachten. Doch geht das? Ist das der richtige Weg? Die Erfahrung lehrt, das Böse kehrt wieder, durch die Hintertür wie ein Gespenst, umso stärker. Böses läßt sich nicht durch Böses vernichten. Der Zweck heiligt niemals die Mittel. Es setzt sich dann umso stärker fest in unseren Herzen. Nistet sich ein wie ein Krebsgeschwür, immer wieder neu. Das Böse bleibt dann eine latente Gefahr in uns und bricht zur Unzeit unkontrolliert heraus.

Nein, das ist kein Weg, der Totentanz für die Stiefmutter. Ich denke da ganz konkret. Können wir das Böse des Krieges und der Kriegsgefahr dadurch ausmerzen, daß wir immer stärker in und um uns aufrüsten? Durch das Segnen der Waffen, innerer und äußerer, werden diese nicht gut. Das Böse bleibt böse und auch Waffen in guten Menschen bleiben Waffen und damit böse. Prinz und Schneewittchen waren schlecht beraten, ihren Rachegefühlen freien Lauf zu lassen. Mag auch die Strafe noch so verdient sein, die Königin den schrecklichen Totentanz auf siedendheissen Sohlen, eiskal zusehend, tanzen zu lassen. Sie ist nicht tot, die Königin; sie lebt weiter in mir. Hat also doch am Ende der Geist der Stiefmutter gesiegt? Hat sie am Ende Schneewittchen doch getötet? Ja, verhindert, daß sie zum Leben kommt? Statt sie auszumerzen, wäre es gut gewesen, denke ich, sich mit ihr zu versöhnen, Vergebung zu üben, das Böse zu überwinden durch tun des Guten. Können wir das? Wollen wir das überhaupt? Ein Schneeröschen hätte das gekonnt, denke ich mir. Also, wer befreit Schneewittchen aus dem gläsernen Sarg, daß sie zu Schneeröschen wird, daß sie wirklich aufersteht und lieben lernt? Lieben als das Neue, wirklich Neue in ihrem Leben, in unserer Welt, erkennt? Ich setze auf die Liebe gegen alle äußere Vernunft. Wie kommt es zur Versöhnung mit dem Bösen in mir, in uns, in unserer Welt - umsonst?

VII.

Hören wir dazu eine Geschichte, in der von Jesus berichtet wird.

Der Jüngling zu Nain

[11] Und es begab sich danach, daß er in eine Stadt mit Namen Nain ging; und seine Jünger gingen mit ihm und viel Volks. [12] Als er aber nahe an das Stadttor kam, siehe, da trug man einen Toten heraus, der der einzige Sohn war seiner Mutter, und sie war eine Witwe; und viel Volks aus der Stadt ging mit ihr. [13] Und da sie der Herr sah, jammerte ihn derselben, und er sprach zu ihr: Weine nicht! [14] Und trat hinzu und rührte den Sarg an, und die Träger standen. Und er sprach: Jüngling,

ich sage dir, stehe auf! [15] Und der Tote richtete sich auf und fing an zu reden, und er gab ihn seiner Mutter. [16] Und es kam sie alle eine Furcht an, und sie priesen Gott und sprachen: Es ist ein großer Prophet unter uns aufgestanden, und: Gott hat sein Volk heimgesucht. [17] Und diese Rede über ihn erscholl in das ganze jüdische Land und in alle umliegenden Länder.

VIII.

Auferstehung ist ein christliches Symbol. Sie vollzieht sich nicht erst nach dem Tod, so Gott will, sondern nach christlicher Überzeugung mitten in unserem Leben. Auferstehung beginnt hier und jetzt. Neugeburt nennen wir das auch - Wiedergeburt, so daß wir noch einmal neu zu leben beginnen, so daß in uns alles neu wird, Frühling, rot wie Blut und weiß wie Schnee und schwarz wie Ebenholz - eben alles in einem 'Das Alte ist vergangen - siehe, es ist neu geworden.'

Wie geht das zu? Mitten im Leben? Ein toter Jüngling wird Jesu entgegengetragen im offenen Sarg - für jeden sichtbar. Alle weinend und trauernd hinterher. Auch die Mutter. Sie ist Witwe. Er der einzige Sohn. Ihr Einziger! Sie und er in inniger Verbundenheit.
Nain, ein kleines Dörfchen, liegt gegenüber dem Berge Tabor in einer ganz lieblichen Landschaft Galiläas. Von dort hat man - ich habe es selbst erlebt - einen weiten Blick nach allen Seiten. Nicht wie durch ein kleines Fenster mit schwarzem Trauerrahmen, sondern vom Mittelmeer bis zum Jordan. Man kann da sitzen und träumen, stundenlang, ganz für sich.
Und da begegnen sich nun zwei Züge. Der liebliche Zug des Lebens - Jesus und die Seinen. Und der traurige Zug des Todes. Sie begegnen sich in der Abendstunde, wie es heißt. Zug des Lebens - Zug des Todes.
Im Zug des Todes geht alles nach Sitte und Anstand zu.Wie es sein muß - wie es das Gesetz befiehlt. Wenn ein junger Mann stirbt, so ist es nach jüdischem Gesetz ein Zeichen von Schuld und Sünde. Frühzeitiger Tod als Strafe für Verfehlungen. Das wußte jeder. Sohn oder Mutter, egal. Wenn einer unter 2o ist, hat die Mutter die Schuld, sagt das Gesetz. So einfach ist das. Sünde! Erledigt! Trauer ist eigentlich nicht angebracht. Verdiente Strafe Gottes - glühende Schuhe - Totentanz. Tod! Weinen, begraben, Gesetze beachten nach Sitte und Konvention und alles ist wieder in Ordnung. Das Leben geht weiter. Noch viele Jünglinge und Jungfrauen werden sterben, in Kriegen z.B., die es auch damals schon in Fülle gab und blutjunge Menschen auffraß. Oder auch mitten im Leben. Im gläsernen Sarg aufbewahrt, beweint und vergessen. Weißer Schnee mit etwas Wehmut. Nichts bewegt sich - Leichentuch - Leichenzug - Zug der Zeit. Der Jüngling ist tot, todsicher tot. Jeder weiß das, nickt mit dem Kopf, bis er herunterfällt. Irgendwann. Schlimmer Zug des Todes.

IX.

Jesus - der Zug des Lebens. "Weinet nicht". Später sagt er einmal: "Wenn ihr schon weint, dann weint lieber über euch
selbst". "Weinet nicht", denn es sind vergiftete Tränen, Tränen
der Schuldzuweisungen. Ja, Jesus kann hart sein;hart wie ein
Stein und sanft wie eine Feder. Und er sagt: "Nein", ganz einfach "Nein". Nein zu Konventionen und Sitte, zu Gesetz und Vor-
urteil. Zu dem 'das habe ich schon immer gewußt' und zu dem
'bei dem wird sich doch nichts ändern' und zu dem 'da könnte ja
jeder kommen' und zu dem 'was die anderen wohl über mich denken' usw. Nein! Er sagt: "Steh auf. Erhebe dich aus deinem
Sarg". 'Aber ich habe doch meinen Tod verdient durch die Schuld
meiner Mutter oder von mir'. "Ich sage dir, stehe auf". 'Aber
ich habe doch vergiftete Äpfel gegessen, auf glühenden Schuhen
getanzt'. "Ich sage dir, stehe auf". 'Aber ich bin doch wirklich ganz tot. Siehst du nicht, wie alle um mich weinen?' "Ich
sage dir, stehe auf". 'Aber was sollen denn die Leute dazu sagen, wenn ich einfach aufstehe. Das macht man doch nicht. Da
kommt doch gar alles durcheinander'. "Ich sage dir, stehe auf".
Umkehrung der Werte, wenn sich der Leichenzug der Zeit und der
lieblichen Zug des Lebens begegnen. Versöhnung, nicht Vernich-
tung. Vergebung, nicht Strafe. Verwandlung, nicht Ausmerzung.
  "Liebet eure Feinde", sagt Jesus ein andermal. D.h. zunächst
und vor allem auch: Liebe auch den Feind in dir selbst. Liebe
ihn, verwandle ihn so, mache ihn so zu deinem Freund. Liebe ist
umsonst. Man kann sie nicht kaufen. Liebe deinen Feind, wandle
ihn, versöhn dich mit ihm. D.h.: "Ich sage dir, stehe auf,
beginne neu, beginne neu zu leben. Steh auf aus deinem gläsernen Sarg und fang zum ersten Mal an richtig zu leben. Vorher
warst du tot, mitten im Leben, todsicher tot. Jetzt erst beginnt dein Leben neu - Wiedergeburt.

X.

Peter Janssens hat mit der ihm eigenen Phantasie und Einfühlung
in Worten und Musik solch eine Auferstehung aus dem gläsernen
Sarg beschrieben. Es ist das Beat-Musical über Franz von
Assisi, dem reichen Jüngling, Troubadour und Playboy Franz,
der aus seinem Sarg aufersteht und verwandelt als Bruder Franz
zu leben beginnt.
Bruder Franz, dem es gelingt, den vergifteten Apfel auszuspuk-
ken,um zum wirklichen Leben zu erwachen. Bei ihm ist der vergiftete Apfel Reichtum und Geltungssucht. Bei anderen kann es
etwas anderes sein. Ganz langsam setzt der Franz, der wie tot
ist, aber im Grunde ja noch lebt, seinen Fuß vorsichtig aus dem
Sarg. Erst den linken Fuß, dann den rechten Fuß, ganz vorsichtig. Peter Janssens beschreibt es sehr schön mit der Musik.
Sie sollten sich die Platte kaufen und sie sich anhören.

XI.

Sich mit dem Bösen in uns versöhnen, vergeben, das Böse lieben, es verwandeln ins Gute, das würde aus Schneewittchen ein Schneeröschen machen. Rot und weiß und schwarz zusammen. Alles vereint in einem, ist das möglich? Es gibt eine Geschichte im Neuen Testament von einer Frau, die erzählt davon, daß das möglich ist.

Es ist eine Frau, eine große Sünderin, wie gräßlich, die Jesus ihre ganze Liebe und Hingabe zeigt und die - wie auch immer - in Jesu Umgebung verwandelt wird, zum Schneeröschen wird, Liebe austeilt, Liebe empfängt. Umsonst, nicht zu kaufen. Sie ist mit ihrer Liebe über die Maßen verschwenderisch, ganz unvernünftig - in Wahrheit ganz vernünftig. Weiß wie Schnee, rot wie Blut, schwarz wie Ebenholz. Ein Leben voll innerer Bewegung und Glanz. Und dies ist die Geschichte aus der Bibel, die keines Kommentars mehr bedarf.

Jesus beim Pharisäer Simon

[36] Ein Pharisäer* hatte Jesus zum Essen eingeladen. Jesus ging in sein Haus, und sie legten* sich zu Tisch. [37] In derselben Stadt lebte eine Frau, die für ihr ausschweifendes Leben bekannt war. Als sie hörte, daß Jesus bei dem Pharisäer eingeladen war, kam sie mit einem Fläschchen voll kostbarem Salböl. [38] Weinend trat sie von hinten an Jesus heran, und ihre Tränen fielen auf seine Füße. Da trocknete sie ihm mit ihren Haaren die Füße ab, küßte sie und goß das Öl über sie aus.

[39] Als der Pharisäer, der Jesus eingeladen hatte, das sah, sagte er sich: »Wenn dieser Mann wirklich ein Prophet wäre, wüßte er, was für eine das ist, von der er sich anfassen läßt! Er müßte wissen, daß sie eine Prostituierte* ist.« [40] Da sprach Jesus ihn an: »Simon, ich muß dir etwas sagen!« Simon sagte: »Lehrer, bitte sprich!«

[41] Jesus begann: »Zwei Männer hatten Schulden bei einem Geldverleiher, der eine schuldete ihm fünfhundert Silberstücke, der andere fünfzig. [42] Weil keiner von ihnen zahlen konnte, erließ er beiden ihre Schulden. Welcher von ihnen wird wohl dankbarer sein?«

[43] Simon antwortete: »Ich nehme an, der Mann, der ihm mehr geschuldet hat.«

»Du hast recht«, sagte Jesus. [44] Dann wies er auf die Frau und sagte zu Simon: »Sieh diese Frau an! Ich kam in dein Haus, und du hast mir kein Wasser für die Füße gereicht; sie aber hat mir die Füße mit Tränen gewaschen und mit ihren Haaren abgetrocknet. [45] Du gabst mir keinen Kuß zur Begrüßung, sie aber hat nicht aufgehört, mir die Füße zu küssen, seit ich hier bin. [46] Du hast meinen Kopf nicht mit Öl gesalbt, sie aber hat mir die Füße mit kostbarem Öl übergossen. [47] Darum versichere ich dir: ihre große Schuld ist ihr vergeben worden. Das zeigt sich an der Liebe, die sie mir erwiesen hat. Wem wenig vergeben wird, der liebt auch nur wenig.«

[48] Dann sagte Jesus zu der Frau: »Deine Schuld ist dir vergeben!« [49] Die anderen Gäste fragten einander: »Was ist das für ein Mensch, daß er sogar Sünden vergibt?« [50] Jesus aber sagte zu der Frau: »Dein Vertrauen hat dich gerettet. Geh in Frieden!«

Lukas 7, 36 - 50

HANS MEIN IGEL

HANS MEIN IGEL

Es war einmal ein Bauer, der hatte Geld und Gut genug, aber wie reich er war, so fehlte doch etwas an seinem Glück. Er hatte mit seiner Frau keine Kinder. Öfters, wenn er mit den andern Bauern in die Stadt ging, spotteten sie und fragten, warum er keine Kinder hätte. Da ward er endlich zornig, und als er nach Haus kam, sprach er: "Ich will ein Kind haben, und sollt's ein Igel sein." Da kriegte seine Frau ein Kind, das war oben ein Igel und unten ein Junge, und als sie das Kind sah, erschrak sie und sprach: "Siehst du, du hast uns verwünscht." Da sprach der Mann: "Was kann das alles helfen, getauft muß der Junge werden, aber wir können keinen Gevatter dazu nehmen." Die Frau sprach: "Wir können ihn auch nicht anders taufen als Hans mein Igel". Als er getauft war, sagte der Pfarrer: "Der kann wegen seiner Stacheln in kein ordentliches Bett kommen." Da ward hinter dem Ofen ein wenig Stroh zurecht gemacht und Hans mein Igel daraufgelegt. Er konnte auch an der Mutter nicht trinken; denn er hätte sie mit seinen Stacheln gestochen. So lag er da hinter dem Ofen acht Jahre, und sein Vater war ihn müde und dachte: 'Wenn er nur stürbe.' Nun trug es sich zu, daß in der Stadt ein Markt war, und der Bauer wollte hingehen, da fragte er seine Frau, was er ihr mitbringen sollte: "Ein wenig Fleisch und ein paar Wecke, was zum Haushalt gehört", sprach sie. Darauf fragte er die Magd, die wollte ein Paar Toffeln und Zwickelstrümpfe. Endlich sagte er auch: "Hans mein Igel, was willst du denn haben?" "Väterchen",

sprach er, "bring mir doch einen Dudelsack mit." Wie nun der
Bauer wieder nach Haus kam, gab er der Frau, was er ihr gekauft
hatte, Fleisch und Wecke, dann gab er der Magd die Toffeln und
die Zwickelstrümpfe, endlich ging er hinter den Ofen und gab dem
Hans mein Igel den Dudelsack. Und wie Hans mein Igel den Dudelsack hatte, sprach er: "Väterchen, geht doch vor die Schmiede
und laßt mir meinen Gockelhahn beschlagen, dann will ich fortreiten und nie wiederkommen." Da war der Vater froh, daß er ihn
loswerden sollte, und ließ ihm den Hahn beschlagen, und als er
fertig war, setzte sich Hans mein Igel darauf, ritt fort, nahm
auch Schweine und Esel mit, die wollt' er draußen im Walde hüten. Im Wald aber mußte der Hahn mit ihm auf einen hohen Baum
fliegen, da saß er und hütete die Esel und Schweine und saß lange Jahre, bis die Herde ganz groß war, und sein Vater wußte
nichts von ihm. Wenn er aber auf dem Baum saß, blies er seinen
Dudelsack und machte Musik, die war sehr schön.

Nun geschah es, daß ein König gefahren kam und seinen Bedienten
und Läufern und hatte sich verirrt und fand nicht mehr nach
Haus, weil der Wald so groß war. Da hörte er die schöne Musik
von weitem und sprach zu seinem Läufer, was das wohl wäre, er
sollte einmal zusehen. Da ging der Läufer hin unter den Baum und
sah den Gockelhahn sitzen und Hans mein Igel obendrauf. Der Läufer fragte ihn, was er da oben vorhätte. "Ich hüte meine Esel
und Schweine; aber was ist Euer Begehren?" Der Läufer sagte, sie
hätten sich verirrt und könnten nicht wieder ins Königreich, ob
er ihnen den Weg nicht zeigen wollte. Da stieg Hans mein Igel
mit dem Hahn vom Bau herunter und sagte zu dem alten König, er
wollte ihm den Weg zeigen, wenn er ihm zu eigen geben wolle, was
ihm zu Haus vor seinem königlichen Schlosse als erstes begegnen
würde. Der König sagte "Ja", und unterschrieb sich dem Hans mein
Igel, er solle es haben. Als das geschehen war, ritt er auf dem
Gockelhahn voraus und zeigt ihm den Weg, und der König gelangte
glücklich wieder in sein Reich. Wie er auf den Hof kam, war
große Freude darüber. Nun hatte er eine einzige Tochter, die war
sehr schön, die lief ihm entgegen, fiel ihm um den Hals und
küßte ihn und freute sich, daß ihr alter Vater wiederkam. Sie
fragte ihn auch, wo er so lange in der Welt gewesen wäre, da erzählte er ihr, er hätte sich verirrt und wäre beinahe gar nicht
wiedergekommen, aber als er durch einen großen Wald gefahren
wäre, hätte einer, halb wie ein Igel, halb wie ein Mensch, ritt-
lings auf einem Hahn in einem hohen Baum gesessen und schöne
Musik gemacht, der hätte den Weg gezeigt, er aber hätte ihm dafür versprochen, was ihm am königlichen Hofe zuerst begegnete,
und das wäre sie, und das täte ihm nun so leid. Da versprach sie
ihm aber, sie wollte gerne mit ihm gehen, wenn er käme, ihrem
alten Vater zuliebe.

45

Hans mein Igel aber hütete seine Schweine, und die Schweine bekamen wieder Schweine, und es wurden ihrer so viel, daß der ganze Wald voll war. Da wollte Hans mein Igel nicht länger im Walde leben und ließ seinem Vater sagen, sie sollten alle Ställe im Dorf räumen; denn er käme mit einer so großen Herde, daß jeder schlachten könnte, der wollte. Da war sein Vater betrübt, als er das hörte; denn er dachte, Hans mein Igel wäre schon lange gestorben. Hans mein Igel aber setzte sich auf seinen Gockelhahn, trieb die Schweine vor sich her ins Dorf und ließ schlachten. Danach sagte Hans mein Igel: "Väterchen, laßt mir meinen Gockelhahn noch einmal vor der Schmiede beschlagen, dann reit' ich fort und komme mein Lebtag nicht wieder". Da ließ der Vater den Gockelhahn beschlagen und war froh, daß Hans mein Igel nicht wiederkommen wollte.

Hans mein Igel ritt fort auf seinem Gockelhahn und mit seinem Dudelsack nach dem Königreich, wo er dem König den Weg gezeigt hatte. Der aber hatte bestellt, wenn einer käme wie Hans mein Igel, sollten sie das Gewehr präsentieren, ihn frei hereinführen, Vivat rufen und ihn ins königliche Schloß bringen. Wie ihn die Königstochter sah, war sie erschrocken, weil er doch gar zu wunderlich aussah, sie dachte aber, es wäre nicht anders, sie hätte es ihrem Vater versprochen. Da ward Hans mein Igel von ihr bewillkommt und ward mit ihr vermählt, und er mußte mit an die königliche Tafel gehen, und sie setzte sich zu seiner Seite, und sie aßen und tranken. Wie's nun Abend ward, daß sie wollten schlafen gehen, da fürchtete sie sich sehr vor seinen Stacheln; er aber sprach, sie sollte sich nicht fürchten, es geschehe ihr kein Leid, und sagte zu dem alten König, er sollte vier Mann bestellen, die sollten wachen vor der Kammertür und ein großes Feuer anmachen, und wann er in die Kammer eingänge und sich ins Bett legen wollte, würde er aus seiner Igelhaut herauskriechen und sie vor dem Bett liegenlassen. Dann sollten die Männer hurtig herbeispringen und sie ins Feuer werfen, auch dabeibleiben, bis sie vom Feuer verzehrt wäre. Wie die Glocke nun elf schlug, da ging er in die Kammer, streifte die Igelhaut ab und ließ sie vor dem Bett liegen. Da kamen die Männer und holten sie geschwind und warfen sie ins Feuer; und als sie das Feuer verzehrte hatte, da war er erlöst und lag da im Bett ganz als ein Mensch gestaltet, aber er war kohlschwarz wie gebrannt. Der König schickte zu seinem Arzt, der wusch ihn mit guten Salben und balsamierte ihn, da ward er weiß und war ein schöner junger Herr. Wie das die Königstochter sah, war sie froh, und am anderen Morgen ward die Vermählung erst recht gefeiert, und Hans mein Igel bekam das Königreich von dem alten König.

Wie etliche Jahre herum waren, fuhr er mit seiner Gemahlin zu seinem Vater und sagte, er wäre sein Sohn; der Vater aber sprach, er hätte keinen, er hätte nur einen gehabt, der wäre aber wie ein Igel mit Stacheln geboren worden und wäre in die Welt gegangen. Da gab er sich zu erkennen, und der alte Vater freute sich und ging mit ihm in sein Königreich.

AUF DER SUCHE NACH DEM VERLORENEN VATER

Lukas 15, 11-32

DER VATER DER VERLORENEN SÖHNE

1.

"Hans, mein Igel" heißt dieses Märchen. Der Titel sagt bereits
alles, denn wie in jedem Märchen sind äußere Kennzeichen Hin-
weise auf einen tieferen, inneren Sachverhalt. "Hans, _mein_
Igel".
Einen Igel kann man nur schwer anfassen. Man kann ihn gar nicht
anfassen, wenn er seine Stacheln ausstreckt und sich aus Not-
wehr einigelt. Bei Angriffen von außen muß er sich auch einigeln, denn er ist sehr verletzlich, er hat eine sehr zarte,
ungeschützte Unterseite. Man sieht sie nur nicht gleich. Und er
hat keine Angriffswaffen. Agressiv ist ein Igel im Grunde
nicht. Nein, im Grunde ist er ein sehr friedliches Tier mit
flinken, spitzbübischen Augen. Mit ihnen beobachtet er aus seiner Igel-Perspektive die Welt um sich herum.

Hans, mein Igel. Solch ein Mensch muß der Hans gewesen sein.
Wir sagen ja auch im übertragenen Sinn 'Er igelt sich ein'. 'Er
zeigt seine Stacheln'. 'Er wirkt immer so widerborstig'. Doch
warum ist er so? Haben wir schon einmal seine Unterseite gesehen, die zarte, weiche, verletzliche?

2.

Der Hans ist zum Igel abgestempelt. Der Vater wünscht sich
sehnsüchtig ein Kind, einen Sohn "und sollte es ein Igel sein".
Das brauchte er zu seinem Ansehen im Dorf. Doch der Sohn war
dann nicht so, wie er es sich erträumt hatte. Er war ganz

anders, als Sitte und Konvention es wollten. Widerspenstig ist er, igelig. Der Vater lehnt seinen Sohn ab.

Beide haben sich nichts zu sagen. Der Sohn kann noch nicht; der Vater will nicht. Ebenso, wie das oft in unserem Leben so ist. Mag auch sein, daß der Sohn ganz offen so war, wie der Vater selbst heimlich war, sich aber nicht eingestehen wollte. Ein Mann, der seine Stacheln - damit es keiner sieht - nach innen gekehrt hat. Und der Sohn zeigt sie ungeniert nach außen. So lehnt er dann im Sohn sich selbst ab. --- Wie auch immer, auf jeden Fall schämt er sich seines Sohnes und will ihn loswerden.

Die Mutter, ja sie spielt wie oft in Beziehungsmärchen kaum eine Rolle. Sie kennt keine eigenen Wünsche; nur den "Wunsch nach ein paar Wecken und etwas für den Haushalt". Nein, die Mutter steht hier ganz am Rande. Um Vater und Sohn geht es. Darum, wie der Sohn um den Vater wirbt - ein Leben lang, und wie er am Ende den verlorenen Vater heimführt, ihn befreit von seinen nach innen gekehrten Igelstacheln; befreit zu echter Partnerschaft. Doch das ist noch ein weiter Weg.

3.

Zunächst wird Hans, mein Igel, abgeschoben und abgestempelt. "Du bist borstig", "Du zeigst immer nur deine Stacheln". "Du bist wie ein Igel." Und wenn der eigene Vater das sagt, dann übernehmen es die anderen umso schneller. Das ist wie ein Fluch - der Fluch der Vorurteile. Das Fatale dabei ist, man übernimmt mit der Zeit die Rolle, auf die man festgelegt wird. Man wird selbst zum Igel, versteckt sich hinter dem Ofen oder rollte sich ein wie eine Stahlkugel, unangreifbar. Wie sollen denn die Leute, die mich Igel nennen, ahnen, daß ich im Grunde voll Gefühl und Zärtlichkeit bin, warmherzig, daß ich mich nach Liebe sehne?

Hinterm Ofen hält er - so wie es die Igel in der Natur tun - über acht Jahre lang einen 'seelischen Winterschlaf'. Hinterm warmen, heimligen Ofen. Wenn es draußen kalt ist, wenn die Gefühle zu Eis erfrieren, dann kann wenigstens der Ofen wärmen. Er ersetzt das, was Hans bei den Menschen nicht findet; auch wenn es nur ein Ersatz ist. Von dort aus beobachtet er alles, was sich um ihn herum abspielt. Er beobachtet es mit wachen Augen. Igel haben ja so kleine, runde, quicklebendige Augen. So hat Hans alles in sich aufgenommen, tief in seine Seele aufgenommen, was da um ihn herum passiert.

4.

Und so brutal der Vater auch mit ihm umgeht und ihn hinterm Ofen seelisch verkümmern läßt, der Überlebenswille ist stärker im Hans als die Resignation. Das ist tröstlich. Der Liebesentzug führt nur dazu, daß er sich noch stärker einigelt, sich in sich zurückzieht.

Einmal allerdings wendet sich der Vater trotz aller Ablehnung dem Sohn noch einmal zu - einmal wenigstens. Das ist ja oft im

49

Leben so widersinnig. Schlechtes Gewissen oder auch eine eigene tief verborgene, nicht eingestandene Sehnsucht nach Liebe und Zuwendung? Wer weiß. "Was soll ich dir mitbringen?", fragt er Hans. Hans wird gefragt, tatsächlich. Er wird gefragt. Er lebt noch. Und sofort, hellwach, ergreift Hans seine Chance beim Schopf. "Väterchen", sagt Hans. "Väterchen"! Ein Kosename ist's, voll Gefühl und Herzenswärme, spontaner Ausdruck der Sehnsucht nach Zuwendung und Wärme, wo doch dieser Vater alles andere als ein "Väterchen" ist. Und er weiß genau, was er will. "Einen Dudelsack will ich." Ein absonderlicher Wunsch. Denn, wozu kann ein Dudelsack schon gut sein? Er ist etwas für die Seele. Mit ihm kann ich nach Herzenslust Musik machen, schwermütige und lustige. Und vor allem: ich muß die ganze Kraft meiner Lungen einsetzen. Herausblasen kann Hans alles, was ihn bedrückt, was er bisher in sich hineinfressen mußte und was ihm fast die Stimme verschlagen hat. Sein ganzes Gefühl kann er herauslassen, seine Trauer und seine Lebensfreude. Hans weiß schon, was er will und was er braucht.

5.

Doch nun, einmal aus der Passivität erwacht, wird er mutig. Er ergreift die Initiative, hat noch einen zweiten Wunsch, den entscheidenden. "Väterchen, geht doch zur Schmiede und laßt mir einen Gockelhahn beschlagen, dann will ich fortreiten und will nimmermehr wiederkommen." Der Hahn weckt die Menschen mit dem ersten Schrei am frühen Morgen. Er weckt die Menschen auf vom Schlafe. Ja, aufgewacht ist Hans und er will endlich vom Schlaf aufstehen. Der Hahn steht für Kraft und Mut. Er ist ein männliches und ein stolzes Tier. Die Bereitschaft zum inneren und äußeren Kampf verbirgt sich dahinter. Dazu ist der Hans jetzt bereit. Er macht sich auf die lange Reise, um sich selbst zu finden. Zielgerichtet und unbeirrt.

Es gibt da ein Kinderlied, das wir alle kennen, in dem auch von einem Hans die Rede ist, aber von einem ganz anderen, von dem kleinen, infantilen Hänschen. "Hänschen klein, ging allein in die weite Welt hinein... Aber Mama weinet sehr... Da besinnt sich das Kind, kehrt nach Haus geschwind". Nein, solch ein Hänschen ist unser Hans nicht, der den aggressiven Tränen der Mutter auf den Leim geht und wieder in ihren Schoß zurückkehrt. Unser Hans will sich wirklich selbst finden, daher muß er alles hinter sich lassen. Auch seinen Vater, das Väterchen. So ganz läßt er ihn, wie sich bald zeigt, aber doch nicht hinter sich. Obwohl der verkündet: "Ich komme nie wieder!"

6.

Aus dem väterlichen Tierbestand nimmt er - mutig wie er geworden ist - Esel und Schweine mit und reitet fort auf dem gespornten Hahn in den dunklen Wald hinein. Fliegen kann er zwar noch nicht, aber mit der Hilfe des Hahnes kann er sich doch über den Erdboden erheben. Und das bedeutet: Er kann sich auch über seine ihn bisher niederdrückende Rolle, Igel und borstig sein zu müssen, erheben.

Er setzt sich auf einen Baum. Von dort aus ist ihm der Blick über den ganzen Wald möglich. Er kann sich in den Zweigen schaukeln und es sich wohl sein lassen. "Schöne Musik", heißt es, macht er mit dem Dudelsack, "schöne" Musik. Mit Musik kann man seine innersten Gefühle ausdrücken, all das, was man mit Worten nicht mehr sagen kann, vielleicht auch nie gelernt hat zu sagen. Ja, das kann man mit Musik: Selbstvergessen all seinen Empfindungen schöpferischen Ausdruck verleihen. So kann man überleben. Ich kenne viele Menschen, die brauchen die Musik, um überleben zu können in einer kalten und schrillen Welt.

7.

Er wohnt im Wald, in der Mutter Natur. Der Wald steht - wie stets im Märchen - für die überpersönliche weibliche Gefühlsseite im Menschen. Der Baum im Wald steht für die überpersönliche männliche Vernunftsseite im Menschen. Und beides gehört zusammen. Es gibt das eine nicht ohne das andere. Erst wenn ich beides in mir integriert habe, bin ich ein voller Mensch. Ein voller Mensch, ohne Stacheln, das will der Hans werden - ein ganzer Mensch. So sitzt er auf dem Baum im Wald und wartet. "Und wußte der Vater nichts von ihm", heißt es wie nebenbei unvermittelt. Damit ist ausgedrückt: Er will nicht nur sich selbst finden, er will auch den Vater wiederfinden, seinen verlorenen Vater. Doch bis dahin ist es noch ein weiter Weg.

8.

Er macht Musik und hütet seine Herde. Esel und Schweine hütet er. Beides sind Anteile von ihm selbst. Esel, das sind störrische, aber auch sehr widerstandsfähige, ausdauernde Tiere. Seine widerborstigen, störrischen Anteile will der Hans beherrschen lernen. Schweine hütet er. Schweine, das sind sehr nahrhafte Tiere, gute Futterverwerter, sie nehmen alles in sich auf, was man ihnen gibt. Aber es sind auch schmutzige Tiere. Hinweis darauf, daß im Hans noch nicht alles moralisch voll entwickelt und ausgereift ist. Und: Tiere des Vaters sind es, die er mitgenommen hat; Zeichen dafür, daß schon der Vater vor ähnlichen Problemen stand.

Der Sohn löst sie, für sich. Er hütet sich selbst, lernt umgehen mit seinen störrischen, eselhaften und seinen primitiven schweinischen Anteilen. Er lernt für sich selbst zu sorgen.

An dieser Stelle sei schon daran erinnert: Von einer biblischen Geschichte wird ja noch zu reden sein, in der auch ein Sohn aus dem Haus seines Vaters zieht, der Sohn, den wir den verlorenen Sohn nennen. Und auch er muß in der Ferne Schweine hüten; allerdings nicht die seines Vaters, sondern fremde.

9.

Der Hans hat es mit der Zeit gelernt, für sich selbst zu sorgen. Das zeigt sich darin, daß er einem König den rechten Weg

weist. Könige verirren sich meist im Wald. Hier sind sie nicht
zu Hause. Im Bereich des Unbewußten können sie sich nicht bewegen und verirren sich schnell. Hans, dieser vaterlose Junge,
wird hier zum erstenmal in seinem Leben wirklich gebraucht, von
einer männlichen Autorität sogar, von einem Vater und was für
einem. "Herr König, ich kann ihnen helfen", sagt Hans - bescheiden und stolz zugleich. Er weist den König-Vater in die
richtige Richtung. Kann man sagen: Hier ist er selbst ein Vater
geworden, sorgt väterlich für sich und andere? Doch wo bleibt
der leibliche Vater, das Väterchen, das er verlassen hat?
1o.
Sein leiblicher Vater sitzt zu Hause und hat den Hans vergessen. Oder auch nur verdrängt? Der Vater sitzt fest und lebt
weiter wie bisher. Der Hans aber will zurück, will dem Vater
zeigen, was er zu geben hat, will die gesamte Herde, die ge-
zähmte Herde, aufmaschieren lassen. Will sie auch loswerden,
denn er braucht sie jetzt nicht mehr. Der Wald - so heißt es -
quillt über von seiner Herde. Ein schönes Bild dafür, daß sein
Waldleben beendet ist, daß diese Phase seines Lebens ausgereift
ist.
Er kehrt zurück und wirbt um das Herz seines Vaters. "Ich bin
da, dein Sohn, Väterchen, erkennst du mich, kennst du mich
noch? Sieh, wie ich deine Esel und Schweine gehütet habe, was
ich daraus gemacht habe. Schenke mir doch dein Vertrauen, so
wie der König mir vertraute, als ich ihm den rechten Weg wies.
Es lohnt sich doch, Vertrauen zu haben zueinander, sich gegenseitig zu öffnen, Väterchen, nicht wahr?" Das ist eine sehn-
süchtige Werbung um die Zuneigung des Vaters.

Und der Vater? "Da war der Vater betrübt, als er das hörte,
denn er dachte, Hans mein Igel wäre schon längst gestorben."
Das ist die schlimmste Enttäuschung, die dem Hans passieren
kann. Wenn ich Vertrauen schenke und der andere sieht höhnisch
über mich hinweg, hält mich für tot, dann besteht die Gefahr,
daß alles in mir zusammenbricht.

Doch jetzt zeigt sich: Hans ist schon stark geworden und gereift. Er bricht nicht zusammen. Da er aber kein Übermensch
ist, kein kleiner Gott, kommt seine alte agressive Seite wieder
heraus. Das große Freudenfest, das er veranstalten wollte, wird
zum Schlachtfest, zum blutigen Schweinegemetzel. Auch das kann
befreiend sein.
11.
Vater und Sohn bleiben voneinander getrennt. Doch der Sohn gibt
nicht auf, nicht so schnell. Wenn ein Sohn einmal den Vater als
Problem hat, ist er zugleich auch besonders an den Vater gebunden. Und umgedreht. Das kann grausam sein. Doch weil der Sohn
auf dem Weg ist, König zu werden, König seiner selbst, gibt er
nicht auf, macht einen neuen Versuch. "So schnell, Väterchen ,
wirst du mich nicht los."

Oder auch, wie es Jakob einst am Jabbok zu Gott sagte: "Ich lasse dich nicht, du segnest mich denn." (Gen. 32).

12.

Doch zunächst macht sich der Hans auf den Weg zum König, dem symbolischen Vater, der ihm Zuneigung und Vertrauen schenkte, das Gefühl, als Mensch gebraucht und ernst genommen zu werden. Wohl dem, der in seinem Leben solch einen Vater findet. Zum ersten Mal in seinem Leben wird er zu Tisch geladen, an eine königliche Tafel gesetzt. Er wird angenommen so wie er ist, mit seiner immer noch vorhandenen Igelhaut. Ach ja, die hatten wir schon fast vergessen, diese Igelhaut. Mit "vivat" wird er begrüßt. Vivat: er soll leben! Wenn solch ein herumgestoßener Mensch wie der Hans zum ersten Mal erfährt, daß man ihn hochleben läßt, welch ein Wandel des Lebensgefühls mag sich daraus entwickeln.

13.

Jetzt kommt auch die Zeit, seine Igelhaut abzulegen. Langsam und ganz vorsichtig. Nicht zu früh und nicht zu spät, gerade zur rechten Zeit, mit Bedacht. Darauf kommt es an. Zu früh abgelegt, ohne daß ich innerlich reif dafür bin, das führt dazu, daß ich ungeschützt und nackt dastehe. Zu spät abgelegt, den Zeitpunkt verschlafen, das bedeutet, ich bin noch so verhärtet, daß sich an mir nichts mehr ändern kann. Die rechte Zeit zu finden, darauf kommt es an.

Es ist schön, daß uns das Märchen hier keine Illusion vorgaukelt, als sei es so einfach, die Igelhaut abzuziehen. Als ginge das, ritsch-ratsch, mir nichts - dir nichts. Ich bin ein neuer Mensch und alle lieben mich. Das Märchen ist hier ehrlich und träumt nicht.

14.

Da ist die Königin, die Braut. Zum ersten Mal kommt eine Frau ins Spiel. Und sie nimmt ihn an mit seiner stacheligen Igelhaut. Das allein ist schon befreiend. Denn das führt dazu, daß er merkt: Ich brauche meinen Schutzpanzer gar nicht mehr. Ich kann ihn ablegen, endlich. Ja, er kann ihn ablegen, doch das muß er schon selbst tun, er ganz allein. Andere können ihn dazu hinführen, doch ablegen muß er ihn schon allein. Das kann ihm keiner abnehmen. Und das ist noch schmerzlich genug.

Die Haut wird auch gleich verbrannt, auf daß er ja nicht wieder in Versuchung kommt, sie bei nächst schlechter Gelegenheit wieder anzuziehen, wenn er sich wieder einmal schützen muß. Das alles geschieht unter großen Schmerzen. Der Wundschmerz bleibt noch lange. Es ist der ganze, lang gewachsene Schmerz seiner Lebensgeschichte, das vergebliche Liebeswerben um den Vater, die stets entbehrte Mutter, die Angst vor dem Neuen, das auf ihn zukommt, wo der Schutz der Igelhaut nun weg ist. All das kommt nun zum Vorschein. Denn er hat sich jetzt verwundbar gemacht, hat den Panzer abgelegt, sein Innerstes nach außen gekehrt, den ganzen Reichtum seiner Seele. Wie gehen die anderen

damit um? Nutzen sie es aus, deuten sie es als Schwäche, Weichheit? Er wagt es, sich offen den anderen Menschen zu zeigen.
"Sieh, so bin ich. Ich vertraue dir, daß du gut mit mir um-
gehst, daß du meine Offenheit nicht ausnutzt, um mich zu ver-
letzen daß du deine Finger nicht in die noch frischen Wund-
male hineinstößt!" Vertrauen ist immer ein Wagnis, es kann
mißbraucht werden.
Und doch ist dieses Vertrauen bitter nötig in unserem Leben.
Nur so wird Leben im Grunde erst möglich. Hans legt seine Pan-
zer-Rüstung ab. Er rüstet ab, als Erster. Das ist eine
Vor-Leistung für das Leben. Ja, das alles ist in der Tat mit
Schmerz verbunden. Es ist uns nicht gesagt, daß wahres Leben
ohne Schmerz zu gewinnen ist. "Ich habe dir keinen Rosengarten
versprochen".
15.
Mit solch einem Menschen, der gerade erst seine Ritterrüstung
abgelegt hat, müssen wir sehr vorsichtig umgehen. Denn er ist
noch auf die Rücksicht der anderen angewiesen. Wir können einen
Menschen mit Wundmalen nicht einfach unbedacht in die Arme
schließen, ihn an uns drücken und ihn trösten wollen. Das wäre
kein Trost. Das würde die noch frischen Wunden nur noch mehr
zum Brennen bringen. Manchmal wollen wir uns damit ja auch
selbst trösten, wenn wir einen anderen in die Arme schließen
und ihn an uns drücken. Der weise König-Vater ist es wieder,
der den rechten Weg weiß, aus einem bestimmten, aber auch heil-
samen Abstand heraus. Nicht immer hilft das überströmende Gefühl der Liebe allein. Der König-Vater verordnet Wundsalbe, damit die Wunden langsam heilen können, langsam. Das ist wichtig.
Auch der Prozeß des Heilens braucht seine Zeit. Alles hat seine
Zeit, die rechte Zeit. Überströmendes Gefühl und die planende
Vernunft.
16.
Doch dann, als es soweit ist, als er soweit ist, erhält Hans
sein Königreich. Jetzt erst erhält er es, wo er Herr im Reich
seiner selbst geworden ist. Jetzt kann er König sein und Vater
sein in einem. König für sich selbst, Vater für andere. Die
Menschwerdung des Hans ist abgeschlossen.
Was liegt näher, als nun zum Vater, dem leiblichen Vater, zurückzukehren, um den verlorenen Vater endlich zu finden, um ihn
zu befreien aus dem Gefängnis seiner Konventionen, seiner
Gefühlsarmut, seiner Vaterlosigkeit. Vielleicht kann er ja auf
seine alten Tage auch noch seine Igelhaut ablegen, vielleicht.

Hans kehrt heim. Nicht hochmütig-gönnerhaft, wie ein stolzer
Hahn mit aufgeblähtem Kamm, nein, den Hahn braucht er jetzt
nicht mehr zum Reiten. Er kehrt heim, einfach weil es ihn dazu
drängt, weil er Frieden schließen will. Da kann man nicht einfach aufeinander warten, sich in den Schmollwinkel zurückziehen
und sagen: "ich habe es doch schon so oft versucht, jetzt soll

der andere mal." Nein, um Frieden zu schaffen, muß man schon selbst bei sich beginnen. Ohne Wenn und Aber.

Als völlig Verwandelter kommt er zum Vater. doch bei diesem - dies ist noch einmal hart zu hören - hat sich nichts verändert. Immer noch der alte Stand. So sitzt er fest. "Der Vater sprach, er hätte keinen Sohn, hätte nur einen, aber der wäre wie ein Igel." Schlimm ist das. Nun nicht mehr für den Sohn, sondern für den Vater selbst. Der Vater muß erlöst, befreit werden, muß auf seine alten Tage noch sich selbst finden, sich selbst finden lassen.

17.

Das Märchen gibt am Ende noch einen kleinen Hinweis darauf, wie das möglich werden kann. Es ist wie ein Wunder. Der Vater wird durch die durch nichts zu erschütternde Liebe des Sohnes erlöst. "Da gab er sich zu erkennen und der alte Vater freute sich und ging mit ihm in sein Königreich."

Der Sohn gibt zu erkennen, wer er wirklich ist. Er zeigt sich ohne Schutzpanzer. "Väterchen, so bin ich, erkennst du mich nicht?" Und jetzt - jetzt, nachdem er den Panzer abgelegt hat - erkennt ihn der Vater wirklich. Zum ersten Mal sieht er ihn so wie er ist, obwohl er ihn so doch noch nie gesehen hat. "Hans, mein Igel". Ja, es ist tatsächlich das Igelhafte im Vater, das hier befreit wird. Es ist fast so, als lege der Vater auch seine Igelhaut ab.

Ob der Vater sich dabei auch selbst wiederfindet? Wer weiß. Märchen lassen Vieles offen. Beide ziehen nun zusammen heim ins Königreich, ins Reich ihrer selbst, beide zusammen. Der Sohn hat seinen Vater gefunden, der Vater hat sich vom Sohn finden lassen, war tot und ist wieder lebendig geworden.

Ein Wunder ist's, nur ein Wunder?
Ein Märchen ist's, nur ein Märchen?

Der verlorene Sohn

11 Und er sprach: Ein Mensch hatte zwei Söhne. 12 Und der jüngere unter ihnen sprach zu dem Vater: Gib mir, Vater, das Teil der Güter, das mir gehört. Und er teilte ihnen das Gut. 13 Und nicht lange danach sammelte der jüngere Sohn alles zusammen und zog ferne über Land; und daselbst a brachte er sein Gut um mit Prassen. 14 Als er nun all das Seine verzehrt hatte, ward eine große Teuerung durch dasselbe ganze Land, und er fing an zu darben 15 und ging hin und hängte sich an einen Bürger desselben Landes; der schickte ihn auf seinen Acker, die Säue zu hüten. 16 Und er begehrte, seinen Bauch zu füllen mit Trebern, die die Säue aßen; und niemand gab sie ihm.b 17 Da schlug er in sich und sprach: Wie viel Tagelöhner hat mein Vater, die Brot die Fülle haben, und ich verderbe im Hunger! 18 Ich c will mich aufmachen und zu meinem Vater gehen und zu ihm sagen: Vater, d ich habe gesündigt gegen den Himmel und vor dir. 19 Ich bin hinfort nicht mehr wert, daß ich dein Sohn heiße; mache mich zu einem deiner Tagelöhner! 20 Und er machte sich auf und kam zu seinem Vater. Da er aber noch ferne von dannen war, sah ihn sein Vater, und es jammerte ihn, lief und fiel ihm um seinen Hals und küßte ihn. 21 Der Sohn aber sprach zu ihm: *Vater, ich habe gesündigt gegen den Himmel und vor dir; ich bin hinfort nicht mehr wert, daß ich dein Sohn heiße.* 22 Aber der Vater sprach zu seinen Knechten: Bringt schnell das beste Kleid hervor und tut es ihm an und gebet ihm einen Fingerreif an seine Hand und Schuhe an seine Füße 23 und bringt das Kalb, das wir gemästet haben, und schlachtet's; lasset uns essen und fröhlich sein! 24 Denn *dieser e mein Sohn war tot und ist wieder lebendig geworden; er war verloren und ist gefunden worden.* Und sie fingen an, fröhlich zu sein.

²⁵Aber der ältere Sohn war auf dem Felde. Und als er nahe zum Hause kam, hörte er das Singen und den Reigen ²⁶und rief zu sich der Knechte einen und fragte, was das wäre. ²⁷Der aber sagte ihm: Dein Bruder ist gekommen, und dein Vater hat das gemästete Kalb geschlachtet, weil er ihn gesund wieder hat. ²⁸Da ward er zornig und wollte nicht hineingehen. Da ging sein Vater heraus und bat ihn. ²⁹Er aber antwortete und sprach zum Vater: Siehe, so viel Jahre diene ich dir und habe dein Gebot noch nie übertreten; und du hast mir nie einen Bock gegeben, daß ich mit meinen Freunden fröhlich wäre. ³⁰Nun aber dieser dein Sohn gekommen ist, der dein Gut mit Dirnen verpraßt hat, hast du ihm das gemästete Kalb geschlachtet. ³¹Er aber sprach zu ihm: Mein Sohn, du bist allezeit bei mir, und alles, was mein ist, das ist dein. ³²Du solltest aber fröhlich und guten Mutes sein; denn dieser dein Bruder war tot und ist wieder lebendig geworden, er war verloren und ist wiedergefunden.

Wenn man das Märchen "Hans, mein Igel" liest und es von innen heraus zu verstehen und mitzuerleben versucht, dann kann man nicht anders, als an die biblische Erzählung vom "verlorenen Sohn" zu denken. Die Ähnlichkeiten springen einfach ins Auge. Und doch ist alles wieder sehr anders - ganz anders sogar.
1.
Im Märchen zieht der Sohn wohlüberlegt, doch bettelarm, aus seinem Vaterhaus und kehrt mit einer reichen Herde zurück zum Vater.
In der biblischen Erzählung zieht der Sohn voll Übermut mit seinem Erbe fort und kehrt arm und verloren zurück.
Im Märchen gewinnt er sich selbst - in der biblischen Erzählung verliert er sich selbst.
Im Märchen läßt ihn der Vater leichthin ziehen und ist froh, ihn endlich los zu sein. In der biblischen Erzählung läßt ihn der Vater voll Schmerz ziehen und nimmt ihn voll Freude wieder auf - froh, seinen Sohn wiedergefunden zu haben.
Das Märchen erzählt vom einsamen, verlorenen Vater. Die biblische Geschichte erzählt vom einsamen, verlorenen Sohn.
Im Märchen der unverbrüchlich treue Sohn - in der biblischen Erzählung der unverbrüchlich treue Vater.
Im Märchen der Sohn als Schweinehirt aus einem eigenen, freien Entschluß heraus, der seine Herde hütet, als ob er sich selbst hütet und daher auch innerlich und äußerlich reich wird. In der biblischen Erzählung der Sohn als Schweinehirt wider Willen; aus der Not geboren, um ein kärgliches Leben zu fristen.
Es ist alles ähnlich und doch ist alles ganz anders. Wir kennen diese Geschichte aus der biblischen Tradition heraus als die vom "verlorenen Sohn". Ich möchte sie hier jedoch in den Blick nehmen aus der Sicht des Vaters. Ich möchte sie betrachten vom Vater her, der seinen Sohn wiederfindet. Wer ist dieser Vater?
2.
Jesus hat diese Geschichte erzählt. Jesus, der Sohn, er hat dabei von seinem Vater gesprochen, den er - das ist Urgestein der Bibel - mit dem liebevollen Kosenamen "Abba, lieber Vater" anredete. "Abba", das heißt: Papa, Väterchen. Väterchen - so wie es der Sohn im Märchen auch sagt. Doch hier paßt diese Anrede. Vater unser, Väterchen! Haben wir solch ein vertrauensvolles Verhältnis zu Gott, daß wir ihn so anreden würden? Oder ist da mehr Abstand und Respekt? Ich denke, das kann jeder für sich durchaus ehrlich beantworten. Welches Bild habe ich von Gott? Ist er ein strenger und gerechter, eventuell auch strafender Vater? Oder ist er das liebevolle Väterchen, dem ich mich vertrauensvoll zuwenden kann? Jesus sagt: So wie dieser Vater im Gleichnis, so ist Gott. Der Vater dieses verlorenen Sohnes ist Gott.

Wenn ich jetzt also auf diesen Vater blicke, so blicke ich damit auf Gott und spreche von Gott, wie ihn uns Jesus ans Herz legt. Der Vater ist im Grunde so, wie wir uns immer eine Mutter vorstellen: in Sorge um ihren Sohn; bereit, für ihn alles hinzugeben; ihm alles zu verzeihen, alles zu verstehen, alles zu erdulden. Denn: die Liebe glaubt alles, sie duldet alles, sie versteht alles, sie hofft alles (1. Kor. 13). Da, wo andere sagen: "Nein, das geht nun doch zu weit, jetzt noch zu verstehen, das wäre ein Zeichen von Schwäche und Weichheit, da müßte man jetzt energisch mit der Faust auf den Tisch hauen", da verhält sich dieser Vater wie eine "vernünftige" Mutter, die den heimkehrenden Sohn ohne viel zu fragen einfach spontan in ihre Arme schließt. So ist dieser Vater, Gott, Vater und Mutter in einem. Ich kann schon verstehen, warum sich manche Menschen, die verbittert sind durch trübe Lebenserfahrungen, Gott gerne strenger und härter wünschen - vielleicht sogar zorniger. "Heiliger Zorn" wird's dann gerne genannt, um es zu veredeln. Ich kann's verstehen, wenn ich's auch nicht akzeptieren kann.

Dieser Vater ist anders. Er hält seinen Sohn, der in die Fremde will, den kleinen Hans, das Hänschen, nicht auf. Er läßt ihn los. Er kann loslassen, auch wenn's ihm im Herzen weh tut. Gott zwingt keinen. Er schenkt Freiheit, läßt uns ziehen aus seines Vaters Haus in die Fremde, wohin auch immer. Und er wartet und vertraut, daß der Sohn zurückkommen wird, irgendwann, irgendwann. Mit oder ohne Eingeständnis von Schuld. Das Schuldbekenntnis hört er gar nicht, das ist ihm nicht wichtig. Für den Sohn ist es wichtig, aber nicht für ihn. Er sieht ihn, wie er daherkommt, läuft ihm entgegen, nimmt ihn in seine Arme und freut sich, ihn wiedergefunden zu haben. Ohne zu fragen, warum und unter welchen Bedingungen und ob er's verdient hat. "So ist Gott", sagt Jesus. "So bedingungslos treu zu uns. Ihr könnt es mir glauben. Er ist unser Vater.

4.

Ich glaube Jesus. Ich glaube ihm sein Wort. Ich denke, Jesus hat hier das Wichtigste über unser Leben gesagt, daß wir alle einen Vater haben, der auf uns wartet, geduldig und voll Verständnis. Ohne Hintergedanken. Er wartet. Sicher, es kann auch einmal ein "Zu-spät" für uns geben, aber das ist nicht die wirkliche Wahrheit über unser Leben. Die wirkliche Wahrheit ist, daß Gott wartet. Mit einer unzerstörbaren und unbeirrbaren Geduld und Liebe wartet er auf uns. Denn er ist unser Vater und wir sind seine Töchter und Söhne. Das ist die Wahrheit.

5.

Im Märchen spielt der Igel und die stachelige Igelhaut eine entscheidende Rolle. Wo taucht der Igel in unserer biblischen Geschichte auf? Ich habe ihn auch bei genauem Hinsehen nur schwer entdecken können.

57

Der Vater, der für mich im Mittelpunkt steht, nein, der hat von
Natur aus keine Stacheln. Beim besten Willen nicht. Ich meine,
er gewinnt in der Bibel gerade seine Kraft dadurch, daß er
wirklich keine braucht, daß er wehrlos ist und sich wehrlos
macht.
Ich frage mich manchmal, ob uns solch ein Vater wirklich so an-
genehm ist. Vielleicht hätten wir es ja gerne, wenn er auch
kräftige Stacheln hätte und sie uns zeigen würde. Dann hätten
wir die Berechtigung, auch unsere Stacheln stolz vorzuzeigen.
Es gibt ja in der Geschichte der Kirche genug Versuche, Gott,
dem Vater solch eine Igelhaut anzudichten. Der "strafende
Gott", der gerade auch als der "gute Hirte" zur Not einmal zur
Rute greift, um die Schafe vor dem Ausbrechen aus der einge-
zäumten Weide zu "schützen". Oder der Gott, der für "Recht" und
"Ordnung" sorgt und dafür seine "Hilfstruppen" auf der Erde
hat, die auch einmal "Zwang" ausüben müssen. Aber nein, so
ist der Vater in unserem Gleichnis nicht; beim besten Willen
(oder sagen wir: beim schlechtesten Willen) nicht.

Doch beim Sohn, der in die Fremde zieht, da bin ich mir nicht
so ganz sicher. Hat er eine Igelhaut? Äußerlich, da scheint er
ganz frei zu sein. Aber warum hat er es denn unbedingt nötig,
mit aller Macht ausbrechen zu müssen? Was steckt dahinter? Mag
aber sein, daß sich, als er unfreiwillig die Schweine hüten
muß, bei ihm und in ihm etwas verändert. Und so kommt er
zurück, ohne Igelhaut. Ja, als er zum Vater kommt, da kann er
sich keine Igelstacheln mehr leisten. "Sieh Vater, Väterchen,
wie ich bin, wie ich wirklich bin. Dein Sohn bin ich, ich
brauche dich." Und so können sich beide in die Arme nehmen,
weil er keine Stacheln mehr hat und weil die Wunden schon am
Verheilen sind.
Am ehesten, ja natürlich am ehesten, ist hier an den anderen
Sohn zu denken, der da beleidigt im Schmollwinkel sitzt. Er
igelt sich ein, in der Tat. Er schließt sich selbst aus. Und
als der Vater zu ihm sagt:" Komm doch zu uns, freue dich mit
uns, bitte, du brauchst doch deine Stacheln gar nicht, keiner
greift dich doch an, bitte, rüste auch du ab", da igelt er sich
bloß noch mehr ein. Kommt uns das bekannt vor? Ich denke mir,
er ist dem Vater des Hans im Märchen am ähnlichsten.
"Mein Bruder, der Igel". Wer erlöst ihn, wenn er es schon nicht
selbst kann? Der Vater geht auf ihn zu, genauso freundlich wie
auf den anderen Sohn und lädt ihn ein, mitzufeiern. Der Vater,
der Vater ohne Igelhaut.
Immer wieder stoßen wir auf den Vater, Gott-Vater, König-Vater.
Also noch einmal die Frage: Was ist das für ein Vater?

6.

Solch einen Vater hat Hans ja auch im Märchen gefunden. Der König war ein solcher in seinem Verständnis für den Hans. In seiner Weisheit ist er Gott durchaus vergleichbar. Allerdings nur vergleichbar, denn im Märchen wird ja nicht von Gott gesprochen.

In der Bibel dagegen wird Gott auch oft als König bezeichnet. Und beim Stichwort "König", da assoziieren wir aufgrund all unserer Erfahrungen schnell: Macht, Herrschaft, Gewalt auf der einen Seite; Unterdrückung, Gehorsam, Ohnmacht auf der anderen Seite. Also: Oben und Unten. Und das bedeutet Kampf, Krieg, kein Frieden. Das haben Könige meist so an sich. Und Könige, die gibt's ja nicht nur als Herrscher von Ländern, die gibt's auch in Städten, Gemeinden, Familien. "Der große König, der Boß".

Und wenn von Gott als König gesprochen wird, so spricht die Bibel ganz anders davon. "Siehe, dein König kommt, sanftmütig auf dem Füllen einer Eselin". Und das heißt: Siehe, dein König kommt mit offenen und weit ausgebreiteten Armen. Siehe, dein König macht den ersten Schritt. Siehe, dein König legt die Igelhaut ab. Siehe, dein König rüstet ab, er macht Frieden. Siehe, dein König ist ein Vater, ein Väterchen. Das ist keine Verniedlichung. Denn als Vater ist er gerade König, König in deinem Herzen, Herrscher in deiner Seele. Und du darfst auch König sein, Herr deiner selbst, König für andere.

7.

So ist Gott. Im Glauben an diesen Gott kann ich leben. Und was liegt da näher, als diesen Glauben allen Menschen auf unserer Erde zu wünschen. Also: So wie diesen König-Vater wünsche ich mir alle Väter dieser Welt. Alle Väter! Daß sie ihre Igelhaut ablegen. Daß sie abrüsten und Vertrauen schenken. Daß sie in diesen "vertrauenschaffenden Maßnahmen" gerade groß und König sind. Das wären Väter, die "Vater" zu nennen, Grund besteht. "Mein Väterchen".

So wie diesen König-Vater wünsche ich mir unsere Kirche, in der wir leben und die wir ja auch gern die "Mutter-Kirche" nenne. Ach, wenn sie doch dem Vater, unserem Gott, so viel Vertrauen schenken würde, daß sie es wenigstens zum "Vater-Kirche" bringt. Vater/Mutter-Kirche, die mir ein Zuhause bietet, in dem ich mich wohlfühle. Vater/Mutter-Kirche, vor der ich mich nicht einigeln und schützen muß, bei der ich vertrauensvoll meine Igelhaut ablegen kann. Auch wenn ich dann verletzlich und schutzlos vor ihr stehe. Vater/Mutter-Kirche, die nicht in meine offenen Wunden hineinsticht. Vater/Mutter-Kirche, die mich gewähren läßt, mich ziehen läßt, Geduld hat mit mir und die mich mit offenen Armen aufnimmt, ohne Vorwürfe und ohne erhobenen Zeigefinger, wenn ich zurückkomme, so daß ich sagen kann: "Ich bin wieder zu Hause, Väterchen Kirche."

Sind das alles nur allzu fromme Wünsche? Im Märchen gehen Wünsche in Erfüllung, oft wie durch ein Wunder. Ja, im Märchen. Im grauen Alltag bleibt es - das sagt die skeptische Erfahrung - bei frommen Wünschen. Mag sein, mag sein. Aber vielleicht sprechen ja die Märchen von einer tieferen Wirklichkeit, als die, die wir sehen, von der echten Wirklichkeit. Die Bibel spricht bestimmt von der echten Wirklichkeit. Sie beschreibt unsere Wirklichkeit, wie sie vor Gott ist. Und wer die Wirklichkeit vor Gott sieht, der darf mit dem Wunder rechnen, daß sich unsere Hoffnungen erfüllen. Nicht sofort, nicht zu schnell, sondern dann - wie bei Hans, als er ganz vorsichtig seine Igelhaut ablegt - wenn die Zeit dafür reif ist.

Jesus sagt zu den Menschen, als sie fragten: "Wie sollen wir denn, die wir es nicht gelernt haben, mit Gott reden?" "Sagt einfach: 'Abba', lieber Vater, Väterchen.' Mehr braucht ihr gar nicht zu sagen. Das reicht!"

RUMPELSTILZCHEN

DAS KIND IN SICH ENTDECKEN, ES ANNEHMEN UND HINGEBEN

1. Mose 22

WIE DAS KIND ISAAK BEFREIT UND GEOPFERT WURDE

I.

In diesem Märchen habe ich immer das Rumpelstilzchen bedauert. Ein einsames, kleines Männchen, das im Walde lebt, bei einem Berg, wo sich Fuchs und Has' gute Nacht sagen. Zur rechten Zeit ist es zur Stelle, ist dem Mädchen, Müllerstochter, Königin in spe, ja als Knecht zu Diensten. Nur so kann das Mädchen Unmögliches vollbringen; Stroh zu Gold spinnen. Ohne diesen Schutzgeist wäre es verloren, müßte es sterben, das Mädchen, in die Enge getrieben.

Ich habe immer das Männchen bedauert - wie es enden muß. Denn es ist die einzige Person im Märchen, die sein Herz zeigt. Nicht nur, daß es zur rechten Zeit hilft, es hat auch noch Mitleid mit der Königin, der stolzen. Als es sein Kind holen will, sagt es so treffend: "Nein, etwas Lebendes ist mir lieber als alle Schätze der Welt". Ja, das kann ich gut verstehen. Was nützen dem König, dem Müllersvater, ja der Müller-Königin alle Schätze der Welt?
Daß das Männchen, einsam im Wald, selbst wie ein Kind, einen Gefährten, ein Paten-Kind erhalten möchte, ein junges Kind, wer kann's nicht verstehen. Leben will das Männchen, lieben. Und als die Jung-Königin nun jammert und ihr leichtsinniges Versprechen von ehedem bereut - leichtfertig damals: "Ach, wer weiß, wie das

noch geht..." - da bekommt das Männchen Mitleid und gibt ihr eine Chance. Mit Rumpelstilzchen hat keiner Mitleid. Es soll nur den Goldesel spielen und dann verschwinden. Und nun fordert es nur das ein, was ihm rechtmäßig zusteht, was ihm versprochen wurde. Versprochen ist versprochen. Oder?
So tanzt es fröhlich im Walde daher, übermütig wie ein kleines Kind. Uns ist meist nur der zweite Teil seines Liedes bekannt: "Ach wie schön, daß niemand weiß..." Doch davor heißt es: "Heute back ich, morgen brau ich, übermorgen hol ich der Königin ihr Kind", so als werde ein großes Fest gefeiert - Taufe, Hochzeit. Nicht so, als sollte dem Kind böses angetan werden. Eher so, das Rumpelstilzchen endlich seinesgleichen bekommt, ein unschuldig-unverdorbenes Kind, neues Leben.

Wir wissen, wie das Märchen ausgeht, wie es grausam endet. Rumpelstilzchen reißt sich in Stücke vor Wut, versinkt in der Erde, wird von ihr quasi verschluckt, kommt nie wieder. Die Müllerstochter hat ihre Chance gehabt. Die Müller-Königin wird weiterleben, dahinleben, so wie alle Königinnen leben, in Prunk und Pracht, neben Mann und Kind daher, wird all ihre Kinder, auch die, die noch folgen werden, standesgemäß aufziehen lassen, die irgendwann ihre eigenen Wege gehen, wird leben und an ihrem Gold ersticken - bis eine neue Müllerstocher kommt, die aus Stroh Gold spinnen soll usw. usw. Ist das Leben? Soll's das gewesen sein?

Meine Sympathie im Märchen gehört dem Rumpelstilzchen, diesem einsamen, lebendigen Männchen, das sich nach Leben und Liebe sehnt, übermütig tanzt und jubelt, als ihm Leben und Liebe vor Augen steht, voll unbändiger Wut und Enttäuschung sich zerreißt, als es ihm verweigert wird, als es betrogen wird. "Der Teufel hat dir's ins Ohr geflüstert". Ja, der Teufel ist es, der uns um das Leben und die Liebe betrügt... Rumpelstilzchen voll Sehnsucht und Wut auch in mir?

II.

Arm an Liebe ist dieses Märchen, arm an herzlichen menschlichen Beziehungen. Es fröstelt einem in diesem Märchen, und es endet eiskalt. Die zwei prahlsüchtigen und geldgierigen Männer können wir vergessen. Nur dies: Die Kleinen sind nicht besser als die Großen, die Großen nicht schlechter als die Kleinen. Sie sind beide vom gleichen Schlag. Ihr Leben ist auf Tand, äußeren Erfolg, Geltung, Prestige, Leistung aufgebaut.
Die Mutter kommt in dem Märchen gar nicht vor. Vielleicht ist's auch deshalb so kalt im Märchen. Aber sicher gibt es auch böse, ehrgeizige Mütter. Ja, und dann ist da noch die Müllers-tochter. Sie ist ein ganz passiver Mensch, tut eigenständig gar nichts. An ihr wird gehandelt. Sie läßt handeln für sich. Der Vater

bringt sie zum König, der König sperrt sie in die Kammer, das Männchen spinnt für sie das Gold, der Bote bringt ihr den Namen. 4 Männer handelt für sie, sie tut nichts, läßt alles so oder so an sich geschehen. Sie lebt nicht, sie wird gelebt. Als Müllerstochter oder Königin, in beidem ist sie gleich, unselbständig, infantil, wird hin und her geschubst. Wenn ich es recht bedenke, habe ich, so wie das Männchen, auch Mitleid mit dieser Frau, die in ihrem Gold erstickt. Liebe hat sie nie erfahren, kalt ist es um sie herum. Kalt ist es daher auch in ihr - leben, mitfühlen kann sie nicht. Sie bleibt einsam, allein wie Rumpelstilzchen, ist weniger als Rumpelstilzchen, sucht nicht einmal nach Liebe. Sie ist tot.

III.

Weisheit im Märchen. Wir wissen, daß alle Märchen mindestens auf zwei Ebenen zu uns sprechen. Da ist die Ebene der alten Volkserzählung, der äußere Ablauf des Märchens, einfach und tief zugleich. Die Ebene, die dazu führt, daß wir den Kindern gern Märchen erzählen und sie gebannt lauschen. Die Ebene auch, die dazu führt, daß Kinder von einem bestimmten Alter an abweisend sagen: "Ach, alte Märchen!"
Und da ist die andere Ebene. Die Ebene, auf der innere seelische Vorgänge im Menschen beschrieben werden, nicht weniger geheimnisvoll, ja noch geheimnisvoller. Auf dieser Ebene kann es auch sein, daß wir uns in allen Gestalten des Märchens wiederfinden, ja, daß die einzelnen Personen des Märchens von demselben Menschen sprechen, von Anteilen eines Menschen. So scheint es auch in unserem Märchen zu sein. Ich denke mir, Rumpelstilzchen, dieses geheimnisvolle Männchen, Kind und Gnom, Knecht und Helfer, alt-weise und jung-übermütig, voll Leben, nach Liebe dürstend, dieses Rumpelstilzchen lebt in der Müllerstochter und möchte in ihr geboren werden, zur Welt kommen. Rumpelstilzchen ist ein Teil von ihr, ja auch ein Teil von mir.

Das Mädchen: Von allen wird sie hin und her gestoßen. Da prallen die unerfüllbaren Forderungen auf sie nieder. So mußt du sein! Und so! Schön und geschickt und fleißig und strebsam und sauber und ein bissel klug und häuslich und zum Vorzeigen. Leisten, leisten, leisten...Eben Stroh zu Gold spinnen. Schlimm ist das. Und sie selbst? Wo bleibt sie?

Da meldet sich Rumpelstilzchen, Rumpelstilzchen in ihr, begehrt auf: Rumpelstilzchen, ein dienstbarer Knecht, er steht ihr zur Seite. Er meldet sich, ihr wahres Selbst meldet sich, will befreit werden, will aber auch gelebt werden, nicht abgespalten bleiben, nur als zufälliger Nothelfer ganz gut, dann und wann! Rumpelstilzchen klopft an bei ihr, in ihr, der freie, selbständige Teil von ihr, der Teil in ihr, der zu ihr spricht: Ich

muß ausbrechen aus all den Forderungen von außen, den all zu schnellen Vergoldungen, von denen man nie genug bekommt. Da steckt noch mehr in mir drin! Das schreit auf, revoltiert: Ich will leben! Ich, ich selbst, nicht von anderen gelebt werden. Rumpelstilzchen möchte sie befreien aus einer Welt ohne Beziehungen, wo jeder den Ansprüchen des anderen ausgeliefert ist - wo Gefühle unterdrückt werden, wo Liebe ein Fremdwort bleibt. "Gib mir dein Kind" das heißt dann einfach: "Schenk mir deine Liebe, dein Lächeln, deine stahlenden Augen, deine offenen Arme, die sich um mich legen, deine zärtliche Nähe. Denn ich möchte nicht nur gebraucht, sondern geliebt werden."
Rumpelstilzchen sucht den Ort in der Königin, an dem sie zur Liebe befreit werden kann. Doch in einer Welt, wo mir dies verweigert wird, da möchte unser Gefühl aufschreien wie ein verwundetes Tier, da möchte man schreien, schier zerbersten vor Wut. Herz-zerreißend.
So wie es dem Rumpelstilzchen in ihr am Ende geschieht. Die Königin war nicht bereit, Liebe zu schenken, sich zu verschenken. Das Kind, das was ihr am liebsten war, wollte sie nicht freigeben, wollte es wie ein Eigentum festhalten, in goldene Kleider stecken, damit's ein schönes und erfolgreiches Kind wird nach den Gesetzen unserer Welt. Doch zum Leben, zum wirklichen Leben gehört dazu, loszulassen, freizulassen, sich hinzugeben, ja, auch Opfer zu bringen.

Jede Mutter weiß das, wenn ihr Kind aus dem Hause geht. Geburt - aus dem Haus des Mutterschoßes, Hingabe an die Welt außen. Taufe - Hingabe des Kindes an Gott. Hochzeit - Hingabe an einen anderen Menschen, an ein anderes Haus. Ich kann nicht alles behalten, besitzen, an mich binden. Ich muß loslassen können, um das Leben zu gewinnen. Hingabe - Abgeben - Opfern. Und wer hingibt, der empfängt.

IV.

Ich träume das Märchen einmal anders zuende: Und der jungen Königin blutete das Herz, denn sie liebte ihr Kind sehr. Es war ihr eigenstes, ein Teil von ihr. Neues Leben, von ihr gezeugt, unter Schmerzen. Doch dann dachte sie an das kleine, weise Männchen. Nicht nur, daß sie ihm das Kind in die Hand versprochen hatte, sondern weil sie spürte - tief drinnen in sich, sie wußte nicht wie - "Ich muß es tun. Es ist gut so". Und sie vertraute diesem Gefühl, ihrem inneren Gespür. Sie weinte große Tränen, die das Kind benetzen wie bei der Taufe und doch ging sie, sie selbst wußte nicht wie und wohin, in den Wald und fand das kleine Männchen, wie es vergnügt um ein Feuer am Fuße eines hohen Berges herumtanzte und sang: "Heut back ich, heut brau ich, heut bringt mir die Königin ihr Kind". Und sie gab's ihm in seine Hände, seine Arme, das Liebste, was sie hatte, das Leben-

digste an ihr. Und er nahm es auf, herzte und küßte es und lud
sie ein, mitzufeiern. So saßen sie die ganze Nacht um das langsam verglimmende Feuer. Und dann, als die Nacht zu weichen begann, als es Morgen wurde, halb Nacht - halb Tag, ja, da wußte
sie nicht mehr: Wer sitzt mir gegenüber? Ist es mein Kind, das
neue, junge Kind? Ist es der kleine Mann, das alte, weise Kind?
Und sie ging nach Hause, allein für sich und doch hatte sie das
Gefühl, ich bin nicht mehr allein. Beide Kinder gehen mit mir,
neben mir, in mir. Das weise, alte Kind vom Wald und das schöne,
junge Kind, das sie gebracht hatte. Und sie fing an zu leben.
Sie kam zurück zum Königshof und zwar wie ein neuer Mensch. Neu-
geboren. Jetzt erst, erst jetzt, war das Kind in ihr geboren,
jetzt lebte sie.

Ein zu schöner Traum? Ich glaube nicht. Ich glaube, so endet das
Märchen wirklich. In der Tiefe seiner Seele. So will es enden;
für Menschen, die sich öffnen. Denn wer hingibt, der empfängt.
Wer sich selbst verliert, der findet. Wer aus Liebe sich opfert,
der gewinnt das Leben:

                              V.

Das Märchen selbst gibt für diese Auslegung einen versteckten
Hinweis. Das weise Kind gibt der Königstochter eine Chance, zu
sich selbst zu finden. "Du darfst dein Kind behalten, wenn du
meinen Namen weißt". Der Name, er ist stets Hinweis auf das
allerwesentlichste am Menschen. Wer den Namen weiß, kennt alles,
hat bis ins Tiefste hineingeschaut, hat sein Wesen geschaut. Die
Königstochter jedoch schickt einen Boten aus, der für sie die
Arbeit tun soll. Sie selbst bleibt, wie gewohnt, passiv in ihrem
goldenen Königshof sitzen. Der Bote erlauscht den Namen, stiehlt
ihn und sie eignet ihn sich wie ein fremdes Gut an. Ohne ihn
selbst gefunden, begriffen, verstanden zu haben. So hat sie nur
die äußere Schale des Namens. Auf diesem Fund ruht kein Segen.
Sie hat ihre Chance vertan, bleibt gelähmt und wie tot. Ihr
wahres Kind bleibt ihr fremd.
Das ist herzzerreißend, in der Tat, so daß man sich vor Wut und
Enttäuschung in Stücke zerreißen möchte. "Das hat dir der Teufel
ins Ohr geflüstert". Ja, der Teufel, der uns mit Erfolg umgarnt,
damit wir nicht das Leben finden zur Hingabe. Das weise Kind,
Rumpelstilzchen, der dienstbare Knecht, er zerspaltet sich und
versinkt in die Erde. Erde zu Erde. Asche zu Asche. Er spaltet
sich, sie bleibt zerspalten - lebt im Zwiespalt.
Doch so soll es nicht sein. Rumpelstilzchen will auch in uns geboren werden. Im Leben eines jeden Menschen wird er neu erscheinen, aus dem dunklen Wald unserer Gefühle; dann, wenn wir wieder
einmal Stroh zu Gold spinnen sollen, wird er uns beistehen und bitten: "Gib mir dein Kind, schenk mir deine Liebe, umarme mich
zärtlich, damit du dich findest, damit du mich befreist, damit
du dein Leben findest!"

In dieser Geschichte bedaure ich am meisten den Abraham. Ich bedaure und bewundere ihn zugleich, wie er - ungerührt,. unbewegt
oder auch zutiefst bewegt, innerlich zerrissen - seinen Sohn
Isaak, den erstgeborenen und heißgeliebten, zur Schlachtbank
führt, wie er ihn Gott zum Opfer darbringt, wie er opfert, hingibt, freigibt; noch bedeutend drastischer als im Märchen, von
dem wir hörten. Hier soll das Kind wirklich getötet werden. Gar
zu Ehren Gottes auf dem Berg Moria.
Ich bewundere Abraham und ich bedaure ihn, ja mich schaudert vor
ihm. Wie kann ein Mensch so etwas tun? Und: wie kann ein Gott so
etwas verlangen?

II.

Abrahams Versuchung. Bestätigung der Verheißung

Nach diesen Geschichten *m* versuchte Gott Abraham und sprach zu
ihm: Abraham! Und er antwortete: Hier bin ich. 2 Und er sprach:
Nimm Isaak, deinen einzigen Sohn, den du liebhast, und geh hin in das
Land Morija und opfere ihn dort zum Brandopfer auf einem Berge,
den ich dir sagen werde.
3 Da stand Abraham früh am Morgen auf und gürtete seinen Esel
und nahm mit sich zwei Knechte und seinen Sohn Isaak und spaltete
Holz zum Brandopfer, machte sich auf und ging hin an den Ort, von
dem ihm Gott gesagt hatte. 4 Am dritten Tage hob Abraham seine Augen auf und sah die Stätte von ferne 5 und sprach zu seinen Knechten:
Bleibt ihr hier mit dem Esel. Ich und der Knabe wollen dorthin gehen,
und wenn wir angebetet haben, wollen wir wieder zu euch kommen.
6 Und Abraham nahm das Holz zum Brandopfer und legte es auf
seinen Sohn Isaak. Er aber nahm das Feuer und das Messer in seine
Hand; und gingen die beiden miteinander. 7 Da sprach Isaak zu seinem
Vater Abraham: Mein Vater! Abraham antwortete: Hier bin ich, mein
Sohn. Und er sprach: Siehe, hier ist Feuer und Holz; wo ist aber das
Schaf zum Brandopfer? 8 Abraham antwortete: Mein Sohn, Gott wird
sich ersehen ein Schaf zum Brandopfer. Und gingen die beiden miteinander.
9 Und als sie an die Stätte kamen, die ihm Gott gesagt hatte, baute
Abraham dort einen Altar und legte das Holz darauf und band seinen
Sohn Isaak, legte ihn auf den Altar oben auf das Holz 10 und reckte
seine Hand aus und faßte das Messer, daß er seinen Sohn schlachtete.*n*
11 Da rief ihn der Engel des HERRN vom Himmel und sprach: Abraham! Abraham! Er antwortete: Hier bin ich. 12 Er sprach: Lege deine
Hand nicht an den Knaben und tu ihm nichts; denn nun weiß ich, daß
du Gott fürchtest und *o* hast deines einzigen Sohnes nicht verschont um
meinetwillen. 13 Da hob Abraham seine Augen auf und sah einen Widder hinter sich in der Hecke mit seinen Hörnern hängen und ging hin
und nahm den Widder und opferte ihn zum Brandopfer an seines Sohnes Statt. 14 Und Abraham nannte die Stätte *p* «Der HERR sieht». Daher
man noch heute sagt: Auf dem Berge, da der HERR sieht.

So wie das Märchen mehrere Ebenen hat, auf denen wir es verstehen können, so auch die biblische Geschichte. Ja, sie hat
noch mehr Ebenen, mindestens drei.
a) Da ist die erste Ebene, und die ist auf den dogmatischen Begriff gebracht, rasch rechtgläubig und christlich fromm. Paulus
hat es getan, später auch Luther und andere: So groß war der Gehorsam des Abraham gegenüber Gott, daß er auch gegen den Anschein Gott vertraute. Gott wird's wohl machen, was auch immer
passiert. Augen zu und einfach glauben. "Nehmen sie mir Gut,
Ehr, Kind und Weib, laß fahren dahin..." Ungerührt geht Abraham
seiner Wege und der 'Erfolg' scheint ihm Recht zu geben.

b) Da ist die zweite Ebene, die der Kultur- und Regionsgeschich-
te. Hier soll gezeigt werden, wie vor alter, uralter Zeit das
Menschenopfer zur Ehre Gottes abgelöst wird durch das Tier-
opfer. Gott will nicht, daß wir ihm Menschen opfern. Das ist
inhuman, un-menschlich, un-göttlich. In einem eindrucksvollen
Bericht soll uns das ein für allemal eingeschärft werden. Gott
sagt Nein zu Menschenopfern aller Art. Der Widder steht dafür
ein. Ein für allemal, kein Menschenopfer. Das ist ja eine Botschaft, die auch heute noch aktuell ist, die immer wieder neu
der Welt eingeschärft werden muß - so eindringlich wie damals.
Gott mag es nicht sehen, wie Menschen geopfert werden, ganz offensichtlich auf Schlachtfeldern, auf Autobahnen, in Militär-
gefängnissen oder auch heimlich und verdeckt in freundlichen
Wohnzimmerstuben bei Kerzenschein, wenn suffisant das Innere
eines Menschen verletzt, getötet wird. Dazu sagt Gott ein für
allemal NEIN. Und er setzt ein dafür: Vergebung, Versöhnung, in
dem Menschen Jesus endgültig verwirklicht. Das ist die zweite
Ebene, eine mir sehr sympathische Ebene, die ich so wichtig
finde, daß ich sie lange für die eigentliche Aussage der Erzählung gehalten habe. Und in der Tat, sie ist wichtig genug.

Keine Menschenopfer will Gott, gar keine, merkt es euch, ihr
großen und kleinen Kriegsleute, ihr Müllersväter und Müllers-
töchter, ihr Könige und ihr unbescholtenen Bürger, merkt es
euch.

                            III.

Doch da ist noch, so denke ich mir, die dritte Ebene. Auf die
hat mich das Märchen "Rumpelstilzchen" gebracht. Ob nicht auch
hier von einem inneren Vorgang in Abraham gesprochen wird?
Davon, daß er sich selbst hingibt, daß er sich opfert und von
Gott sein Opfer, sich selbst, zurückerhält? Ob hier nicht die
innere Entwicklung einer liebevollen Beziehung zu Gott, der Weg,
auf dem Abraham sich selbst findet, beschrieben wird. Wie er
sein Kind, das er freigibt, neu zurückempfängt, wie er sich
selbst neu empfängt?
Sehen wir es einfach so an, als sei Abraham ein Sinnbild für uns
selbst, für uns alle und als solches Sinnbild sei er eben wie
man sagt, der "Vater des Glaubens". Ich vergleiche nun Abraham
mit der Müllers-Königin im Märchen. Dabei lasse ich außer acht,
daß es sich dort um eine Frau und hier um einen Mann handelt.
Das lasse ich einmal außer acht.

Abraham geht seinen Weg, wo die Königin in ihrer Kammer sitzen
bleibt. Er macht sich auf den Weg mit Isaak, seinem Sohn, steigt
auf den Berg, auf die Spitze des Berges, wo Gott haust. Isaak an
der Hand, Isaak, den er liebt, ein Teil von ihm, untrennbar verbunden mit ihm. Er will hin zu Gott, will Gott wirklich finden,

will sich selbst finden. So geht er bis an die Grenze , mutig
und voll Furcht. Das ist kein Widerspruch. Und er spürt: Wenn
ich mich selbst finden will, wenn ich Gott finden will, muß ich
alles wagen, muß ich mich ganz einsetzen, hingeben, muß mein Leben drangeben. Isaak, also nicht nur sein Sohn, ein anderer
Mensch, sondern auch er selbst. Er gibt ihn hin, gibt sich hin.
"Da Gott, hast du mich. Nimm mich, zerstöre oder bewahre mich.
Mein Leben liegt in deinen Händen, denn ich weiß, aus mir selbst
heraus bin ich im Grunde nichts, ein Nichts, ich gebe mich dir
zurück. Nicht, weil ich gehorsam und demütig bin, wie später die
Theologen mir andichten werden, sondern weil ich dich finden,
mit dir verbunden sein will. So sehr verlangt mir nach dir, daß
ich dir mein Leben schenke".

Ach, hätte doch Rumpelstilzchen im Märchen solch eine Königin
gefunden. Es hätte sich nicht in zwei Stücke zerreißen müssen.
Es hätte ihr das Kind zurückgegeben, ihr Kind, sein Kind, so wie
es Abraham zurückerhielt.
Wer sich hingibt, der empfängt. Wer sein Leben verliert, der
wird es gewinnen. Ja, der wird wirklich das Leben gewinnen, ein
wirkliches, volles, lebenswertes Leben.

Abraham, der Vater des Glaubens. Abraham, in dessen Namen - wie
die Bibel erzählt - Generationen von Menschen gesegnet sind:
Abraham, der Mann Gottes. Denn Gott selbst schenkt sich ihm.
Nicht nur, daß er den Widder schickt, das ist schön und gut.
Aber mehr noch: Abraham ist jetzt erst, erst jetzt, voll und
ganz geworden. Ja, im Grunde erst jetzt geboren, neu geboren,
reich von Gott beschenkt. Verändert, verwandelt zog Abraham von-
dannen, reich und jung geworden. Im hohen Alter - wie es im
biblischen Mythos heißt - mit 13o Jahren noch jung genug, um neu
glauben zu lernen. Jung genug, um Gott zu finden. Wer sich Gott
aussetzt, ganz und gar, mit Haut und Haar, für den setzt Gott
sich ein. Wer sich loslassen kann, den läßt Gott nicht los. Wer
sich fallen läßt, den hält Gott auf.   Sprach-chiffren, nicht
mehr. Aber doch Bilder. Anders läßt sich vom Glauben nicht
reden.

                              IV.

Vielleicht läßt sich aber so vom Glauben reden, daß ich auch
hier versuche, die Geschichte von Abraham, wie wir sie kennen,
anders weiterzuerzählen, anders weiterzuträumen, als   wir sie
kennen.

Und Abraham frohlockte und machte sich auf den Weg zurück nach
Beerseba. Er nahm seinen Sohn Isaak an die Hand und herzte und
küßte ihn. Von Ferne sahen ihn schon seine Freunde kommen. Sie
liefen ihm entgegen und fragten voll Erstaunen: "Abraham, was
ist geschehen?" Und Abraham erzählte ihnen alles: "Ich habe Gott

gefunden, habe seine Liebe erfahren. Ein neues Gebot. Wenn wir uns ihm ganz hingeben, voll Liebe, wenn wir uns ihm verschenken, so schenkt er sich uns zurück. Er senkt sich uns tief ein in unser Herz. Er will nicht den Tod, kein Menschenopfer. Wir sollen Leben, zum wirklichen Leben kommen. Wie neu geboren bin ich. Seht Isaak". Und die Bewohner von Beerseba hörten es und sahen, wie er Isaak herzte und küßte, sahen, wie Gott mitten unter ihnen war mit seinem Geist. Und der Geist Gottes kam über sie, sie glaubten dem Abraham. Ihr Glaube war so groß, daß er ihr Leben bestimmte. Sie sagten zueinander: "Gott hat uns so viel gute Gaben gegeben, wir sind so reich, mit oder ohne Gold, wir können abgeben, uns verschenken an andere und wir werden dadurch nicht ärmer, wir werden reicher, reicher an Weisheit und Erkenntnis von Gott". - So erzählten sie es ihren Frauen und Mägden, ihren Müttern und Vätern, den Kindern und Greisen, den Knechten, Sklaven, Fremdlingen, ja gar den Tieren - keiner war ausgeschlossen. Und jeden Abend saßen sie zusammen, eine große Gemeinschaft, brachen das Brot, dankten Gott und lauschten auf seine Stimme. Und als Gott am Ende der Tage seinen einzigen Sohn schickte, da wurde er von ihnen mit offenen Armen aufgenommen, sie herzten und küßten ihn und feierten ein großes Fest, das Fest der Freunde Gottes. Keiner war ausgeschlossen. Alle gehörten zusammen. Väter und Mütter, junge strahlende Kinder, alte, weise Kinder. Eine Familie. Der Krieg wurde zum Fremdwort. Der Friede war Anstandssache.

V.

Ja, das klingt wie ein Märchen. Und es ist ein Märchen, leider. Denn wir wissen: Die Menschen hatten nicht verstanden, hatten Abrahams Weisheit auf einen bloßen papiernen Glaubensgehorsam zurechtgestutzt. Sie hatten nichts verstanden. Das ist so herzzerreißend, daß immer wieder Menschen wie der alte, weise Mann im Wald sich in Stücke zerreißen mußten aus Traurigkeit, aus Wut, aus Enttäuschung. Menschenopfer regieren die Welt, immer noch. Daher, so glaube ich, sandte Gott vorzeiten seinen Sohn, sich selbst, als kleines hilfloses Kind. Gott - klein und hilflos, aber ein weises Kind, ein neues Leben. Leben! Damit die Menschen doch endlich verstehen, endlich, wie Abraham einst, der Vater unseres Glaubens.

Und - sie töteten ihn. Ein neues Menschenopfer. Sie opferten ihn gar Gott, um ihren Glauben, ihren Aberglauben zu rechtfertigen. "Das hat dir der Teufel gesagt". Ja, der Teufel hat es ihnen ins Ohr geflüstert, daß der Name Jesu "Gotteslästerer" heiße. Sie blieben getrennt von Gott. Innerlich zerrissen. Und der Vorhang im Tempel zerriß in zwei Stücke, so wie Rumpelstilzchen im Märchen. Welche Parallele.

Hätte die Königin im Märchen sich selbst auf den Weg gemacht und den Namen des weisen Kindes selbst gefunden, verstanden, in sich aufgenommen... Würden wir uns auf den Weg machen, den Namen Jesu, des Kindes Gottes, wirklich zu finden, zu verstehen, in uns aufzunehmen...Hätte...Würden...

VI.

Die Geschichte ist noch nicht aus. Für uns. Sie kann schlecht ausgehen wie in unserem Märchen. Sie kann gut ausgehen, wie bei Abraham. In 1o Tagen ist Weihnachten. Wir feiern die Geburt des Kindes, des Kindes im Stall, des Kindes Gottes. Auf daß wir uns hier wiederfinden. In diesem Kind. Auf daß wir uns hingeben, ausliefern, ja opfern, alles einsetzen und uns geschenkt bekommen, neu, zum Leben kommen, heil und ganz werden, das weise Kind, Gott, in uns entdecken. Ein Kind ist uns geboren, ein Sohn ist uns geschenkt. Sein Name ist Immanuel und das heißt: Gott mit uns. Gott mit mir, mit dir.

VOM FISCHER UN SYNER FRU

WER VON UNS WILL NICHT SEIN WIE DER 'LIEBE GOTT'?

1. Mose 11

EIN TURM SO HOCH, BIS ER FÄLLT

Pfingsten

Der Turmbau zu Babel

Es hatte aber alle Welt einerlei Zunge und Sprache. ²Als sie nun nach Osten zogen, fanden sie eine Ebene im Lande Sinear und wohnten daselbst. ³Und sie sprachen untereinander: Wohlauf, laßt uns Ziegel streichen und brennen! – und nahmen Ziegel als Stein und Erdharz als Mörtel ⁴und sprachen: Wohlauf, laßt uns eine Stadt und einen Turm bauen, dessen Spitze bis an den Himmel reiche, damit wir uns einen Namen machen; denn wir werden sonst zerstreut in alle Länder. ⁵Da ᵃfuhr der HERR hernieder, daß er sähe die Stadt und den Turm, die die Menschenkinder bauten. ᵇ⁶Und der HERR sprach: Siehe, es ist einerlei Volk und einerlei Sprache unter ihnen allen, und dies ist der Anfang ihres Tuns; nun wird ihnen nichts mehr verwehrt werden können von allem, was sie sich vorgenommen haben zu tun. ⁷Wohlauf, laßt uns herniederfahren und dort ihre Sprache verwirren, daß keiner des andern Sprache verstehe! ⁸So ᶜzerstreute sie der HERR von dort in alle Länder, daß sie aufhören mußten, die Stadt zu bauen. ⁹Daher heißt ihr Name Babel, weil der HERR daselbst verwirrt hat aller Länder Sprache und sie von dort zerstreut hat in alle Länder.

I.

Ein ganz einfaches Märchen - so sieht es aus. Immer höher hinaus; höher, schneller, weiter. Die Groge Größenwahn, 9,79 sec. und noch schneller. (Anmerkung: Die Auslegung des Märchens "Vom Fischer un syner Fru" ist direkt nach den Olympischen Spielen in Seoul im September 1988 entstanden. Die aktuellen Bezüge beziehen sich auf dieses Ereignis).
Ein Turm so hoch, daß er bis in den Himmel reicht - gar, der liebe Gott selbst sein. Und wer will das nicht? Die Frau spricht es nur aus, stellvertretend für uns alle.
Und wir wissen es und das Sprichwort sagt es: Hochmut kommt vor dem Fall. Je höher ich sitze, umso tiefer falle ich; runter in den Eimer, den Pott, aus dem ich gekommen bin. Daher: Die Bäume und Türme wachsen nicht in den Himmel. Zähme deine unverschämten Wünsche, dann wirst du auch nicht enttäuscht werden. So einfach scheint die Geschichte zu sein. Und der Mann, der da angelt und sitzt und zufrieden ist mit dem Wenigen was er hat, der scheint das bessere Teil erwählt zu haben. So scheint es. So einfach.

Doch ich habe im Laufe der Zeit gelernt, immer wenn es so ganz einfach zu sein scheint, wenn es sich im Märchen auf den ersten flüchtigen Blick gleich so nahelegt, dann ist das eine Falle. Dann muß ich weiterdenken, tiefer hineinblicken in das Märchen.

72

Was so schnell auf der Hand zu liegen scheint, wohlfeil, das ist eben nur die vordergründige Außenseite, mit der die eigentliche Aussage verdeckt wird, damit ich sie nicht sogleich erkenne. Tiefer hineinblicken in das Märchen wie in einen Brunnen. Auf den Grund blicken, was da verborgen ist, das ist nötig, um das Geheimnis, die Weisheit des Märchens zu angeln. Das ist bei allen Märchen so; auch bei allen biblischen Geschichten. Das ist besonders hier der Fall. Oft ist es aber so: Wir blicken deshalb auf das wohlfeile Äußere und geben uns damit zufrieden, weil uns die eigentliche Bedeutung zu schmerzlich ist, uns zu sehr beunruhigen könnte. So geben wir uns zufrieden mit dem, was wir schön von uns abhalten können und alles bleibt in uns, wie es ist; in schönem Abstand. Also: Hinter die Geschichte lugen, hinter ihre äußere Logik, um das verkleidete Geheimnis, das von mir spricht, zu entdecken. Ja, das will ich versuchen beim Fischer und syner Fru; beim Fischer und myner Fru.

II.

Vom Fischer ist im Märchen die Rede. Er ist der Titelheld - nicht seine Frau. "Es war einmal ein Fischer". Um ihn geht es und wir lenken schon ab, wenn wir uns zu schnell mit der habgierigen Frau beschäftigen. Dann lassen wir uns in die Irre führen, auf daß wir sagen können: Na, so wie die Frau bin ich denn doch nicht. Igitt! Nein, der Fischer ist es, um den es geht. "Wer will nicht sein wie der liebe Gott?" Wir alle wollen es, wir alle, das liegt so in uns drin. Sage bitte keiner, er will es nicht. Das wäre ein Lüge. Auch der Fischer will es. Natürlich! Was angelt er sonst? Wer da sitzt und sitzt und angelt, der will auch etwas fangen. Vielleicht weiß er gar nicht mehr, daß er etwas angeln will, daß er auch ein klein wenig sein will wie der liebe Gott. Wie auch immer, er angelt. "Da ging die Angel auf den Grund, tief nach unten". Tief nach unten auf den Grund! Und was man da angelt, was von ganz unten nach oben kommt, aus der tiefen Tiefe, das muß es sein. Und es ist es auch. Ein verwünschter Prinz ist es, den er angelt. Der Prinz - verkleidet als Plattfisch - und der Fischer. Der Prinz im Fischer! All das Prinzenhafte, Große, das göttliche Kind in ihm, das er verwünscht hat, weggewünscht, verdrängt. Auf einmal ist es wieder da, aus der tiefen Tiefe aufgetaucht, verkleidet im Plattfisch, so daß es von außen keiner sehen kann.

Denn der Fischer hatte das Wünschen in seinem Leben aufgegeben. Er hatte keine Wünsche mehr, ist wunschlos traurig und sitzt und sitzt, festgewurzelt wie ein Stein. Er hat sich abgefunden mit dem, was ist, unbeweglich, so lebt er dahin und nun sitzt er und sitzt und angelt und angelt wie nach alter Gewohnheit; sicher, daß er doch nichts fängt. Alles ist eng in ihm, wie in einem Eimer, eingeengt, so lebt er dahin.

Und doch angelt er noch, wer weiß, was da passiert. Und doch ist
da der Prinz - bis zur Unkenntlichkeit verkleidet - noch da,
wenn die Angel wirklich mal auf den Grund geht.

Und oh Wunder, oh Schreck, er hat gegen alle Wünsche einen Fisch
an der Angel. Mit dem Prinzen-Fisch kommt Bewegung, Leben in die
Geschichte, ins stille, totenstille Wasser der Gefühle. Jetzt
bewegt sich etwas.
Und der Fischer? Hin- und hergerissen ist er, so als ob er
selbst an der Angel zappelt. Hin- und hergerissen zwischen
seinen heimlichen Wünschen - er angelt ja noch - und seiner
Angst, was aus den Wünschen werden könnte. Nun ist der Fisch da
und spricht sogar mit ihm. Er könnte Kontakt mit ihm aufnehmen,
in Beziehung treten zu sich selbst. Aber das ist zu anstrengend.
Bloß weg mit dem Prinzen in mir. Er bringt alles durcheinander.
Wer weiß, was daraus noch werden könnte. "Nein, ich habe keine
Wünsche, keine Hoffnungen, Sehnsüchte. Ich bin zufrieden so wie
ich bin, hört ihr mich!! Ich lebe glücklich mit meiner Frau im
engen Eimer". "Aber, lieber Fischer, warum angelst du dann noch,
wirfst die Angel gar aus bis auf den Grund? Was willst du wirklich? Willst du dir bestätigen, daß du eben nichts fängst,daß alles Wünschen vergeblich ist im Leben, alles eitel? Daß deine Le-
bensdevise, wunschlos traurig zu sein, eben gerade richtig ist?
Bloß keine Bewegung, bloß keine Veränderung, willst du daß?"
Denn es ist unnatürlich, sonst kommt dies in Märchen nicht vor
- daß er den Prinzen-Fisch so bereitwillig wieder ins Wasser
setzt, so als fürchte er sich davor, daß sich dadurch in seinem
Leben etwas verändert. "Na, sagte der Fischer, du brauchst nicht
viele Worte zu machen, einen Plattfisch, der sprechen kann, hätte
ich doch gewiß schwimmen lassen." So einfach ist das. Zeichen
von Gutmütigkeit, gar Großherzigkeit? Ach, schön wär's, wär's so
einfach. Sei bescheiden und töte den Fisch nicht. Das ist edel.
Doch das Märchen ist da ehrlicher und deutet es an: So geht es
nicht - da ist was faul daran. "Er setzte ihn ins klare Wasser,
da ging der Fisch zu Grund." So als sterbe er, so als sterbe
damit die Fähigkeit sich etwas zu wünschen, ganz und gar in dem
Mann, die letzte Chance des Lebens vertan, alles im Eimer. "Und
zog einen langen Streifen Blut hinter sich her". Ja, der Mann
hat den verwünschten Prinz in sich verloren. Endgültig! Endgültig? Hat er gar keine Wünsche mehr? Hat er nichts mehr? Er hat
ja noch seine Frau, ach seine Frau. Die nimmt ihm das Wünschen
ab - ganz gehörig.

                         III.

Gut, solch eine Frau zu haben. Oder nicht? Jetzt sind wir bei
der Frau, der bösen, raffgierigen, die nun wirklich - ganz
äußerlich - sein will wie der liebe Gott. Sie gibt es wenigstens
zu. Sie sagt, was wir alle wollen, auch der Fischer. Eins

vorweg: Daß es hier nicht um eine Frau als Frau geht - um den Mann als Mann, ist klar. Es gibt Parallelmärchen, da ist der Mann der raffgierige, die Frau die wunschlos traurige, die auf alles verzichtet. Und im normalen Leben ist es ja auch so. Und das ist damit auch klar: Mann und Frau ergänzen sich hier, stellen nur die unterschiedlichen Seiten im Menschen dar. Der gute Mann kann völlig auf das Wünschen verzichten, weil es seine Frau für ihn tut; über die Maßen, stellvertretend für ihn. Er hat es delegiert an sie. Und manchmal ist es natürlich auch umgedreht.

Wir können ja die Märchen stets so lesen, daß alle Personen nur Teile von uns selbst sind , daß also in uns sowohl der Fischer wie auch syne fru stecken; im Märchen nur auf zwei Menschen verteilt. So ist es oft gemeint. Hier brauchen wir es jedoch, um es zu begreifen, gar nicht einmal so weit, so tief zu treiben. Es reicht aus, wenn wir es bei zwei Personen lassen, wie es ja auch oft in der Ehe ist. Ich suche mir den Partner aus, der meine Schattenseiten, die ich verleugne oder verberge, fröhlich und offen lebt, stellvertretend für mich lebt. Ich kann ihn deswegen bewundern oder ihm auch zürnen, das ist im Grunde egal. Er lebt meine ungelebten, verdrängten, verwünschten Eigenschaften. So ist es immer - seien wir ehrlich. Bin ich optimistisch, kann er pessimistisch sein; bin ich anspruchslos, kann er anspruchsvoll sein; verzichte ich, kann er fordern - auch für mich; läßt er sein Gefühl sprechen, kann ich meinen Verstand sprechen lassen für ihn, und so weiter...
Und weil die Frau so über alle Maßen, maßlos, den Himmel herbeiwünscht, keine Grenzen mehr kennt, das Mögliche vom Unmöglichen nicht unterscheidet, kann er getrost auf alles Wünschen verzichten. Denn heimlich wünschen tut er ja auch. Verräterisch ist der Satz im Märchen: "Er sagte bei sich selbst: Es ist nicht recht. Er ging aber doch hin". Weil der Mann scheinbar so wunschlos ergeben ist, kann die Frau seine heimlichen Wünsche zu den ihren machen und unmäßig ihre Wunschphantasien ausleben. So brauchen sie einander gegenseitig, sind aneinander gekettet, hängen zusammen wie die Kletten, unfrei wie sie sind. Beide in ihrem Drang, jeder auf seine Weise, ein bißchen zu sein wie der liebe Gott."Wie der liebe Gott": so mächtig, allmächtig, daß alles mir zu Füßen liegt - ist das der liebe Gott? "Wie der liebe Gott": so wunschlos, selbstlos, zufrieden mit sich, daß ich gar keine Wünsche mehr habe - ist das der liebe Gott? Einmal allmächtig herrschend - das andere Mal ohnmächtig dienend? Zwei Zerrbilder von Gott.

Ich werde das nicht los. In beiden steckt das drin, zu sein wie der liebe Gott. Hochmütig-demütig, allmächtig-ohnmächtig. In uns steckt das drin. Denn wenn ich an die Tage in Seoul denke, da kommt es mir auch entgegen. Wir haben da nun zum Glück unseren maßlosen Ben Johnson, gedopt von unserer Gier, unmäßig darin, immer noch schneller zu sein. Und schön können wir uns wie der Fischer sagen: " So sind wir nicht". " Es ist nicht recht und er ging doch hin". Und zufrieden sind wir erst, wenn wir nicht nur 9,79 sec. laufen lassen, denn wo ist da die Grenze, sondern wenn wir unter o,oo laufen. Erst wenn der Turm - denken wir - wirklich in den Himmel gewachsen ist. Also, wir delegieren unsere Wünsche auf den guten-bösen Ben: Er läuft für uns immer schneller, gedopt wie wir ihn in uns haben, wie wir selbst sind, wie der Fischer un syne Fru. Wir mit unseren Allmachts- und Ohnmachtsphantasien; mit unseren Hochmuts- und Demutsphantasien. Und jeder sucht sich irgendeinen Partner aus, der ihn darin ergänzt, der die Seite in uns lebt, die wir zwar nicht so mögen, aber doch heimlich lieben - erotisch lieben. Also: Der Mensch ein Wesen, dessen Wünsche unmäßig sind, auch wenn er es fein hinter Bescheidenheit und Verzicht verbirgt? Die Frau des Fischers, ehrlich wie sie ist, bringt es an den Tag. Ja, so bin ich auch und das sitzt tief in mir drin.

IV.

So kommt es dann durch die Frau zur Katastrophe. Es kommt dazu, weil sie das Unmögliche wünscht, weil sie das Mögliche vom Unmöglichen nicht mehr unterscheiden kann. Denn, noch Wünsche zu haben im Leben, das ist nicht schlimm. Im Gegenteil. Es ist nötig, um weiter zu wachsen, um nicht im Eimer zu vergammeln, festgelegt, eingeklemmt. Aber: maßlos zu wünschen, ohne Sinn und Verstand, ohne Grenze ... wohin führt das?
So kommt es an den Tag, was in der Fischersfrau drinsteckt. Das Märchen beschreibt das so drastisch wie es geht. Den Sog ins Unermeßliche, gedopt wie mit einer Droge. Zuerst den allzu engen Eimer sprengen, dann ein Häuschen, einen Palast, König, Kaiser, gar Papst am Ende; mit schöner Ironie, eine Frau als Papst und alle Männer ihr zu Füßen. Und dann noch der liebe Gott sein wollen. Wie in Trance ist die Frau, wie ein Zwang ist ihre Gier. Die Abstände der Wünsche werden immer kürzer, der Befehlston immer lauter, entschiedener, sie ist außer sich am Ende, zerreißt ihr Leibchen, in Ekstase 9,79 sec., nein 5,75, nein noch weniger, o.oo sec. Wenn man Wünsche hat und sie erfüllen sich, so soll, kann man sie auskosten, genießen. Das soll so sein! Sie kann dies jedoch nicht. Sie ist getrieben, immer rascher kommen die Wünsche, immer unbeherrschter die Gier! Sie tut selbst auch nichts zur Erfüllung. Sie delegiert alles an ihren Mann - wie er seine Wünsche an sie -, der nicht wünschen will, es aber am Ende doch tut. Beide sind gefangen in verdrängten Wünschen und übersteigerten Forderungen wunschlos traurig, verwünscht traurig.

Ich frage mich: Will die Frau das wirklich alles haben? Ja, was will die Frau wirklich? Und ist sie zufrieden, wenn ich ihr - meiner Frau - noch so viele goldene Perlen und verchromte Autos vor die Füße knalle? Will sie das? Oder will nicht auch der in ihrer Seele plattgedrückte Fisch befreit, erlöst werden?

Ja, da ist der Plattfisch, der verwünschte Prinz, längst weit
weggerückt; da ist der Wunsch, nun wirklich innerlich zu wachsen
und zu reifen, das Prinzenhafte in uns zu entdecken und das
Ebenbild Gottes wirklich zu erfahren, es hineinzunehmen in uns
und nicht nur als Wünschelrute zu gebrauchen, zu mißbrauchen!
Der weggewünschte Prinzen-Fisch also, der erlöst werden will,
der nach Befreiung ruft und der immer tiefer in das tobende Meer
verbannt wurde, der fragt ein letztes Mal: "Nun, was will sie
denn?" Ja, was will sie? "Ach", sagt der ohnmächtig-herrschsüch-
tige Fischersmann "Ach, sie will werden wie der liebe Gott".
"Geh nur hin, sie ist schon wieder im Eimer". Alles im Eimer.
Und darin sitzen sie noch heute, bis auf diesen Tag.
Ja, da sitzen sie bis auf diesen Tag. Im Eimer; eng, beengt, mit
maßlosen Wünschen, mit unterdrückten Wünschen, ohne Maß. Und der
Fisch, der verwünschte Prinz, die verwünschte Prinzessin in uns,
liegt draußen auf dem Grund des Meeres, tief und weit weg. Wer
erlöst den Prinzen, wer erlöst die Prinzessin in uns? Wer?

V.

So endet das Märchen traurig, ohne happy end, ohne Lösung gar
Erlösung. So wie auch die biblische Geschichte endet vom Turmauf-
bau zu Babel- wie sie fast endet. Denn da ist ein Schimmer, ein
schmaler Streifen am Horizont der Geschichte vom Turmbau.
Zunächst ist alles gleich. Hoch hinaus soll der Turm, groß und
weit soll die Stadt werden. Bis in den Himmel hinein, soweit die
Augen reichen und noch weiter. 9,79; 5,75; o,oo und noch mehr.
So wie im Märchen, so in der Wirklichkeit. Sie spielen nicht das
Spiel falscher Bescheidenheit, spielen nicht das Spiel: Wer ist
noch ohnmächtiger, wer hat noch weniger Wünsche, wer sitzt noch
besser zu Stein erstarrt und sitzt und sitzt und wartet und wartet? Nein, das Spiel spielen sie nicht. Sie spielen anders. Sie
sind aktiv und bauen die Stadt und türmen auf den Turm. Mut, Eroberung, Fortschritt, Technik, dynamisch, jung und erfolgreich
sind sie in ihrem Himmelfahrtskommando. Wozu, unser Gott, hast
du uns unseren Verstand und unsere Kreativität gegeben? Wozu hast
du uns zu deinen Ebenbildern erklärt, wenn nicht, um dir entge-
genzueilen, so weit die Füße tragen, die Hände reichen, die
Sinne sich ausdehnen. Nur so entsteht Zivilisation, Kultur,
Kunst, Wissenschaft, Fortschritt. "Macht euch die Erde
untertan".Wir haben es 5ooo Jahre lang getan und länger. Babel-
Menschen, die wir sind, wir Fischers-Männer und Fischers-Frauen.

Und nun geht es in der Bibel ebenso lustig, ja ironisch zu, wie
im Märchen. Als die Menschen glauben, nun wirklich ganz oben, ganz
vorn, ganz groß zu sein, als ihre Allmachtsphantasien ins Unermeßliche gestiegen sind, da kommt Gott mit einem Fernglas und
sieht zu, wie hoch der Turm denn nun wirklich ist. Ein Fernglas

braucht er, denn so meilenweit hoch uns auch der Turm erscheint,
so weit entfernt ist Gott noch von ihm. "Also zerstreut sie der
Herr über die ganze Erde. Daher heißt die Stadt Babel, weil der
Herr da aller Welt Sprache verwirrt hat und sie von dort über
die ganze Erde zerstreut hat". "Geh nur hin, sie ist schon wieder im Eimer. Dort sitzen sie noch heute, bis auf diesen Tag".
Alles so ähnlich, fast ganz gleich. Fast. Wir sitzen da noch
heute, in der Tat, der Turm, die Stadt, unvollendet sind sie.
Und Gott - ja, wo ist er? Er hat sie zerstreut in alle Welt, und
da leben wir. Zerstreut und sprachlos in dieser Welt. Noch leben
wir. Noch! Aber wir leben wie der Fischer und angeln mit und
ohne Hoffnung, als hochmütig-demütige, ohnmächtige-allmächtige
Ebenbilder Gottes. Trotz Zerstreuung, trotz Eimerenge.

VI.

In der Bibel gibt es - die meisten von uns wissen es - eine Gegengeschichte zum Turmbau zu Babel, zur Sprachverwirrung und zur
Zerstreuung der Völker. Es ist die Erzählung im Neuen Testament
von der Ausgießung des Geistes Jesu auf seine Jünger - das
Pfingstwunder, wie wir es nennen.

Ist es ein Wunder? Ist es ein Wunder, daß Menschen sich verstehen, so reden, daß andere sie wirklich verstehen, von innen
heraus? Ist es ein Wunder, daß die Zerstreuten wieder zusammen-
geführt werden? Daß sie zusammenpassen als Gemeinschaft der
Glaubenden, die da zusammengehören im Geiste Jesu? Ist das ein
Wunder? Für mich gilt, (aber das kann ich nur ganz leise sagen,
damit es weder zu gewaltig demütig noch zu gewaltig hochmütig
klingt): Wo sich das ereignet, daß die Zerstreuten zusammenge-
führt werden, auch alles Zerstreute in mir selbst, wo die
Sprachverwirrung aufhört und wir uns verstehen untereinander, wo
wir uns mit uns selbst verstehen, wo ich mich mit mir selbst
vertrage, wo ich mich mit Gott verstehe und vertrage, wo das geschieht da sind wir wahre Ebenbilder Gottes, da geht unser
einziger echter Wunsch, wirklich Mensch zu sein, ein wahrer
Mensch zu sein, kein Tier, kein Engel, kein Gott-Monster, sondern Mensch als Ebenbild Gottes, in Erfüllung. Und im Geiste
Christi, angehaucht von seinem Geist, hauchdünn verbunden mit
ihm, da ist das möglich, ja wirklich.Da geschieht es.Da brauche
ich den Wunsch danach, Mensch zu sein, nicht mehr wie der Fischer zu verstecken; den Wunsch, wirklich ein voller, ganzer
Mensch zu sein, mit Leib und Seele, Vernunft und allen Gliedern,
mit allen Sinnen, sinnlich, geistlich, leiblich. Ich bin es und
darf sagen: Wie schön, daß du mich geschaffen hast, daß ich dein
Geschöpf bin, daß ich geadelt bin, zu dir zu gehören, angehaucht
zu sein von dir. "Was ist der Mensch, daß du seiner gedenkst,
und das Menschenkind, daß du dich seiner annimmst. Wenig gerin-
ger als Engel machtest du ihn, mit Ehre und Hoheit kröntest

78

du ihn." (Psalm 8). Wenn es so ist, dann brauche ich auch nicht mehr wie des Fischers Frau meine Wünsche inflationär aufzubauschen, aufzublähen, Gefangener, ja Sklave dieser Droge zu werden, selbst den lieben Gott spielen zu müssen. Dann brauche ich nicht mehr zu verdrängen, zu vergessen, zu verleugnen, daß ich Geschöpf bin, ein endliches Wesen, um dann mit Schrecken zu erkennen: Ja, sterblich bin ich doch. Ich muß sterben und dran zugrunde gehen. Zurück in den Eimer, Erde zu Erde. Das alles ist dann nicht mehr nötig. Und noch einmal: beides, der Fischer und syne fru, beides steckt in uns drin.

Dann kann ich als Geschöpf meinen mir von Gott geschenkten Wunsch zu wachsen und zu reifen, zuzunehmen an Alter und Weisheit und Erkenntnis, wahrnehmen und annehmen. Dann sitze ich am Ufer und angele, nicht gelangweilt, sondern gespannt, voll Spannung. Denn ich weiß, wenn ich nur geduldig und lange genug angele, dann fange ich den Fisch, meinen Plattfisch, irgendwann. Und er wird sagen: Ich bin dein verwünschter Prinz. Wie schön, daß du mich endlich aus der Tiefe nach oben gezogen hast. Nun kannst du mich erlösen. Und ich werde sagen: Ja, ich habe es geahnt, ich habe gespürt, daß es dich gibt, tief auf dem Grund meiner Seele. Und nun laß ich dich nicht mehr weg von mir. Du willst das ja auch gar nicht. Du willst von mir erlöst werden. Ich weiß zwar im Augenblick nicht so recht wie ich es machen soll. Aber es wird mir schon zufallen mit Gottes Hilfe. Gut, daß du dich erst einmal gezeigt hast. So wie im Märchen vom Froschkönig, der ja auch aus der Tiefe des Wassers kam und zum Prinz erst dann wurde, als die Prinzessin ihn endlich nicht mehr ignorieren konnte.

Ja, so endet das Märchen mit einer Frage: Wer erlöst den verwünschten Prinz in uns, das prinzenhafte des Fischers, auf daß er nicht mehr stumm dulden und leiden und klagen muß? Wer die Prinzessin in der Frau, auf daß sie nicht mehr zwanghaft befehlen und fordern und sich überfordern muß?

Und so endet die biblische Geschichte, daß Gott die Menschen zerstreute und ihre Sprache verwirrte und uns im Geiste Christi sagte, daß wir doch zusammengehören und uns verstehen können, weil wir alle Gottes Kinder sind, geliebt und geschätzt von ihm, in der Tiefe unserer Seele.

Und wir, wir Fischersleute, wir sitzen dazwischen, sehnsüchtig am Ufer des Meeres oder mißmutig im Eimer verkrochen, demütig und hochmütig, ohnmächtig und mit Allmachtsphantasien, irgendwo dazwischen. Dazwischen - irgendwo - wir sitzen am Ufer des Sees und blicken in das bald ruhige, bald brodelnde Meer, blicken hinein in die Tiefe unserer Seele. Und wenn wir es tun, wirklich tun, lange und mit Geduld, dann werden wir, so glaube ich, in unserer Seele den Prinzen entdecken, die Prinzessin, das Kind, das mit Gottes Hilfe auch in uns geboren werden will - zum Ebenbild Gottes.

DER TEUFEL ALS LEHRER

DER TEUFEL ALS LEHRER

Es war einmal eine Mutter, die hatte drei Töchter, die sie jeden Morgen in die Schule brachte. Und der Teufel machte sich zum Lehrer, und eines Tages verliebte er sich in die kleinste. Nun gut; das Kind wuchs auf, und je größer es wurde, desto mehr verliebte sich der Teufel in das Mädchen.

Und da er kein Mittel wußte, sie zu entführen, ging er hin und machte einen gläsernen Sarg und einen Schlafring. Und als das Mädchen eines Tages beim Spiel war, kam er zu ihr und packte sie und steckte ihr den Schlafring an den Finger, und sogleich schlief das Mädchen ein. Da nahm der Teufel sie und legte sie in den gläsernen Sarg und ging ans Meer und warf sie hinein.

Und es fischten dort der Königssohn und ein Fischer. Und sie sahen einen Kasten ins Meer fallen. Da befahl der Königssohn dem Fischer, das Boot eiligst dorthin zu lenken, und da fanden sie den gläsernen Sarg. Sie trieben ihn ans Ufer, wo sie ihn an Land ziehen konnten. Und sie sahen das schöne Mädchen darin liegen. Sie berührten sie, sie rüttelten sie, doch sie bewegte sich nicht. Da nahm der Königssohn ihr den Ring ab, und sofort war sie wach. Und da sie sich mit ihm allein sah, fing sie an zu weinen. Da steckte er ihr den Ring an den Finger und wieder schlief sie ein. Ohne seinen Eltern etwas davon zu sagen, brachte der Königssohn sie nun ins Schloß und trug sie auf sein Zimmer. Und dort behielt er sie, und es wußte keiner etwas davon.

Und während vorher die Diener jeden Tag sein Zimmer ausgefegt hatten, nahm er von jener Stunde an den Schlüssel stets mit sich, so daß niemand zu ihm hineinkommen konnte. Eines Tages aber hatte er die Schlüssel vergessen, und da sagten seine Schwestern: "Nun können die Diener in sein Zimmer gehen und dort ausfegen." Und die beiden gingen in das Zimmer und sahen den gläsernen Sarg und das schöne Fräulein darin. Und da die Neugier nun einmal groß ist, so trat die ältere heran und zog dem Mädchen den Ring vom Finger; sogleich erwachte es. Da warfen sie schnell den Ring hin und flohen aus dem Zimmer.

Und als der Königssohn unterwegs seine Hand in die Tasche steckte, da merkte er, daß der Schlüssel zu seinem Zimmer fehlte, und er sagte: "Jetzt bin ich entdeckt." Sofort kehrte er um, doch da hatten seine Schwestern den Eltern schon erzählt, was sie gesehen hatten. Und als er zu Hause ankam, riefen sie ihn zu sich und fragten ihn, wozu er das Mädchen in seinem Zimmer habe. Da erzählte er ihnen, wie er sie gefunden hatte, und daß er sie dort habe, weil sie seine Frau werden sollte. Doch sie sagten, nein, er dürfe sie nicht heiraten, denn man kenne weder ihre Herkunft noch sonst etwas von ihr. Er aber antwortete, das mache ihm nichts aus, er liebe sie und wolle sie heiraten. Und er heiratete das Mädchen.

Nach einigen Monaten wurde der König krank und starb; da wurde der Königssohn König, und das Mädchen, seine Frau, wurde Königin. Und bald darauf mußte er fort und in einem anderen Reich regieren, und er ließ seine Frau schwanger zurück. Und die Königin brachte einen sehr schönen Knaben zur Welt. Eines Tages, als die Großmutter aus dem Zimmer gegangen war, um der Königin, die noch zu Bett lag, eine Suppe zu bringen, kam der Teufel herein und sagte zur Königin: "Maria, du sagst mir, was du sahst, oder gibst mir, was du gebarst." Und das Mädchen antwortete: "Ich sage dir nicht, was ich sah, noch geb ich dir, was ich gebar." Da riß der Teufel ihr den Knaben aus den Armen und erwürgte ihn und fraß ihn auf und beschmierte ihr die Lippen mit dem Fleisch und dem Blut, damit man sagen sollte, sie hätte ihren Sohn gegessen. Da kommt die Großmutter wieder herein und fragt nach dem kleinen Knaben. Die Königin antwortete nichts darauf. Doch die Großmutter sieht das Blut und das Fleisch des Kindes an ihren Lippen, und sie sagte: "Weh, Unselige, hast du deinen Sohn gegessen?" Die junge Mutter wand sich vor Schmerz und Trauer, doch sagte sie kein Wort. Und die Großmutter, die glaubte, sie hätte ihren Sohn aufgegessen, überhäufte sie mit Schimpfworten. Und sie antwortete nichts.

Und es kam der König wieder zurück, und alle gingen ihm zum Empfang entgegen, nur seine Frau, die Königin, nicht. Vor Schmerz und Trauer konnte sie ihrem Mann zum Empfang nicht entgegentreten. Und die Großmutter sagte zum König: "Eine schöne

Frau hast du dir ausgesucht, mein Sohn! Sie hat einen Knaben geboren und ihn aufgegessen." Und dann erzählte sie ihm, wie alles
gekommen war. Und der König sagte zu seiner Mutter: "Was können
wir ihr schon antun? Aus ihrem Leib kam es, in ihren Leib ist es
wieder zurückgekehrt." Und dann ging der König zu seiner Frau.
Weinend vor Schmerz warf sie sich in seine Arme, doch sagte sie
ihm nicht, was geschehen war. Und sie lebten weiter zusammen wie
vorher.

Doch als sie wieder schwanger war, mußte der König wieder fort
und in einem anderen Reich regieren. Und während der König fern
war, gebar sie ihm nun eine sehr schöne Tochter, die das lebendige Abbild ihrer Mutter war. Und wenn sie sich vorher schon
alle wie verrückt um den Knaben hatten, so hatten sie sich jetzt
noch viel verrückter um das Mädchen. Und Tag und Nacht pflegten
sie Mutter und Kind, und immer wieder sagte die Großmutter:
"Nein, dies wird sie nicht essen." Doch der Teufel kam wie das
vorige Mal, und es gelang ihm einzudringen, als die Königin mit
der Kleinen allein war, und er sagte wieder zu ihr: "Maria, du
sagst mir, was du sahst, oder gibst mir, was du gebarst." Und
wie das vorige Mal antwortete die Mutter: "Ich sage dir nicht,
was ich sah, noch geb ich dir, was ich gebar." Da riß der Teufel
ihr die Kleine aus den Armen und erwürgte sie und fraß sie auf.
Und wieder beschmierte er die Lippen der Mutter mit Fleisch und
Blut. Und vor Schmerz darüber wurde die arme Mutter ohnmächtig.
Und die Großmutter kam herein, und als sie sie sah, begann sie
laut zu schreien. Und zur Mutter sagte sie: "Unselige, du hast
wieder dein Kind gegessen!" Und sie überhäufte sie jetzt mit
noch schlimmeren Vorwürfen als vorher. Doch die Mutter sagte
kein Wort darauf. Und wieder kam der König in sein Reich zurück,
und alle gingen ihm zum Empfang entgegen, nur seine Frau nicht.
Und sofort erzählte ihm seine Mutter, daß seine Frau ein sehr
schönes Mädchen zur Welt gebracht und es wieder gegessen habe
wie vorher den Knaben. Und sie sagte, es sei eine Schande für
das Schloß, wenn sie weiter dort bleibe, und er müsse sie von
sich stoßen. Der König antwortete seiner Mutter, daß er das im
Augenblick nicht tun könne, er müsse erst auf einen Jahrmarkt
gehen, und man solle bis zu seiner Rückkehr mit allem warten;
danach werde er dann ihren Wunsch erfüllen. Und er ging zu seiner Frau, die noch krank vor Schmerz und Qual im Bett lag. Und
er fragte sie, warum sie ihre Kinder aufgegessen habe, doch sie
antwortete darauf kein Wort. Da sagte der König, daß er sie töten lassen werde, wenn sie ihm das weiterhin verschweige, und
sie sagte, für nichts in der Welt werde sie ihm das erzählen,
lieber wolle sie sterben. Der König sagte: "Gut, man muß sie
lassen. Wenn ich zurückgekommen bin, wollen wir sehen, was wir
mit ihr machen."

Und am Tage seiner Abreise fragte er seine Schwestern, was er
ihnen vom Jahrmarkt mitbringen sollte. Und die ältere sagte, er

möchte ihr ein blaues Kleid mit Steinen mitbringen, und die jüngere wünschte sich ein grünes mit Steinen. Und er ging zu seiner Frau, der Königin, und fragte sie, was er ihr mitbringen sollte. Und sie antwortete: "Ich, ich wünsche mir einen Schmerzensstein und ein Liebesmesser von dir." Und der König brach auf. Und unterwegs sagte er: "Warum hat mich wohl meine Frau um einen Schmerzensstein und ein Liebesmesser gebeten?" Und er kam auf den Jahrmarkt und fand sogleich, was seine Schwestern sich von ihm wünschten. Doch den Schmerzensstein und das Liebesmesser konnte er nirgends finden, so sehr er auch danach suchte. Und er machte sich auf den Rückweg zum Schloß. Doch bevor er dort ankam, begegnete ihm der Teufel, der schrie: "Hier der Schmerzensstein und das Liebesmesser!" Und der König hielt an und sagte: "Heda, mein Herr! Wieviel wollt Ihr für den Schmerzensstein und das Liebesmesser haben?" Und der Teufel antwortete: "Zweitausend Taler." Und der König gab ihm die zweitausend Taler und sagte: "Nehmt hin! Gesegnet sei die Stunde, in der ich diese Sachen, um die mich meine Frau bat, gefunden habe." Und der Teufel gab ihm den Schmerzensstein und das Liebesmesser, und der König zog zufrieden weiter.

Und als er in das Schloß kam, gingen ihm seine Schwestern zum Empfang entgegen und freuten sich sehr über die Geschenke, die er ihnen mitbrachte. Und da seine Frau nicht heruntergekommen war, fragte er seine Schwestern, warum sie nicht heruntergekommen sei, und sie sagten ihm, daß sie krank zu Bett liege. Da ging er zu ihr hinauf und sagte: "Hier hast du, um was du mich gebeten hast, den Schmerzensstein und das Liebesmesser." Und sie nahm beides an sich, ohne ein Wort zu erwidern. Sie schien aber weder froh deswegen noch unzufrieden. Sie blieb so traurig wie vorher und verbissen in ihren Schmerz. Und dann sagte sie ihm, er möchte sie allein lassen. Und als sie sagte, er möchte sie allein lassen, argwöhnte er etwas und tat so, als ob er hinausginge, schlug die Tür zu und versteckte sich unter dem Bett.
Und das sie glaubte, er sei hinausgegangen, nahm sie den Schmerzensstein und das Liebesmesser und legte beides auf den Tisch. Und sie stand auf und nahm einen Stuhl und setzte sich an den Tisch und begann zu sprechen und sagte: "Schmerzensstein, Liebesmesser, ist es wahr, daß sich mein Lehrer, als ich noch zur Schule ging, in mich verliebte und er mich in einen gläsernen Sarg legte und mich ins Meer warf, weil ich ihn nicht wiederliebte?" Und der Schmerzensstein und das Liebesmesser sagten: "Ja, ja, das ist wahr." Und der Stein brach vor Schmerz entzwei, als er ja sagte. Und dann sagte das Mädchen: "Schmerzensstein, Liebesmesser, ist es wahr, daß der Königssohn mich aus dem Meer zog und mich rettete und mich in sein Schloß nahm und mich heiratete?" Und der Stein und das Messer antworteten: "Ja, ja, das ist wahr." Und der Stein brach immer weiter vor Schmerz entzwei, als er ja sagte. Darauf sagte das Mädchen: "Schmerzensstein,

Liebesmesser, ist es wahr, daß ich einen Knaben vom König bekam und der Lehrer erschien und ihn mir wegriß und ihn aufaß und mir die Lippen mit Fleisch und Blut beschmierte, damit alle glauben sollten, ich selbst hätte ihn aufgegessen?" Und der Stein und das Messer antworteten wieder: "Ja, ja, das ist wahr." Und immer wieder brach der Stein vor Schmerz entzwei. Und da sagte das Mädchen: "Schmerzensstein, Liebesmesser, ist es wahr, daß der König danach wieder fortgehen mußte und mich schwanger zurückließ und ich ein Mädchen bekam und mir der Teufel dieses wiederum wegriß und es aufaß und mir wieder die Lippen mit Fleisch und Blut beschmierte, damit alle glauben sollten, ich selbst hätte es gegessen?" Und der Stein und das Messer antworteten: "Ja, ja, das ist wahr." Und beim Jasagen brach der Stein in tausend Stücke. Und zum letztenmal sagte das Mädchen: "Schmerzensstein, Liebesmesser, ist es wahr, daß meine Schwiegermutter dem König sagte, ich hätte meine Kinder gegessen und er sollte mich aus dem Schloß werfen?" Und auch diesmal antworteten der Stein und das Messer: "Ja, ja, das ist wahr." Und da brach der Stein vor Schmerz ganz und gar entzwei.

Und dann nahm das Mädchen das Liebesmesser in die Hand und sprach: "Wenn der Stein vor Schmerz bricht, wie soll da mein Herz nicht brechen?" Und sie setzte schon das Liebesmesser an, um es sich in das Herz zu stoßen; da eilte der König aus seinem Versteck hervor und hielt sie davon zurück. Nun verstand der König, wie alles gekommen war. Und er bat seine Frau, sie möchte ihren Schmerz vergessen und mit ihm zusammen wieder glücklich sein.

MARMOR, STEIN UND EISEN BRICHT...

Matthäus 4, 1-11

...ABER MEINE LIEBE NICHT

Jesu Versuchung
(Mk 1, 12.13; Lk 4, 1-13)

Dann wurde Jesus vom Geist in die Wüste geführt, um vom Teufel ᵃversucht zu werden. Und als er ᵇvierzig Tage und vierzig Nächte gefastet hatte, war er hungrig. Da trat der Versucher zu ihm und sagte: Bist du Gottes Sohn, so sprich, daß diese Steine Brot werden.ᶜ Er aber antwortete: Es steht geschrieben (5. Mose 8,3): *Der Mensch lebt nicht vom Brot allein, sondern von jedem Wort, das aus Gottes Mund kommt.*

Da führte ihn der Teufel mit sich in die heilige Stadt, stellte ihn auf die Zinne des Tempels und sagte zu ihm: Bist du Gottes Sohn, so wirf dich hinab; cᵉnn es steht geschrieben (Psalm 91,11.12). *Er wird seinen Engeln deinetwegen Befehl geben; und sie werden dich auf den Händen tragen, damit du nicht mit deinem Fuß an einen Stein stößt.* Da sagte Jesus zu ihm: Es steht auch geschrieben (5.Mose 6,16): *Du sollst den Herrn, deinen Gott, nicht versuchen.*

Dann führte ihn der Teufel mit sich auf einen sehr hohen Berg, zeigte ihm alle Reiche der Welt und ihre Herrlichkeit und sagte zu ihm: Das alles will ich dir geben, wenn du niederfällst und mich anbetest.ᵈ Da sagte Jesus zu ihm· Weg mit dir, Satan! denn es steht geschrieben (5. Mose 6,13): *Du sollst den Herrn, deinen Gott, anbeten und ihm allein dienen.* Da verließ ihn der Teufel. Und siehe, da ᵉtraten Engel zu ihm und dienten ihm.

I.

Dies ist ein schreckliches Märchen - von Teufeln und Menschenfressern und Liebesmessern, garstigen Spielchen,so sieht's aus. Ein schreckliches Märchen, kaum zu hören, kaum vorzulesen. So wie ja auch - betrachten wir es recht - unser eigenes Leben oft ist; so wie es ja auch in der Bibel zugeht, wenn uns - stellvertretend am Menschen Jesus sichtbar vorgeführt - alle möglichen Teufel umgeben; meist natürlich die, die man gar nicht wahrnimmt. Ja, wenn sie gar in uns selbst lauern, schlummern, uns zwicken und zwacken.

Wir halten sie geschickt unter der Decke, damit sie bloß keiner merkt, gar offen an uns sieht; aber sie sind doch da, die Teufel und Menschenfresser und Liebesmesser in uns, die da versuchen, wie weit sie es mit uns treiben können, wie weit wir es mit ihnen treiben. Und klar ist also schon - jedenfalls sollte das uns klar sein - daß hier, wie in allen Märchen, immer von uns, von verschiedenen Seiten in uns gesprochen wird. Ich muß es immer wieder sagen, muß es auch mir immer wieder sagen, denn ich verstehe zunächst - wenn ich das Märchen in seiner vordergründigen Sprache lese - gar nichts, nichts verstehe ich. Und dann muß ich genauer hineinschauen, mich an den alten Grundsatz erinnern: Alle Personen des Märchens sind zugleich eigenständige Personen wie auch Teile ein und derselben Person.

Das Erste liegt auf der Hand, das Zweite vergessen wir so schnell. Also, der Teufel als Lehrer steckt auch im Königssohn,

auch in dem Mädchen im gläsernen Sarg und in der Mutter. Und der
Teufel, den Jesus zähmt, den zähmt er auch in sich selbst. Für
uns. Auf daß wir endlich sehen, ja, das können wir auch. Das ist
unser Weg. Auf das wir sehen: Ja, in der Tat, da schlummert ein
Teufel in uns. Gut, das zuzugeben, ihn anzublicken, fest in die
Augen zu nehmen. Und wenn wir das wirklich tun, ihn nicht verleugnen, dann bricht seine Macht zusammen wie ein Kartenhaus,
bröckelt wie ein Schmerzensstein. Marmor, Stein und Eisen
bricht, jawohl. So fest und starr ist der Stein, der uns drückt,
gar nicht. Doch erst dann, wenn wir wie der Königssohn - wenn
wir als Königssohn und Königstochter - den Teufel nicht mehr ab-
spalten, sondern wahrnehmen in uns, ja ihn annehmen und seine
Macht damit überwinden.

Wie es dazu kommt, das sagt uns die biblische Geschichte. Nehmen
wir uns für beides Zeit. Tun wir's aber so, daß klar ist: Ja,
von mir wird gesprochen, von meinem Teufel, von meinen teuflischen Gedanken und Wünschen und menschenfressenden Gefühlen.

II.

"Es war einmal eine Mutter, die hatte drei Töchter, die sie jeden Morgen zur Schule brachte", so beginnt unser Märchen, und
damit ist eigentlich schon fast alles gesagt. Achtet bitte immer
auf den Anfang. Eine Mutter, drei Töchter, kein Sohn, kein Vater, kein Mann. Und sie bringt sie auch noch jeden Morgen zur
Schule. Ob das gutgehen kann? Damit bloß nichts, keiner dazwi-
schenkommt. Und sicher wäre es auch das Beste gewesen, die Mutter hätte sie noch selbst in der Schule unterrichtet, damit alles symbiotisch, 4-fach jungfräulich zusammenbleibt, wie in
einer Glasmenagerie. Noli me tangere - rühr mich nicht an.
Was Wunder, daß der erste Mann, der etwas daran rührt, als Lehrer, gleich der Teufel sein muß. Der Mann als Teufel. Der Lehrer
als Teufel. Und mancher Lehrer ist ja auch einer. Und schön
verbirgt es das Märchen, indem es alles umdreht: Der Teufel als
Lehrer. So geht's natürlich auch, denn der Teufel - in uns,
außerhalb von uns - ist in der Tat unser Lehrer, wenn wir ihm
zuhören, auf seine Einflüsterungen achten und damit umgehen
lernen, ohne selbst verteufelt zu werden. So war es ja auch bei
Jesus.
Und so ist beides wahr: Das eine: Der Lehrer war für sie der
Teufel, als er sich in sie verliebt. Der Teufel, weil er die
schöne Fraueneintracht, die lebensfeindliche Fraueneintracht,
zerstörte. Und das andere: "Und der Teufel machte sich im Lehrer". Ja wozu? Zum Lehrer des Lebens, um sie zum Leben zu führen. Zur wahren Liebe, die da nicht bricht wie Marmor, Eisen und
Schmerzenstein. Doch bis dahin ist's noch ein weiter Weg, wie
stets im Märchen, ein weiter, beschwerlicher, vom Tod bedrohter
Weg. Um zum Ziel zu kommen, ja, da dürfen wir nicht fürchten

Tod und Teufel, müssen ihnen ins Auge blicken, in uns, außerhalb von uns.

Was Wunder aber auch, daß der Teufel/Lehrer/Mann, wie auch immer, "Da er keine Mittel sah, das Mädchen, das er liebte, zu entführen" es in einen gläsernen Sarg steckt mit einem Schlafring am Finger und es weit weg ins große Meer wirft. Was Wunder? Denn jetzt tritt im Mädchen das sichtbar nach außen, was schon immer verborgen in ihr war. Sie schlief schon immer in einem gläsernen Sarg. Kein lebendiges Mädchen, sondern vom Leben abgeschirmt, unberührbar, spröde, zerbrechlich, stumm, ohne Beziehung, enorm erlösungsbedürftig.

Doch man kommt nicht an sie heran in ihrem Glashaus. Da ist eine Trennscheibe dazwischen. Und wie ein unausgesprochener Hilferuf ist es: Wer küßt mich wach? Wer bringt mich zum Leben, damit der Mann kein Teufel, der Lehrer kein Teufel, der Teufel kein Teufel mehr sein muß? Wer erlöst mich aus meinem Schlaf? Als sie dann vom Königssohn aufgefischt wird - ich betrachte den Königssohn gleich für sich -, als sie gar von ihm, gegen den Rat der Mutter, des Hofstaates, geheiratet wird, als sie vom Mann, dem Teufel in Königssohngestalt verkleidet, genommen wird, da ist Erlösung für sie immer noch weit. Woran das liegt, wir werden es noch sehen. Auf jeden Fall, im Grunde lebt sie weiter in einem gläsernen Sarg in ihrem Königspalast. Von allen getrennt, ohne Beziehung, ohne Stimme, mit unterdrückten Gefühlen.

Ja, sie wird schwanger. Nun ja. Das geht schnell, ohne großes Zutun; auch gar ohne Gefühle aus Pflicht. Doch als der Teufel, ihr Teufel, kommt und sie anredet, mit Namen anredet "Maria" - welch Name - "Du sagst mir, was du sahst und gibst mir, was du gebarst" - da sagt sie nichts. Vielleicht hat sie ja auch nichts zu sagen, hat noch nichts gesehen, weil sie noch blind ist. Oder sie kann das, was sie gesehen hat -voll Freude, voll Schrecken - nicht sagen, aussprechen. Sie bleibt stumm wie ein Fisch im Meer, stumm wie Schneewittchen im Sarg. Sagt nichts zu den unberechtigten Vorwürfen der Königsmutter (noch eine Mutter) und den zwei Schwestern des Königssohns (noch zwei Frauen). Sagt nichts, absolut nichts. Das ist kaum auszuhalten. Sie frißt alles in sich hinein und der unsichtbare Schmerzensstein wird immer größer - der stumme Schmerz. Gallensteine kennen wir ja in der Medizin bei verdrängten Schmerzen. Wie sollte dieser Stein auch nicht immer größer werden, wenn ich so sprachlos bin, alles stumm ertrage, dumpf erleide, ohne Bewegung, starr.
Kennen sie solche Menschen, Frauen allzumal? Ja, natürlich, sie reden auch, reden ohne zu sprechen. Erzählen dies und erzählen das ,und doch ist da so ein großes Leid und es wird immer größer und härter und kommt nicht raus, kommt einfach nicht raus aus ihnen. Ich möchte sagen: "Nun red' doch endlich mal. Red' all

deinen Schmerz raus, laß ihn fließen". Und manchmal möchte ich
sie schütteln und rütteln, damit es endlich rauskommt. Doch ich
tu es nicht; sie könnten ja zerbrechen, gläsern wie sie sind.
Durchschauen kann man durch sie und man durchschaut sie doch
nicht. Und wenn der Schmerz immer größer wird, wenn da keiner
kommt, der ihn auflöst, Marmor und Stein zum Schmelzen bringt,
ja dann versteinern sie vollends, diese jungen Mädchen, jungen
Frauen, wenn sie in ihre Jahre kommen, verbittert, verhärmt,
verlebt. Wer erlöst sie zum Leben? Damit es erst gar nicht
soweit kommen muß, wie es leider so oft im Leben kommt? Wer erlöst sie? Lehrer oder Teufel oder Prinz oder alle zusammen?
Sehen wir zu.

                              III.

"Der Teufel als Lehrer" heißt das Märchen. Der Königssohn erlöst
sie, nun ja, er versucht es zu mindesten. Ich erinnere jetzt
erst noch einmal an einige Verse des Märchens, die für sich
sprechen.
"Ohne seinen Eltern etwas zu sagen, brachte der Königssohn sie ins Schloß und
trug sie in sein Zimmer. Und dort behielt er sie, und es wußte keiner davon.
Nach einigen Monaten wurde der König krank und starb; da wurde der Königssohn
König, und das Mädchen, sein Frau, wurde Königin. Und bald darauf mußte er fort
und in einem anderen Reich regieren, und er ließ seine Frau schwanger zurück.
'Eine schöne Frau hast du dir ausgesucht, mein Sohn. Sie hat einen Knaben geboren und ihn aufgegessen'. Und der König sagte zu seiner Mutter: 'Was können wir
ihr schon antun? Aus ihrem Leib kam es, in ihren Leib ist es zurückgekehrt'. Und
dann ging der König zu seiner Frau. Und sie lebten weiter zusammen wie vorher."

Es sieht so aus, als lebte auch der Königssohn in einem gläsernen Sarg, oder besser, als habe er sich mit einem Panzer umgeben, damit nichts an ihn herankommt. Ein guter Sohn, ritterlich
und treu, wie Männer zu sein haben, die da eine starke Mutter
neben sich wissen. Und doch, oder gerade deswegen, vom wahren
Leben abgespalten, hat er den Teufel in sich unterdrückt. So,
als gäbe es ihn nicht. Sie im Glassarg, er im Panzer. Oder ist
es natürlich, daß er seine Braut, die er aus dem Wasser gezogen
hat, vom Schlaf auferweckt, nun gleich wieder versteckt, gar in
sich verschließt? Wie ein Schmuckstück in eine Kassette, zum Ansehen hin und wieder ganz schön, aber nicht zum Leben. Wovor hat
er Angst? Und ist es natürlich, daß er gerade in dem Augenblick,
wo seine Frau schwanger wird, wo zum ersten Mal eigenes Leben in
ihr zu keimen beginnt, daß er da verreisen muß, um irgendwo
herumzuregieren? Warum entzieht er sich also dem Leben? Wo ist
seine Angst? Und ist es schließlich weiter natürlich, daß er es
so einfach hinnimmt, daß seine Frau den Sohn aufgefressen haben
soll? Er fragt nicht weiter. Im Gegenteil: Sie lebten weiter wie
bisher. Ja, eben wie bisher. Zusammen? Nebeneinander, durch Pan-
zerglas getrennt? Wovor hat er Angst, wovor haben beide Angst?

Vor dem Teufel in ihnen, den es - bei Gott - bloß nicht geben darf? Oder vor den Engeln in ihnen, die sie ja von Gott her auch sind; bloß - bei Gott - ich glaube das nicht, traue es mir nicht zu? So leben sie wie Schneewittchen im Sarg und der Ritter im Panzer nebeneinander her und oft kommt es mir so vor, als lebten viele von uns in gläsernen Särgen nebeneinander her, nicht einmal gegeneinander, in der Ehe, im Beruf, in Freundschaften. Nole me tangere - bloß nicht dran rühren. Es könnte ja ein teuflisches Gefühl dahinterstecken, gar menschenfressende Gedanken. Dann lieber: Marmor, Eisen, Schmerzensstein soll es bleiben und wäre es noch so groß.

Ja, herzenshart ist im Grunde der König. Seine Frau läßt er bei der Neugeburt allein, bloß weil er was zu tun hat. Seine Mutter nimmt er das Ammenmärchen vom gefressenen Sohn mir nichts, dir nichts, ab. Mit seiner Frau lebt er, als wäre gar nichts geschehen, weiter dumpf zusammen, obwohl sie ihm doch ein unübersehbares Signal gab, als sie sich ihm stumm in die Arme warf. Alles versteinert. Und das kann lange, sehr lange, so gehen. Nicht nur bei einzelnen Menschen wie hier. Bei ganzen Völkern und Rassen. Manchmal denke ich mir, wir alle als Volk leben noch 4o, 5o Jahre nach allem so, als wäre nichts geschehen mit unseren menschenfressenden, teuflischen Gedanken und Verdrängungskünsten. Und dann habe ich Angst: wenn es wiederkommt? Doch das ist ein anderes Feld.

Es muß für den König noch härter kommen. Das Märchen ist da unerbittlich, aber konsequent. Er soll endlich offen agressiv werden, den Ärger nicht mehr runterschlucken, wirklich Kontakt aufnehmen mit sich und seiner Frau. Es treibt auf eine Lösung zu, damit der Königssohn endlich Farbe bekennt. Das Töchterchen der beiden erleidet das gleiche Schicksal, die Mutter drängt noch mehr auf Strafe und die gläserne Braut schweigt noch tiefer. Lieber wolle sie sterben. Jetzt ist er herausgefordert, kann sich nicht mehr drücken. Er sagt: "Gut, man muß sie lassen. Wenn ich zurückgekommen bin, wollen wir sehen, was wir mit ihr machen". Er spielt auf Zeit. Also, ich denke, das kann schon richtig sein. Ich brauche noch Zeit: Bedenkzeit. Was ich jetzt tue, muß noch in mir reifen. Mein Entschluß muß noch reif werden.
Reifen: Denn unreif sind sie beide, das ist klar. Die gläserne Frau; ja es ist ganz natürlich, daß ihre Kinder noch nicht lebensfähig sind, sie sind zu früh geboren, sie ist noch zu jung dafür - wie viele von uns. Ja, gebären kann sie sie, ihnen aber zum Leben verhelfen, das kann sie noch nicht, denn sie kann ja selbst noch nicht leben. Zurück müssen sie in sie hinein. Der Teufel als Lehrer tut es für sie. Das garstige Fressen heißt einfach: Du bist noch nicht reif für Kinder, sie können noch nicht leben. Daher hat der König gar nicht so unrecht, als er

90

sagt: "Was können wir ihr schon antun? Aus ihrem Leib kam es, in ihren Leib kehrt es wieder zurück". Sie kann noch keine Kinder kriegen. Ja, denn da ist noch kein Leben, alles noch verschlossen in ihr. Und oft denke ich mir: Leben, wirklich leben können wir erst, wenn in uns selbst etwas geboren wird, unser inneres Kind. Geboren sind wir alle, aber leben wir? Wo ist unser inneres Kind, das wir sehen, leben, leben lassen, lieben, großziehen? So, daß diese Liebe nicht zerbricht und zerbröckelt. Doch, wann können wir das? Und das Äußere ist ja immer nur die Kehrseite des Inneren. Und ich denke weiter, wenn ich dann sehe all die kleinen Kinder, die ich taufe, all die kleinen Mozart's, wie Saint Exupéry sagt, oh, sind wir denn wirklich fähig, sie ins Leben zu führen? Wäre es nicht manchmal besser zu sagen: Zurück das Ganze, warte noch, bis du reif bist? Doch wann sind wir reif? Und weiter: Fressen wir unsere Kinder nicht manchmal wirklich auf - vor Liebe natürlich? Und hat die gute Mutter am Anfang des Märchens, die ihre drei Töchter jeden Tag zur Schule begleitet, sie nicht auch auf ihre Art aufgefressen - aus Liebe natürlich -, was denn sonst? "Was können wir ihr schon antun? Aus ihrem Leib kams, darin muß es zurück, wenn es noch nicht reif ist". Da muß noch viel geschehen, bis sie endlich reif ist, reif für ein Kind, innerlich und äußerlich. Und für den jungen König gilt es ebenso. Er muß auf Reisen, um zu reifen. Diesmal also nicht, um irgendwo zu regieren, sich zu beschäftigen, sondern um das Leben kennenzulernen, das wirkliche Leben. Er geht ins äußerlich Ungewisse, in die Wüste - so wie Jesus - und im Ungewissen findet er, was er braucht. In der Wüste liegt das Heil bereit, in der Wüste des Lebens. Da geschieht die Reifung zum Menschen, zum wahren Mann, zur wahren Frau. Sehen wir zu.

IV.

Jahrmarkt: Volles Menschenleben. Wo Teufel ihr Unwesen und Engel ihr Wesen treiben. Wo ich mich zurechtfinden muß, mich aber auch finden kann, im Jahrmarkt des Lebens, in der Wüste. "Darum werde einst ich sie locken und sie gehen lassen in die Wüste und da rede ich zu ihrem Herzen" sagt Gott bei Hosea zu seinem geliebten Volk, das von ihm abgefallen ist. Ja das Heil liegt in der Wüste, in unwegsamem Gelände, wenn ich die Wüste nicht fliehe. Ein blaues und ein grünes Kleid für die beiden tüchtigen, praktischen Schwestern kauft er ein. Na, was denn sonst. Und ein "Schmerzensstein und Liebesmesser" für seine traurige Frau. Na, was denn sonst, denke ich mir. Der schwere, das Herz erdrückende Stein und das Messer, die Liebe abzuschneiden, ja das liegt so nah.
Bloß, wie das bekommen? Kleider lassen sich schnell kaufen. Gefühlswerte - das wissen wir - kann man nicht kaufen. Da muß der Teufel selbst daher. Und wie ein Marktschreier bietet er seine Ware feil, damit er sie endlich los wird. "Nun kauf doch endlich

stell dich mir endlich, überseh mich nicht mehr. Schmerzensstein und Liebesmesser, kauf sie endlich, um dich zum wahren Leben zu befreien". Nur so können seine Frau und er selbst erlöst werden. Der Teufel als Lehrer, der auf die Sprünge hilft. Ein Wunder? Ja, man kann es so nennen, wenn man Gott draußen vor läßt, ihn noch nicht ins Spiel bringt. Das Wunder, wie das wahre Leben entsteht, geboren wird. Und es entsteht so, sagt das Märchen:
1. Ich gehe ins Ungewisse hinein, in die Wüste, auf den Jahrmarkt; im Vertrauen, ja im Vertrauen, ich finde, was ich suche.
2. Ich weiche dem Teufel in mir nicht mehr aus. Schicke ihn nicht mehr fort, sondern blicke ihn an, nehme Kontakt auf mit ihm in mir, mit meiner Aggression, Destruktion, meinen menschenfresserischen Gedanken in mir. Jawohl, ich habe sie. Blick sie an, um mit ihnen umgehen zu lernen, damit sie nicht gegen deinen Willen aus dir herausbrechen und alles überschwemmen.
3. Ich zahle für das Wichtigste, was ich zum Leben brauche, eine sehr hohe Summe, 2.000 Taler wenn nötig. Ja, es kostet schon etwas, zum Leben zu kommen, den Einsatz der ganzen Person. Denn, um alles in der Welt, ich muß es haben "Nehmt hin die 2.ooo Taler. Gesegnet sei die Stunde, in der ich diese Sachen, um die mich meine Frau bat, gefunden habe." Gesegnet! Das sagt er dem Teufel, der ihm eben zum Lehrer wird. Und weil er nicht mehr flieht, weil er dem Teufel fest ins Angesicht blickt, weil er alles einsetzt, endlich, um das zu bringen, was seine Frau wirklich braucht, um aus ihrem Panzerglashaus rauszukommen, deshalb findet er selbst sein Leben. Und er bleibt bei ihr, flieht nicht vor ihr.

"Und sie nahm beides, ohne ein Wort zu sagen. Sie schien aber weder froh deswegen noch unzufrieden (eben wie Stein). Sie blieb so traurig wie vorher und verbissen in ihrem Schmerz und dann sagte sie noch, er möchte sie allein lassen. Und als sie das sagte, argwöhnte er etwas und tat so, als ob er hinausginge und versteckte sich unter dem Bett".

Jetzt merkt er zum ersten Mal, was los ist, er flieht nicht, setzt sich ganz für sie ein. Wer seinen Teufel nicht mehr flieht, braucht auch hier nicht mehr Angst zu haben, muß nicht mehr seine Frau fliehen. Er steht ihr zur Seite, als sie sich das Messer ins Herz stechen will. "Da eilte der König aus seinem Versteck hervor und hielt sie davon zurück. Nun verstand der König, wie alles gekommen war." Ja, er versteht, was er an ihr getan hat; besser: bisher nicht getan hat. Denn er war draußen in der Wüste, hat sich, seinen Teufel, hat das wahre Leben kennengelernt. Und wer das kennt, der ist reif für seine Frau, für seine Kinder.
Und die Frau? Sie ist noch nicht ganz soweit, aber auf dem Wege. Sie erhält den Schmerzenstein und will allein sein, verbissen in ihrem Schmerz, traurig wie vorher. Ja, so ist sie. So kennen wir sie. Gläsern. Aller Schmerz ist zu Stein erstarrt.

Und dann auf einmal redet sie. Wie ein Sturzbach bricht es aus
ihr heraus. Sie redete zu dem Stein, also zu sich selbst, zu dem
Schmerz in ihr! Sie nimmt ihn wahr, zum ersten Mal! Alles, was
sie bisher noch keinem sagte, das bricht aus ihr heraus. Und der
Königssohn hört es mit; bloß sie weiß es nicht. Das ganze gläserne Leben kommt aus ihr heraus. Wie sie bei der Mutter war und
zur Schule ging und der Teufel, ach nein der Lehrer, ach doch
der Teufelsmann, ach wer weiß was bei ihr oder in ihr und der
gläserne Sarg und das Meer und die Rettung durch den Königssohn
und das Versteck im Schloß und die geborenen-ungeborenen Kinder.
"Ist es wahr, daß ich einen Knaben vom König bekam und daß der
König mich schwanger zurückließ und daß der Lehrer(!) kam und
ihn mir wegriß... Ist das alles wahr?" Ja, ja, es ist wahr.
"Und, sag Schmerzenstein, ist auch dies wahr...?" Ja, ja es ist
wahr! Und alles strömt aus ihr heraus. All der lebenslange
Schmerz, das ganze Leben. Wie ein Rinnsal, nein Sturzbach, Strom
des Lebens. Sie versucht zum ersten Mal wirklich lebendig zu
sein. Und der Stein, der dicke, schwere Stein, der aufs Herz
drückt, er bricht immer mehr, zerbricht in 1.ooo, 2.ooo Stücke,
bis er zu Staub und Asche geworden ist; tot der Stein, der das
Leben abdrückte, das Leben abtrieb.
Wie befreiend kann es sein, nicht nur zu reden, sondern auch zu
sprechen, alles auszusprechen, was mich zeitlebens bewegt, was
ich noch keinem sagte - weder mir noch anderen. Eine Klagemauer
haben die Juden. Da kann man alles sagen, Gott sagen. Gebet
nennen wir das auch. Natürlich, sie hat nicht gebetet, die Königin, sie war nicht fromm, aber es frommte ihr. Und ihr Erlöser
ist neben ihr. Und als sie - erschöpft von allem Reden - all den
gelösten Schmerz sieht, als sie ganz leer ist, da will sie -
immer noch den Blick auf den Schmerz - das Liebesmesser sich in
die Brust stechen. Da ist er zur Stelle und zeigt ihr wirklich
seine Liebe. "Marmor, Stein und Eisen bricht, aber seine Liebe
nicht". Ja, es ist schon verrückt, wie ein dummer, dummer Schla-
ger auf einmal - sieht man ihn von seiner Rückseite an - einen
anderen Klang bekommen kann.
Ihr ganzer inwendiger Schmerz ist jetzt aufgelöst, denn sie hat
echte Liebe erfahren. Ja, jetzt ist sie reif für Kinder, so
glaube ich, äußerlich und innerlich, und sie wird Kinder gebären
und sie großziehen. So wie der Königssohn schon davor, als er
den Schmerzenstein erwarb von seinem Teufel, dem er ins Angesicht sah.
Reif für das Leben sind sie beide. Und jetzt, erst jetzt, jetzt
aber wirklich, kann es beginnen, das Leben, für sie beide. Nun
betreten sie ihr Königreich, nehmen es in Besitz. Und da mögen
noch so viele Mütter und Lehrer und Teufel und Tod und Gewalten
sein und was weiß ich, jetzt beginnt das Leben - jetzt. Denn
ihre Liebe, zu der sie erlöst wurden, sie bricht nicht entzwei.
Oder doch? Oder nur im Märchen nicht? Und bei uns? Bei mir? Bei
dir?

Ein Märchen, das am Ende zu schön ist? Ich weiß es nicht. Ich glaube schon, daß es uns auf den Weg bringen will, wenn wir gelehrige SchülerInnen sind, die Tod und Teufel nicht fürchten, die nicht so tun, als dürfe es all diese untermenschlichen, tierischen Instinkte, menschenfressenden Gefühle in uns nicht geben. Wenn wir mit unserem Teufel ins Gespräch kommen - so wie Jesus es tat am Anfang seines Wirkens, ehe er reif war, zu den Menschen zu gehen und mit ihnen zu reden. Betrachten wir seine Geschichte, denn sie ist nicht ein Märchen, sie spricht von uns, von unserer inneren Wahrheit.

In die Wüste, Jahrmarktswüste, zieht er sich zurück, ehe er zu den Menschen geht. So beginnt sein Wirken. In die Wüste zu den wilden Tieren, wie es im Markus-Evangelium lapidar heißt. Da ist er ganz bei sich. Nur bei sich. Da ist nichts mehr, was ihn ablenken kann. Schmerzenstein und Liebesmesser liegen da bereit, denn da ist der Teufel auf dem Plan. Ganz von selbst ist er da. Ohn all sein Zutun. Er ist einfach da, so wie er immer da ist, oft nur von uns übersehen wird, verdrängt wird, weil wir keine Zeit haben für ihn, uns keine Zeit nehmen, weil wir abgelenkt sind durch alle die Dinge, die wir hier und da tun müssen, Stuben säubern, unser Königreich regieren.
Und der Teufel in ihm - so sag ich mir - gaukelt ihm auf einmal all das vor, wonach sich unser Herz sehnt. BESITZ: Brot die Fülle und Überfülle; EROS: Fliegen können über die ganze Welt; MACHT: ja Macht vor allem; alles ist mir untertan, und das heißt im Klartext für Jesus selbst, den guten Menschen, und für uns: "Ich will alles haben, was es gibt"- BESITZ. "Ich will fliegen, alles überfliegen" - EROS. "Ich will, daß mir alle, alle untertan sind, daß ich über die herrsche" - MACHT.
Das ist nicht so bei dir? Auch du Träumer, du Taschenspieler, der du dich selbst betrügst. Nein: ich will das, sagte Jesus. Und wer will das nicht. Und der Teufel in uns sagt es uns, wenn wir auf ihn hören. Und wenn ich uns alle so ansehe, in jedem steckt es drin! Jawohl! So sind wir Menschen. Ja, menschenfressende, unreife, ganz und gar unreife Gedanken. Doch, sie sind da - wirklich da - unwiderruflich.

Jesus erfährt sie auch in sich, in der Wüste. Und er weiß, ich muß da erst hin, ehe ich zu den Menschen gehen kann. Und er blickt seinem Teufel ins Gesicht. Nimmt ihn ins Visier. Und er nimmt all die teuflischen Instinkte wahr, nimmt sie an als Teil von sich - für uns! Der Teufel ist nicht abgespalten von ihm, sonder in ihm drin. Und der Teufel lehrt ihn, denn er ist wirklich ein Lehrer - wie man damit umgehen kann, wenn diese teuflischen Wünsche kommen! Denn schön ist es, Besitz die Fülle zu

94

haben. Schön ist's, fliegen zu können. Schön ist's, Macht zu
haben über alles. schön und so zerstörerisch , weil es ja jeder
will. Schön ist's und dann noch zu sagen: "Nein, ich nicht. Das
alles steht mir nicht zu, denn die Wahrheit, die volle Wahrheit
und Macht steht allein Gott zu. Nicht mir." Wie komme ich dazu?

Wie kam Jesus dazu? Fromme, mir gar zu Fromme, sagen: Weil er
Gottes Sohn war, und Gottes Sohn kann halt alles. Eine schöne
Lösung. Dann bin ich fein heraus, wenn ich es nicht hinkriege,
denn ich bin nicht Gottes Sohn. Und wenn ich der Versuchung anheim falle, nun ja. Wir sind halt keine Engel. So einfach ist
das.
Ich sehe es anders: Er wird Gottes Sohn, er zeigt sich als
Gottes Sohn, weil er seinen tierischen Instinkten, teuflischen,
untermenschlichen Gefühlen in die Augen blickt. Er tat es, dafür
ging er in die Wüste, er allein, hielt ihm stand - wie der Königssohn im Märchen am Ende - er aber in der Tat bereits am Anfang. Und der Teufel diente ihm, nahm Abschied von ihm, ward besiegt. Also, ich glaube, das ist in der Tat das Geheimnis eines
wahren Menschen, daß er sich betrachtet, alles, was in ihm
schlummert, diesen Sumpf, dieses teuflische Tohuwabohu, daß er
alle die menschenfressenden Gefühle in sich wahrnimmt, daß er
sie anblickt, umgehen lernt mit ihnen. Dann können wir im übertragenen Sinn Söhne Gottes, Töchter Gottes genannt werden. Denn
in uns allen steckt das ja doch, und je mehr wir es verdrängen,
umso sprachloser sind wir und der Teufel gewinnt wirklich Ober-
hand in uns. Und dann die Pein, der Ekel, der riesengroße
Schmerz, der Schmerzenstein, diese schlammig-schlüpfrigen Gedanken, die uns plagen. Besitz - Eros - Macht. Ja, so ist es!

Jesus sagt: Ja das schlummert alles in uns. Auch in mir. Ja,
aber es muß nicht herrschen. Weil er Gottes Sohn ist? So wird er
zum Sohn Gottes? So jedenfalls konnte er den Menschen entgegengehen, ihr Heiland sein.
"Da verließ ihn der Teufel und siehe, die Engel dienten ihm"
heißt es am Ende. Ja, so ist es. Wenn der Teufel,nachdem man
diesem Lehrer ins Auge geblickt hat, uns verlassen hat, weil wir
keinen Lehrer mehr brauchen, weil wir reif sind, wahrhaft
erwachsen, selbst leben können,dann - wie sollte es anders ein -
dann dienen uns Engel. Denn wir sind ja als Menschen nicht nur
so etwas Mittleres dazwischen, eben mittelmäßig, weder heiß noch
kalt, eben lau, nein, wir sind auch "Teufel" und auch "Engel".
Ja, Engel! Und ist der Teufel besiegt, dann zeigen sich die Engel, die ich vorher nicht gesehen habe. Sieh dir Jesus an, und
den Franz v. Assissi und Hieronymus mit den Tieren, die neben
ihm schlafen. Wir Menschen, zwischen Himmel und Hölle, ein wenig
niedriger als Engel, heißt es in den Psalmen. Ja, eigentlich,
eigentlich stehen wir näher den Engeln, unseren Engeln, die uns
dienen. Und doch zieht es uns immer wieder hin zu den Teufeln,

zum Tierischen in uns. Und weil wir Angst davor haben, blicken wir weg, tun so, als wäre das alles nicht da und umso mehr geraten wir in ihren Bann. Blick ihn an, den Teufel, der dich schmerzt, blick ihn an, diesen stummen Schmerz, den teuflischen Schmerzenstein. Laß dir den Schmerz zerbrechen, langsam. Und erfahre wie Jesus, daß die Liebe dessen, der dich geschaffen hat, nicht zerbricht. Weil - fast widersinnig ist es, dies zu sagen - Gott zu seinem Sohn spricht und also zu uns spricht: "Marmor, Stein und Eisen bricht, meine Liebe aber nicht". So ist es! Und daher wird Jesus von klugen Leuten "wahrer Gott" und "wahrer Mensch" genannt und vielleicht wissen sie nicht einmal, welch geheimnisvolle Wahrheit sie damit ausgesprochen haben, wahrer, als sie selbst denken konnten. Wahrer Gott und Mensch, wahr in beidem zugleich.

Markus hat die ganze Versuchungsgeschichte Jesu treffend zusammengefaßt: Oben und unten, Teufel, Tier und Engel und den wahren Menschen miteinander verbunden. "Und alsbald trieb ihn der Geist in die Wüste. Und er war in der Wüste 4o Tage und ward versucht vom Satan und war bei den Tieren und die Engel dienten ihm". Knapper, präziser kann man es nicht sagen, daß der Teufel uns lehrt, ein wahrer Mensch zu werden. Und daß uns dann unsere Engel dienen. So, wie es bei Jesus war, als er sterben mußte, als er dem Tod ins Angesicht sah. "In deine Hände befehle ich meinen Geist", und die Engel dienten ihm.
So, wie ich es hoffe für das weitere Leben der Königskinder unseres Märchens, als das Glas des Sarges und der Panzer ums Herz entzweibrachen. Wie ich's hoffe auch für uns Königskinder. Der schwere Schmerzenstein bricht entzwei, aber die Liebe bleibt bestehen. Ja, sie bleibt bestehen, kann nicht zerbrechen, weil ich weiß, wenn ich weiß, daß ich immer schon geliebt bin von Gott.

HANS IM GLÜCK

FREI WIE EIN VOGEL IM WIND

Matthäus 19, 16-26

DER REICHE JÜNGLING MIT DEM SCHWEREN KOPF

Der reiche Jüngling (Mark 10,17-27; Luk 18,18-27)

16 Und siehe, einer trat zu ihm und sprach: Meister, was soll ich Gutes tun, daß ich das ewige Leben möge haben? 17 Er aber sprach zu ihm: Was fragst du mich über das, was gut ist? Gut ist nur Einer. Willst du aber zum Leben eingehen, so halte die Gebote. 18 Da sprach er zu ihm: Welche? Jesus aber sprach: «Du sollst nicht töten; du sollst nicht ehebrechen; du sollst nicht stehlen; du sollst nicht falsch Zeugnis geben; 19 ehre Vater und Mutter»; und: «du sollst deinen Nächsten lieben wie dich selbst.» 20 Da sprach der Jüngling zu ihm: Das habe ich alles gehalten; was fehlt mir noch? 21 Jesus sprach zu ihm: Willst du vollkommen sein, so gehe hin, verkaufe, was du hast, und gib's den Armen, so wirst du einen Schatz im Himmel haben; und komm und folge mir nach! 22 Da der Jüngling das Wort hörte, ging er betrübt von ihm; denn er hatte viele Güter. 23 Jesus aber sprach zu seinen Jüngern: Wahrlich, ich sage euch: Ein Reicher wird schwer ins Himmelreich kommen. 24 Und weiter sage ich euch: Es ist leichter, daß ein Kamel durch ein Nadelöhr gehe, als daß ein Reicher ins Reich Gottes komme. 25 Da das seine Jünger hörten, entsetzten sie sich sehr und sprachen: Ja, wer kann dann selig werden? 26 Jesus aber sah sie an und sprach zu ihnen: Bei den Menschen ist's unmöglich; aber bei Gott sind alle Dinge möglich.

I.

"Hans im Glück" - eine so freundliche und liebliche Geschichte. Der dumme und glückliche Hans, Hänschen groß, ganz famos - kehrt nach Haus geschwind.

Wie geht es Ihnen dabei, wenn sie an diesen Hans denken? Ist er naiv, tumb, redet er sich sein Glück nur ein? Weil die Trauben zu hoch sind? Einer, der ständig verliert und sich einredet, es gehe ihm immer besser? Das gibt es ja im Leben bei denen, die keine Niederlagen ertragen können und sie schnell in faule Siege umlügen müssen. Ist der Hans auch so einer, Hans im "bißchen Schweine-Glück"?

Oder ist er wirklich im Glück, so daß er am Ende - bei aller Last des Goldes und des Wetzsteins - mit leichtem Herzen fortspringen kann, um daheim zu sein bei Mutter? Einer, der alle Lasten des Lebens von sich abwirft und frei, frei wie ein Vogel im Wind, ein wenig abgehoben vom Erdboden, dahinschwebt? Glücklich die geistlich Armen, sie sind nicht weit ab vom Reich Gottes. So oder so?

Also, ich will mich da noch nicht festlegen. Ich denke nur, es liegt beides drin. Als kleiner Junge in der Nachkriegszeit, als es nichts zu essen gab, von einem Klumpen Gold ganz zu schweigen, da ging von dem Märchen eine befremdlicher Reiz auf mich aus. Dieser Hans, der so leichthin alles verschenken kann und

dabei auch noch glücklich ist, der immer weniger hat und dabei immer leichter wird, den habe ich beneidet und bedauert zugleich. Ein Schwein für eine Gans? Nein, so etwas tu ich doch nicht. Ich sehe zu, daß ich das Schwein behalte oder - noch besser - für eine Kuh eintausche, vom Wetzstein für die Gans ganz zu schweigen. Aber dennoch: Schön, daß es solche Menschen gibt, leicht und heiter. Leicht können sie geben und nehmen; fragen nicht: "Was ist das wert", sondern sie lassen für den Strahl eines Sonnenscheins alles liegen. Ach, was ist schon ein Klumpen Gold wert, ein Pferd eine Kuh, ein Schwein, eine Gans? Hauptsache, ich bin glücklich. Und Hans ist doch am Ende glücklich? Meint er es, oder ist er es wirklich?
Ein liebenswerter Geselle, dieser Hans. Später, als ich Eichendorff gelesen habe, habe ich ihn immer mehr mit der Geschichte "Aus dem Leben eines Taugenichts" in Verbindung gebracht, obwohl es doch da ganz anders ist, denn der Hans hat ja vorher wacker und redlich gearbeitet. Sieben Jahre lang - alles andere als ein Taugenichts. "Du hast mir treu und redlich gedient und wie der Dienst war, so soll auch der Lohn sein", sagt der Meister. Ja, so ist's recht unter uns, der Wert der Arbeit wird gerecht aufgewogen. Das Gold hat er redlich verdient. Und dann, wie soll man es verstehen, schmilzt der Klumpen Gold unter seinen Fingern zusammen, so wie Eis in der Frühlingssonne. Ja, Gold ist zwar ein Edelmetall, aber sehr vergänglich und leicht. Äußerer Glanz, aber recht doppeldeutig.
Doch bei allem: Ein liebenswerter Gesell', der Hans, nicht wahr? Oder?

                              II.

Und da ist noch ein anderer Geselle - der reiche Jüngling. Der Hans im Pech nenne ich ihn einmal. Einer, dem, so scheint es, bisher alles in den Schoß fiel. Mit allen Gütern gesegnet ist er, glücklich dran und doch so zart und empfindsam und grüblerisch - so hat ihn jedenfalls Rembrandt auf dem "100-Gulden-Blatt" dargestellt. Ein junger Mann, der von Jesus gehört hat. In seiner Gegenwart wirst du wirklich glücklich, hört er. Also geht er hin und stellt ihm einfach die so schlichte Frage: "Was muß ich tun, damit ich das ewige Leben ererbe?" Oh weh, eine 100-Punkte-Frage; schwer, schwer, wie ein Klumpen Gold und ein Wetzstein zusammen. Diese Frage, denke ich mir, lastet schwer auf seinem jungen Leben, und er geht ganz gebeugt, in sich gekrümmt, daher, kann gar nicht mehr nach oben blicken und den Himmel sehen. Und diese Last auf seinen Schultern konnte er nicht einfach gegen Pferde und Kühe und Gänse eintauschen. Und, so glaube ich, dieser etwas schwermütige junge Mann bricht schier unter dieser Last zusammen.
Ob ihm der Reichtum einfach so zufiel oder ob er ihn redlich, wie unser Hans, in sieben Jahren erarbeitet hat, das weiß ich nicht.

Kann beides sein, so oder so, ob verdient oder nicht, nun habe ich das Gold. Was mache ich damit? Vom Glück geschlagen ist er. Womit habe ich das verdient, daß es mir so gut geht, daß mir alles gelingt und unter der Hand zu Gold verwandelt? Ja, so etwas gibt es! Menschen, die mit Erfolg geschlagen sind. So, wie bei der alten griechischen Sagengestalt des Polykrates, der geradezu unheimliches Glück hat und am Ende, damit es ihm die Götter nicht neiden, seinen goldenen Ring in das Meer wirft - den Göttern als Opfer. Doch der Fischer schenkt ihm einen Fisch, in dem der Ring verborgen wieder auftaucht. Unheimlich. "Da wendet sich der Gast mit Grausen". Die Götter wollen den Ring nicht. Polykrates ist verdammt zum Glück. Wer so viel Glück hat, der wird in der Tat unheimlich. Irgendwann, ja irgendwann, wird es sich wenden müssen, dann kommt die Katastrophe und alles bricht zusammen - wie in diesen Tagen in Kiel. Der Jüngling, Hans im Pech, ahnt es. So sitzt der schwer-reiche, schwer-arme, schwer-mütige Hans vor Jesus und scheint unter der Last seines Glückes, von dem er nicht loskommen kann, zusammenzubrechen. Glücklich-unglücklich, ein traurig-reicher Hans im Pech. Und dann noch die zentnerschwere Frage: "Wie bekomme ich das ewige Leben?". Spürt ihr die Last dieser Frage in diesem Augenblick? Wie kann ich sie einfach abwerfen, um wieder frei als Hans im Glück springen zu können?

III.

Doch blicken wir etwas genauer hinein in das Märchen und betrachten wir einige Einzelheiten. Sieben Jahre hat er bei seinem Herren gedient. Ja, das ist eine märchenhafte Zeit. Um wirklich gedient, die Lehrjahre ausgefüllt zu haben, muß man eben sieben Jahre dienen. Erst dann kann man Meister werden, Meister seines Lebens, um sein Leben meistern zu können. "Meine Zeit ist herum" sagt er daher ganz bestimmt. Er weiß, jetzt ist Zeit, um nach Hause zu gehen. Wir erfahren nicht, wo und was er gedient hat. Das ist, scheint's, unwichtig. Er hat gedient, gelernt, ausgelernt, ist reif für das Leben, für ein glückliches Leben, das ist alles.
Also, ich glaube, die sieben Jahre können auch für das ganze Leben stehen. Denn was ist ein Leben anders - wenn wir es recht betrachten - als Lehrjahre bei einem großen Meister. Und, ach, wenn wir doch fähig wären, wirklich "treu und redlich" zu dienen.
Er hatte "seinem Herrn" gedient, lese ich und auf einmal, wenn ich es zum dritten Mal lese, bekommt dies "seinem Herrn" noch eine andere Bedeutung. Nur andeuten will ich das. Es muß ja nicht so sein - doch warum nicht? Ein Bild für das ganze Leben hier auf Erden kann es schon sein, soll es sein.

Anmerkung:

1) Im November 1987, als dieses Märchen erzählt wurde, war die sogenannte "Barschel-Affäre" in aller Munde. An dieser Stelle der Auslegung ließ sich diese zeitgeschichtliche Parallele nicht verschweigen.

Heim zu "seiner Mutter" will der Hans, der ausgelernt hat. Dorthin zurück, von wo er ausgezogen ist ins Leben. Der Kreis rundet
sich. Er will nach Hause. Aus Erde bist du genommen, zu Erde
sollst du wieder werden. Und wir begleiten ihn in diesem Märchen
auf der Rückreise des Lebens nach Hause.
Treu und redlich hat er sein Leben lang gedient, alles gegeben,
was er zu geben hatte und nun empfängt er den gerechten Lohn.
Ja, so ist es gerecht. Ich bekomme, was ich verdiene. Ich verdiene, was ich bekomme. So urteilen wir Menschen und so entstehen Lasten, die wir zu tragen haben.

Er bekommt seinen Batzen Gold zum Tragen, d.h. nein "ein Stück
Gold" bekommt er, "das so groß wie Hansens Kopf war". Merkwürdig. Ein Stück Gold nur, ein kleines Stück vom unermeßlichen
Gold, ein Stückchen Gold, ein Stückchen ewiges Leben. Gold ist
die Farbe des ewigen Lebens! Ein Stück Gold also, "so groß wie
der Kopf". Ja, was müssen wir nicht alles im Kopf haben in unserem Leben. Manchmal meinen wir, er müsse zerspringen. "So groß
wie der Kopf". Soll das Gold den Kopf gar ersetzen, zum Doppel-
kopf werden? Oder wird das Gold zum Kopfersatz? Bei manchen Menschen schon. Wenn sie sich ein Leben lang mit ihrem Gold ab-
schleppen und dabei im wahrsten Sinn den Kopf verlieren, so tragen sie nur noch einen Goldklumpen auf dem Hals - lustig und
tragisch zugleich.
Merkt ihr, wie schwer das Stück Gold, der Klumpen Gold, werden
kann, wie er uns drückt und bedrückt? Ich kann's förmlich nach-
spüren, wie der Hans unter dieser Last leidet, in der Mittags-
hitze des Lebens, Goldlastesel, wozu er verdammt ist. Polykrates
läßt grüßen aus der Ferne. Und vielleicht ist das seine letzte
Lehrprobe, die ihm der Herr auferlegt hat, wie er nun mit diesem
Lohn umgeht. Hier muß er sein Meisterstück machen, damit er
selbst zum Meister wird. Und da der Hans gut gedient hat, "treu
und redlich", trifft er nachtwandlerisch sicher das Richtige. Er
gibt diese Gold-Last ab. Nicht mit einemmal - hauruck. Nein, das
wäre zu künstlich, zu gewaltsam, sondern peu à peu, so viel er
gerade kann. Ich finde, das ist sehr weise.
Ich kann nicht mit einem Kraftakt, in einem Augenblick, ein neuer, anderer Mensch werden, ein Meister meines Lebens. Dazu
braucht es wirklich Zeit, denn ein Meister ist noch nie vom Himmel gefallen. Dazu braucht es wirklich ein ganzes Leben, ein
ganzes. Und das ist - wie in allen Märchen - ein langer Weg. Ein
großes Stück Weg muß der Hans noch gehen, damit er immer leichter, es immer leichter wird, damit er am Ende nichts, aber alles
hat. Doch so weit sind wir noch nicht. Weise ist er aber, glücklich zu preisen, daß er nicht den Kopf verliert, sondern nur das
Gold , gerade das Gold, diese Last.
Ich denke versuchsweise das Märchen einmal anders weiter. Er
hätte gesagt: "Herr, das ist recht, daß ich den gerechten Lohn
erhalte. Nun will ich auch zusehen, daß ihn mir keiner wieder

wegnimmt - keiner!"Und er machte sich auf den Weg. Als der Reiter kam, sagte er: "Ja, du mit deinem wilden Gaul, du magst reiten in die Welt hinein. Aber ich habe viel mehr als du. Leben ist Arbeit und ist schwer. Keine Zeit für Reiterspäße. Sieh nur das Gold auf meiner Schulter". Und der Schweiß tropft ihm von der Stirn. Und abends legte er sich im Verborgenen am Bach nieder. Damit keiner sein Gold stehlen kann, legt er's unter seinen Kopf, als Kopfkissen. Doch es ist so hart, und er kann kaum schlafen, denn das Gold drückt schwer und auch die Angst, da möge einer kommen. Ich muß wachsam sein. Und als er doch einmal wegdämmert, schrickt er auf, ein Arm ist da, doch es ist - ach ja, nur ein Ast der Trauerweide am Bach. Und dann kam er nach langer, langer Zeit, die Tagestouren wurden immer kürzer, mit schwerem Herzen, tiefgebeugt von der Last, nach Hause geschlichen und er fand seine Mutter tot. Sie war am Tag zuvor gestorben. Die Mutter, von der er herkommt, die ihn ins Leben führte. Die Mutter. - Was für eine grausige Geschichte. - Hans im Pech. Wie das Märchen vom schwer-mütigen Jüngling, der die zentnerschwere Frage stellt: "Sag Jesus, ach Herr, was muß ich bloß tun, um das ewige Leben zu ererben?"

IV.

Und so sind wir wieder beim reichen Jüngling gelandet. Reich mit all seinen Goldklumpen, die sich um ihn herum vermehrt haben. Arm und schwer im Herzen, da seine Mutter, am Tag, als er nach Hause kam, gestorben ist. Und ich denke mir, er trauerte um sie. "Ach Mutter, meine Mutter, von der ich herkomme." Natürlich trauert er. Und so fragt er: "Herr, was muß ich bloß tun, um zu ihr zu kommen, um sie wiederzufinden, um das ewige Leben zu ererben?" Und Jesus sagt ihm: "Du kennst die Gebote". Und der traurige Hans antwortet: "Ja, natürlich kenne ich sie. Du hast sie mich doch gelehrt. Ich diene doch treu und redlich. Habe alle gehalten, alle, alle, soweit ich mich erinnern kann". - Und Jesus zieht das nicht in Zweifel, sagt nicht "Hoppla, nicht so selbstsicher". Er akzeptiert es. "Gut, also alles in Ordnung mit dir, gut, du trauriger Hans." Und dann sagt er weiter: "Hans, wenn es so ist, wenn das Gold so an dir klebt, so löse es ab, gib es weg, gib es den Armen und folge mir nach. Dann hast du, was du suchst, deine Mutter, ewiges Leben". Was für ein Angebot. Das Angebot des ewigen Lebens, und jeder würde sagen: Nichts wie zugreifen. So etwas kriegt man nicht alle Tage geboten. Doch da verliert der Jüngling seinen Kopf, um das Gold zu behalten. Bis hierher alles gut. Nun, wo es draufankommt, geht's daneben. Und er ging betrübt hinweg, denn er war sehr reich, kopflos, von Gold eingerahmt.
Ich möchte ihm noch ein wenig folgen, ihn begleiten. Und wenn er mich in seiner Trauer nötigt, eine Meile mit ihm zu gehen, so gehe ich zwei Meilen mit ihm, denn er braucht es. Ich höre ihm

zu, bloß zu, wenn er zu sich traurig spricht. Ich sage kein Wort, höre ihn reden: "Ach, ich spüre bei mir, am Golde hängt, zum Golde drängt doch alles, denn ich habe es mir ja redlich verdient und über all die Wege nach Hause geschleppt. Es gehört mir, habe es verteidigt vor Neidern und auf einmal soll ich's plitz-platz alles weggeben. Nein, das kann ich nicht, will ich nicht. Bisher sagten mir doch alle: Wer immer strebsam sich bemüht, der kriegt ein schönes Leben. Nein, das bringe ich nicht; vor allem alles auf einmal, so schnell. Das ist zu schwer. Oh, wie ist es schwer für mich, ins Reich Gottes zu kommen." - Ja, und ich würde ihn so weiterreden lassen, würde einfach neben ihm hergehen, ihm zuhören. Ich denke, er ist schon auf dem Wege. Er braucht bloß noch Zeit. Ich würde ihm keine Ratschläge geben, ihn gar ermahnen, beschuldigen, bedrohen. All das würde ihn wieder von seinem Weg abbringen. Ich würde ihn bloß weiter begleiten und vielleicht käme da einer uns entgegen. Nein, kein lustiger Reiter auf dem Pferd wie im Märchen, sondern Gott, verkleidet in Gestalt eines Bettlers und der traurige Hans würde sagen: "Ach ja, man kann es ja mal probieren - probieren geht über studieren". Und er würde ein bissel, ein klein bissel, von seinem Golde abgeben. Und der Weg zum ewigen Leben nähme so seinen Lauf. Wir wisen es, wie es der Hans weiter gemacht hat, peu à peu. --- Vielleicht! Und wenn es so wäre, ja dann hätte ihm Jesus doch den Weg gewiesen, als er ihm sagte: "Verkauf all deine Güter, verschenke sie und folge mir nach". Ist das bloß ein schöner Traum? Und wenn schon, erzählen nicht die Träume die echte, die bleibende Wahrheit unseres Lebens?

V.

Im Märchen geht der Traum in Erfüllung. Der glückliche Hans findet nach Hause, findet die Mutter "Mit leichtem Herzen und frei von aller Last sprang er fort, bis er daheim war bei seiner Mutter".
Vorher gab es noch eine letzte Prüfung und da müssen wir noch einmal genau hinschauen.Wetzstein - Scherenschleifer - Brunnen. Den Wetzstein, an dem die letzten Reste des Goldes abgewetzt werden können und die scharfe Schere,mit der man alles Vergangene, alles, was einen nach hinten noch bindet,mit einem Mal abschneiden kann, all das will ich mal draußen vor lassen. Aber da ist noch der Brunnen, in den die Steine fallen. Die beiden Wackersteine, schwerer noch als ein Klumpen Gold, drücken ihn ganz danieder: "Wie eine Schnecke kam er zum Feldbrunnen gekrochen". Ja, so langsam geht es oft, wenn man wirklich voran kommen will, um endlich, endlich frei zu werden und leicht springen zu können. Immer weniger hatte er auf seiner Reise zu tragen und Ballast mitzuschleppen. Gold, Pferd, Kuh, Schwein, Gans. Doch am Ende, ganz kurz vor dem Ziel, da kommt es noch einmal ganz dick. So doppelt schwer sind die Steine, als trüge

103

er   noch einmal die ganze Last der Welt auf sich. Am Brunnen wirft er sie nicht hastig ab, sondern "bedächtig, damit er
die Steine im Niedersitzen nicht beschädige", legt er sie neben
sich auf den Rand des Brunnens. Er stöhnt unter der Last - keine
selbstverdiente Goldlast mehr, eine fremde Last jetzt - und geht
doch sorgsam damit um, fast liebevoll. Und dann "plötzlich versah er's, stieß er ein klein wenig dran und beide Steine
plumpsten hinab". Wie von selbst, durch eine ganz kleine Berüh-
rung, ist die schwere, schwere Last verschwunden, hinab in den
tiefen Brunnen, ins dunkle Loch des Brunnens. "Hans, als er sie
mit seinen Augen in die Tiefe hatte versinken sehen, sprang hoch
vor Freude. Ja, so als habe er jetzt alle Last seines Lebens,
jetzt am Ende, endlich restlos abgeworfen; nein, als sei   ihm
abgenommen worden, als sei er erlöst, frei. "Und kniete nieder
und dankte Gott mit Tränen in den Augen, daß er ihm noch diese
Gnade erwiesen... So glücklich wie ich, rief er aus, gibt es
keinen Menschen unter der Sonne".
Also sagt: Ist es Ironie, macht sich das Märchen lustig über den
Tölpel-Hans oder ist es tiefe Wahrheit? Und wenn, wie einige
schlaue Leute, die Märchenforscher, meinen, die Brüder Grimm
sich tatsächlich über den dummen Hans lustig machen wollten -
was ich nicht glaube -, wenn es also wirklich so sein sollte,
wissen sie dann eigentlich, was sie tun? Wissen sie, daß sie gegen besseres Wissen oder aus einem unbewußten tieferen Wissen
heraus die Wahrheit sagen, die reine Wahrheit über unser Leben?
Und wer hat ihnen dabei die Feder geführt und den alten Märchen-
erzählern den Mund? Wer?
Frei von allem äußerlich so glänzenden Gold, das sich in Wahrheit nur als harter Wetzstein entpuppt, frei davon springt er
nun fort, heim zu seiner Mutter. Er kommt nach Hause, sein Leben
rundet sich. Ein rundes, abgerundetes Leben. Ewiges leben ist
Eintreten in einen Kreis, der ohne Anfang und Ende ist. Dies
kostet er schon, berührt es, als er frei springen kann, heim zu
seiner Mutter, von der er ausgezogen ist. "Was muß ich tun, um
das ewige Leben zu bekommen? --- Verkaufe und verschenke alles
was du hast und folge mir nach." So einfach und so schwer ist
das. So schwer und so federleicht, mit leichtem Herzen. - Ein
Weg für uns?

                        VI.

Habe ich euch heute abend fromme und unfromme Märchen erzählt,
bloße Märchen, in Goldlamée eingewickelt, inwendig bleiben es
aber harte Wetzsteine? Gibt es denn solch einen Hans im Glück
unter der Sonne? Ich kenne einen Hans im Glück, einen Franz im
Glück, der tatsächlich gelebt hat. Keine Legende, kein Märchen,
kein Traum, sondern eine wahre Geschichte. Franz im Glück, der
hl. Franz, Franz von Assissi, Glückspilz Traumtänzer und Polykrates in einem, zu Beginn seines Lebens. Verwöhnter Sohn reicher Eltern, mit Gold nur so umhängt.

Rechts und links und oben und unten klapperte es an ihm, an diesem schönen, weichen jungen Mann, so tänzelt er durch die Toscana und durch Reggio und Assissi im mittelalterlichen Italien der reichen Medici. Er weiß vor lauter Gold und schnellen Freunden und Genüssen gar nicht mehr, wo ihm der Kopf steht. Kopf verloren, Gold geboren. So war es. Und der Franz, tot, totsicher tot in seinem Goldpanzer, kommt zum Leben, wird neu geboren. Ja, ist es ein Wunder? Nein, kein Wunder, denn es geschah tatsächlich so, in Geschichtsbüchern, die ja die objektive Wahrheit sagen und nichts als die Wahrheit, nachzulesen. Er kommt als reicher Jüngling zu Jesus und fragt traurig und voll Sehnsucht: "Sag, wie kriege ich echtes, wahres Leben, das mich glücklich macht?". Und er erhielt die gleiche Antwort wie sein biblischer Vorgänger. Und nun kann ich euch nicht die ganze Lebensgeschichte des Franz im Glück nacherzählen. Ich zeige euch ein schönes Buch,[1] da könnt ihr es, wenn ihr wollt, alles nachlesen. Jedenfalls, der Franz verkaufte alles, was er hatte und schenkte es weg, tauschte sein Gold gegen gute Freunde, sprach mit Menschen und Tieren, zähmte den Wolf von Gubbio und den Papst von Rom, wurde zum Werkzeug des Friedens, leicht, feder-leicht, und kurz vor seinem Tode - so sagt man - hat er auch noch die letzten beiden Wetzsteine in den Brunnen fallen lassen und dann war er wirklich frei, frei wie die Vögel im Wind, mit denen er schon vorher zu reden pflegte, leicht und arm, leicht und mit Charme sprang er zu seiner Mutter Erde, Mutter Kirche, zu Mutter/Vater Gott. Das ist kein Traum; und wenn es einer wäre, so ist es doch die Wahrheit.

P. Janssens hat ein fröhliches Musical daraus gemacht, hat gespielt und gesungen vom Franz, von Franz im Glück, von Franz, dem armen, dem reichen, wie er arm, Arm in Arm, leicht mit Charme, einzieht ins Himmel-reich, einzieht ins Himmel-arm. Wir hören es einfach, denn da, was man in Worten nicht mehr sagen kann, mit den armen wetzsteinschweren Worten, davon muß man singen, denn in den Tönen und der Harmonie der Musik kostet man bereits das Reich Gottes und alles wird da leicht und frei.

"Ich seh' es kommen, daß alle Frommen arm werden und arm, Arm in Arm, leicht mit Charme, einziehen ins Himmel-reich, einziehen ins Himmel-arm "[2]

Anmerkung:
1) Gemeint ist das Buch von A. Holl "Franz von Assissi - Der letzte Christ"
2) Es werden Ausschnitte des Musicals "Franz von Assissi" von Peter Janssens - Erstaufführung: Kirchentag in Nürnberg 1977 - gespielt

SCHNEEWEISSCHEN UND ROSENROT

Jakob gewinnt mit List den Erstgeburtssegen

Und es begab sich, als Isaak alt geworden war und seine Augen zu schwach zum Sehen wurden, rief er Esau, seinen älteren Sohn, und sprach zu ihm: Mein Sohn! Er aber antwortete ihm: Hier bin ich. Und er sprach: Siehe, ich bin alt geworden und weiß nicht, wann ich sterben werde. So nimm nun dein Gerät, Köcher und Bogen, und geh aufs Feld und jage mir ein Wildbret und mach mir ein Essen, wie ich's gern habe, und bring mir's herein, daß ich esse, auf daß dich meine Seele segne, ehe ich sterbe. Rebekka aber hörte diese Worte, die Isaak zu seinem Sohn Esau sagte. Und Esau ging hin aufs Feld, daß er ein Wildbret jagte und heimbrächte.

Da sprach Rebekka zu Jakob, ihrem Sohn: Siehe, ich habe deinen Vater mit Esau, deinem Bruder, reden hören: Bringe mir ein Wildbret und mach mir ein Essen, daß ich esse und dich segne vor dem HERRN, ehe ich sterbe. So höre nun, mein Sohn, auf mich und tu, was ich dich heiße. Geh hin zu der Herde und hole mir zwei gute Böcklein, daß ich deinem Vater ein Essen davon mache, wie er's gerne hat. Das sollst du deinem Vater hineintragen, daß er esse, auf daß er dich segne vor seinem Tod. Jakob aber sprach zu seiner Mutter Rebekka: Siehe, mein Bruder *a* Esau ist rauh, doch ich bin glatt; so könnte vielleicht mein Vater mich betasten, und ich würde vor ihm dastehen, als ob ich ihn betrügen wollte, und brächte über mich einen Fluch und nicht einen Segen. Da sprach seine Mutter zu ihm: Der Fluch sei auf mir, mein Sohn; gehorche nur meinen Worten, geh und hole mir.

Da ging er hin und holte und brachte es seiner Mutter. Da machte seine Mutter ein Essen, wie es sein Vater gerne hatte, und nahm Esaus, ihres älteren Sohnes, Feierkleider, die sie bei sich im Hause hatte, und zog sie Jakob an, ihrem jüngeren Sohn. Aber die Felle von den Böcklein tat sie ihm um seine Hände und wo er glatt war am Halse. Und so gab sie das Essen mit dem Brot, wie sie es gemacht hatte, in die Hand ihres Sohnes Jakob.

Und er ging hinein zu seinem Vater und sprach: Mein Vater! Er antwortete: Hier bin ich. Wer bist du, mein Sohn? Jakob sprach zu seinem Vater: Ich bin Esau, dein erstgeborener Sohn; ich habe getan, wie du mir gesagt hast. Komm nun, setze dich und iß von meinem Wildbret, auf daß mich deine Seele segne.*b* Isaak aber sprach zu seinem Sohn: Wie hast du so bald gefunden, mein Sohn? Er antwortete: Der HERR, dein Gott, bescherte mir's. Da sprach Isaak zu Jakob: Tritt herzu, mein Sohn, daß ich dich betaste, ob du mein Sohn Esau bist oder nicht. So trat Jakob zu seinem Vater Isaak. Und als er ihn betastet hatte, sprach er: Die Stimme ist Jakobs Stimme, aber die Hände sind Esaus Hände. Und er erkannte ihn nicht, denn seine Hände waren rauh wie Esaus, seines Bruders, Hände.

Und er segnete ihn.

Als nun Isaak den Segen über Jakob vollendet hatte und Jakob kaum hinausgegangen war von seinem Vater Isaak, da kam Esau, sein Bruder, von seiner Jagd und machte auch ein Essen und trug's hinein zu seinem Vater und sprach zu ihm: Richte dich auf, mein Vater, und iß von dem Wildbret deines Sohnes, daß mich deine Seele segne. Da antwortete ihm Isaak, sein Vater: Wer bist du? Er sprach: Ich bin Esau, dein erstgeborener Sohn. Da entsetzte sich Isaak über die Maßen sehr und sprach: Wer? Wo ist denn der Jäger, der mir gebracht hat, und ich habe von allem gegessen, ehe du kamst, und hab ihn gesegnet? Er wird auch gesegnet bleiben.

Als Esau diese Worte seines Vaters hörte, schrie er laut und wurde über die Maßen sehr betrübt und sprach zu seinem Vater: Segne mich auch, mein Vater!*y* Er aber sprach: Dein Bruder ist gekommen mit List und hat deinen Segen weggenommen. Da sprach er: Er heißt mit Recht *g* Jakob*, denn er hat mich nun zweimal überlistet. Meine *h* Erstgeburt hat er genommen, und siehe, nun nimmt er auch meinen Segen.

ZWEI SEELEN WOHNEN, ACH JA, IN MEINER BRUST

1. Mose 27 ff.

DER JAKOB IM ESAU - DER ESAU IM JAKOB

Eine schlimme Geschichte! - Zwei Brüder, so gegensätzlich, wie sie nun einmal sind, wie Brüder meistens sind, stehen sich grundlos feindlich gegenüber. Im Streit von Anfang an, schon im Mutterleib beginnt es, welch Vorzeichen. Darauf kann kein Segen ruhen. Der eine, Esau, grobschlächtig und einfältig - der andere, Jakob, von feiner Gestalt und hinterlistig, gerissen. Kommt es uns bekannt vor? Wir können es auch so sehen: Zwei Brüder in uns selbst, Teile von uns, die uns unser ganzes Leben begleiten. Zwei Seelen wohnen, ach ja, in unserer Brust. Sie können zusammen nicht kommen, der Graben ist trotz gemeinsamen Mutterschoßes viel zu tief. So müssen sie auseinandergehen. Der eine nach Edom, ins heidnische Ausland, der andere für eine Zeit in die Fremde im Wartestand, solange Esau noch zu Hause ist. Für beide ist kein Platz auf dieser Welt, denn sie können nicht teilen. Kennen wir das?

Wie es dazu kam? Jakob, der Gerissene, jagt Esau die Erstgeburt ab für ein Linsengericht und danach auch noch den Segen des Vaters durch dreisten Betrug und durch Mutters Hilfe und Intrige. Wenn das keine Lebensgeschichte ist.

Doch so steht es in der Bibel. Da geht es wirklich menschlich zu. Keine harmonische Idylle, kein Paradies, nein "jenseits von Eden". Ich war gerade in Israel und habe ein Plakat mitgebracht, auf dem steht:"Israel ist nicht der Garten Eden".

In der Tat! Damals nicht und auch heute noch nicht. Kein Paradies, sondern Mord und Totschlag. So ist das Leben. Zwei sind schon zu viel auf dieser Welt, es reicht nur für einen, also Kampf und Krieg. Und wer ist stärker? Jakob wird siegen, alles besitzen wollen und verliert doch alles. Jakob, der später Israel, Ahnvater des Volkes, sein wird.
Jakob, der gerissene Lügner, der Trickser und Falschspieler. Jakob, der Erzlügner und Erzvater. Jakob, der alles will oder nichts, der alles bekommt und alles verliert, der in die Fremde fliehen muß, ins Exil.
Und Esau, der Betrogene, dessen schwerblütiges Blut kocht, der auf Rache sinnt, hinter ihm herjagt. Ist das das Leben. Sieht es so aus? Und wer von den beiden wohnt in uns? Esau, Jakob oder gar beide?
Und wo ist Gott? Ach ja, Gott. Spielt er hier überhaupt eine Rolle? Sieht er zu und wundert sich über das Trachten der Menschen, böse von Jugend an? Lächelt er, lacht er, spottet er, wendet er sich ab, leidet er, weint er, greift er ein, ist er hilflos? Oder faßt er sich entsetzt an den Kopf 'was habe ich hier bloß für eine Menschheit geschaffen'? 'Ich muß noch einmal neu beginnen, wie bei Noah'. Zu verdenken wäre es ihm nicht.

Gott schweigt. Mein Gott, warum hast du uns verlassen, uns so hinterlassen? Man müßte noch einmal mit dem Anfang beginnen, alles neu machen. Wir hören von einem neuen Anfang, im Märchen, das von der Wahrheit der Menschen träumt. Wir hören ein Märchen vom gelungenen Leben.

I.

Eine Idylle wird geschildert am Anfang dieses Märchens, in heimeliger Sprache, fast wie eine Postkarten-Idylle mit rotem Sonnenuntergang. Alles eitel Harmonie, Geborgenheit, friedliche Gartenlaubenromantik. Ist das Leben so? Oder ist es ein viel zu schöner Traum? Denn Jakob und Esau, sie stehen doch für das Leben, wie es nun einmal ist. Oder?
Doch: So ist das Leben - so kann es sein, behauptet das Märchen, auch wenn es nur ein Kunstmärchen ist, von den Gebrüder Grimm aus alten Elementen zusammengetragen, zusammengesetzt, kunstvoll aufbereitet. Oder doch künstlich? Nein, so ist das Leben von Ur-Anfang an, meint das Märchen. Lassen wir uns also darauf ein, versuchsweise, probeweise. Vielleicht finden wir uns ja doch wieder und vielleicht - nein, sicher - kommt ja auch noch Bewegung in das Märchen.

Im Anfang war das Paradies, im Anfang war die Harmonie, im Anfang war Frieden. Das ist die Botschaft des Märchens. Und deshalb - so habe ich sagen hören - lieben viele Menschen dieses Märchen, weil sie sich nach Harmonie und Geborgenheit, nach Versöhnung sehnen die sie so gern in ihr Leben hineinnehmen wollen. Und das Märchen sagt uns: Ja, das gibt es, das ist möglich inmitten unserer zerrissenen, garstigen Welt.

109

Da ist die Mutter, Ur-Mutter, mit ihren beiden Töchtern Schneeweißchen und Rosenrot. Sie leben selbtritt in ungebrochener Ein-
tracht, dem ruhig dahingleitenden Rhythmus der Natur hingegeben.
Da ist der Reiz von Sommer und Winter. Schneeweißchen still und
sanft, besinnlich und nach innen gekehrt, wie es an langen Win-
terabenden heimelig in der warmen Stube ist. Rosenrot lebendig,
beweglich und voll Tatendrang neugierig umherspringend, wenn sie
im Sommer über die Wiesen laufen kann. Innen und außen miteinander einträchtig verbunden. Idylle - und doch schon die
Botschaft: Die beiden Mädchen, gegensätzlich wie Winter und Sommer, sie gehören zusammen im ruhigen Fließgleichgewicht, ergänzen sich wie weiß und rot, wie Unschuld und Liebe, wie Reinheit
und Schönheit, sie sind miteinander versöhnt. "Die beiden Kinder
hatten einander so lieb, daß sie sich immer an den Händen faßten,
so oft sie zusammen gingen." Die Gegensätze vereinen sich, streben nicht auseinander wie bei Esau und Jakob. Der sanfte, ruhige
Blick in die Tiefe nach innen im schneeweißen Winter und der
neugierige, lebendige Blick in die Weite nach außen in rosenroter Blütenpracht des Sommers, das muß keine Konkurrenz sein. Das
paßt zusammen und ineinander wie Saat und Ernte, Frost und
Hitze, Sommer und Winter, Tag und Nacht. Die Natur ist Vorbild,
Urbild. Und beides zusammen macht erst das volle Leben aus. Von
Ur-Mutter Natur bewacht und beschützt.

Ja, das Gleichmaß der Natur, das Maß und das Maßvolle sind hier
Vorbild. Kein ewiger Kampf, sondern gleitender Übergang, wobei
sorgsam auch auf das Kleine und wie Nebensächliche geachtet
wird. Es wird betrachtet und für wert erachtet und liebevoll in
Einzelheiten beschrieben. Die Menschen sind wie Blumen, die
langsam wachsen und in der vollen Reife erst zur Blüte kommen
werden - nicht zu schnell, sondern mit Bedacht. Daher dieses
feinsinnige, liebevolle, breit entfaltete Gemälde: Schneeweißchen und Rosenrot reichen sich die Hände. Alles noch ohne Dramatik, keine Bewegung. Oder doch die Dramatik einer so großen
Harmonie, die uns - so scheint es - verloren gegangen ist? Die
Unschuld eines Lebens, die noch vor uns liegt, weil wir sie
längst verlassen haben? Das dramatische Bild eines wirklich er-
füllten, gefüllten Lebens? Gibt es das? Ärgert es uns? Ist es
also doch nur ein allzu frommes Kunst-Märchen? Eine Bedingung,
wenn es denn eine ist, wird dafür allerdings genannt. Eine
Bedingung, wie diese Harmonie entstehen und erhalten bleiben
kann. Die Mutter sagt zu den beiden: "Was das eine hat, soll's
mit dem anderen teilen". In der mütterlichen Welt des gegenseitigen Teilens da herrscht urzeitliche, endzeitliche Harmonie. So
wie - wenn es erlaubt ist, darauf zu blicken - einst Eva dem
Adam von der Frucht abgab, sie teilte und wollte die Macht nicht
für sich allein behalten. Ja, das ist das Paradies, wo wir ge-
gegenseitig teilen und abgeben, so wie es ansatzweise recht verstanden, im Abendmahl geschieht. Das Geheimnis des Lebens, das

Geheimnis des Friedens, der Harmonie.

Wie anders als bei Esau und Jakob. Wo Erstgeburt und Segen hinterhältig geraubt werden, wo es kein Teilen gibt, sondern nur: Ich siege und habe alles - du verlierst und hast nichts. Und der Sieger muß fliehen vor der Rache des Verlierers. Kein Teilen, kein Leben, kein Frieden, keine Versöhnung. Das erschreckende Gegengemälde des Lebens. Ist das unser Leben? Oder doch das andere: 'Was der eine hat, soll er mit dem anderen teilen'? Sehen wir zu, wie das Märchen weitergeht.

II.

Es ist nicht alles eitel Harmonie im Leben und im Märchen auch nicht. Es ist ein wahres Märchen. Da ist der Abgrund, an dem die Mädchen im Wald schlafen, beide, dicht davor. Ein Engel bewacht sie noch. Doch wird immer ein Engel zur Stelle sein? Was ist, wenn die Kinder größer, erwachsener werden? Verlieren sie dann ihre Unschuld? Geht dann die Harmonie verloren, zerstoben der Traum vom Paradies? Erwachsen zu werden, das kann ich ja nicht verhindern. Irgendwann bin ich es einfach. Das ist der Lauf des Lebens. Die Zeit läuft, ich kann sie nicht anhalten. Irgendwann werden ein Schneeweißchen und Rosenrot erwachsen sein und ob sie sich dann noch an ihren Händen halten? Erwachsen, das heißt meist fertig sein und andere fertig machen. So sagt es unsere Lebenserfahrung. Wie kann ich das verhindern, ohne kindisch klein zu bleiben, stehenzubleiben auf dem Stand eines Kindes?

Denn einfach darauf zu verzichten, wachsen zu wollen, wie Otto Matzerat in der "Blechtrommel", das ist ja kein Ausweg. Das wäre in der Tat künstlich. Dann würde ich als alter Zwerg vergreisen und verwelken. Der Zwerg wird ja auch noch auftauchen in diesem Märchen. Also wachsen, reifen, zunehmen an Weisheit und Erkenntnis und doch Kind bleiben, ein göttliches Kind, in innerer Harmonie, das ist das Ziel. Und das Märchen will sagen: Jeder von uns ist ein göttliches Kind von Anfang an. Wachse und bleibe es ein Leben lang. Du kannst es. Wie geht das zu?

Da kommt der Bär, der Tierbräutigam. Etwas völlig Neues bricht ein. Ein Mann kommt in das Leben der drei Frauen, mit zottigem Pelz, laut brummend, bricht er ein in die Idylle. Bewegung, ja Aufregung entsteht, alles fleucht davon, die Mädchen verkriechen sich unter Mutters Bett; ach ja, wo sonst. Ein Mann macht Angst. Und wie gehe ich mit der Angst um? Verdrängen oder ihr ins Auge blicken? "Fürchtet euch nicht" sind daher die ersten Worte des Bären, die Botschaft des Bären-Engels. Und mancheiner mag in Gedanken hinzufügen: "Siehe, ich verkündige euch große Freude". Aber so weit sind wir noch längst nicht. Lustig, ja mit augenzwinkerndem Humor wird das Folgende beschrieben. Es geht alles spielerisch zu mit dem Bärenbräutigam, unter dessen Fell das Gold für einen Augenblick bereits aufblitzt. Die Mutter, lebensklug, beruhigt die Kinder: "Kommt hervor, der Bär tut euch nichts, er meint es ehrlich". Wie schön, wenn es Männer bei kleinen Mädchen ehrlich meinen. - Sie spielen mit ihm, nähern sich ihm spielerisch an, klopfen den zottigen Pelz aus, er brummt dabei behaglich, treiben gar Mutwillen mit ihm, er läßt es sich gefallen! Ja, denn der Bär braucht auch Wärme und Nähe. Welcher Bär, welcher Mann braucht das nicht? Denn draußen vor der Tür, da würde er erfrieren. Die Angst vor dem Bärenungeheuer muß hereingelassen werden und langsam, mit Bedacht betrachtet, ganz natürlich erprobt, gezähmt, erorbert werden. Also, da steckt wirklich viel Humor und Lebensklugheit drin. Ganz leicht geht alles zu. Die Harmonie ist nicht zerstört; aber Bewegung, Entwicklung kommt in sie hinein. So wie ein Stein ins Wasser fällt und langsam ruhige Wellen schlägt. Mit Bedacht, auch hier wird das Maß, das rechte Maß gewahrt. Der Bär, oh wie klug er ist, setzt selbst dem übermütigen Spiel eine Grenze, damit es nicht Ernst wird vor der Zeit. "Nur wenn es zu arg ward, rief er:'Laßt mich am Leben Kinder. Schneeweißchen, Rosenrot schlägst dir den Freier tot'."

Ja, nun wissen wir es wirklich - er ist der Freier, der sie befreit aus der kindlichen Urharmonie. Er führt sie sanft hinein in das Leben. Ein Freier-Bär und jung gefreit... doch soweit sind wir längst noch nicht. Die Entwicklung fängt ja gerade erst an, die zarten Knospen beginnen erst aufzublühen.

Der Bär bleibt im Haus, als Hausgenosse, Haustier, nicht Untier. Über den Winter bleibt er, doch im Frühjahr treibt es ihn wieder hinaus in die Natur, aus dem heimligen Haus in den dunklen Wald, wo er seine Schätze vor dem bösen Zwerg behüten muß. Der Konflikt deutet sich an mit dem Zwerg, der das Wachsen vergessen hat. Der Winter im Haus, wo es behaglich ist bei Schneeweißchen. Den Sommer in der blühenden Natur, durch Wälder streifend - Rosenrot läßt grüßen von fern. So hat der Bär auch zwei Seelen, ach ja, in seiner Brust vereint. Ja, ahnt ihr schon, mit wem er sich vermählt am Ende, wenn sein Prinzengold voll strahlen soll? Doch noch lugt nur ein bissel hervor, mehr nicht. Noch sehen wir es nur ganz zaghaft, wie es sich gebührt. Der Bär verschwindet wieder - auf Zeit. Doch sehen wir zu, wie es weitergeht.

III.

Ja, jetzt hat der Zwerg das Sagen. Das Zwergengewissen, das da sagt, was man tun und lassen soll, das uns quält und zwickt und zwackt. Der vertrocknete, verholzte, verwelkte Zwerg, der irgendwann einmal aufgehört hat zu wachsen, klein geblieben und nun ausgetrocknet ist. Nur der allzulange weiße Bart erinnert daran, wie alt, uralt er im Grund ist, viel zu alt, im Grunde ist er ein Witz, der einen Bart hat. Kindermoral mit einem ellenlangen Bart, die uns das Leben neidet, die uns die Unschuld neidet, die uns die Liebe neidet. Der giftige Zwerg, der nur horten und hasten und aufsagen und festkrallen und zetern kann. Ein Gebilde aus Moral und Drohung und schlechtem Gewissen - fürchterlich.

Manche meinen, er sei die Kehrseite des Bären. Die Seite von ihm, die noch befreit werden müsse. Mag ja sein. Manche meinen, er sei das Über-Ich-Gewissen der beiden Mädchen; das kindlich kleine Gewissen 'Ich bin klein, mein Herz ist rein ...", das eben einen ellenlangen Bart hat, den man mit der Zeit stutzen muß. Mag ja auch sein. Ich denke, der Zwerg hat sich ums Leben betrogen. Der Zwerg, der uns zeternd entgegensteht, der Zwerg in uns. Er wollte immer klein und kindlich bleiben, hat aufgehört zu wachsen, zu reifen. Er ist etwas in uns, das sich sperrt, erwachsen zu werden, und nun zappelt es und nervt uns. Ein verklemmtes Kindergewissen, das in der Tat zurechtgestutzt, beschnitten, jedoch nicht völlig abgeschnitten, werden muß.

Ich denke, in jedem von uns steckt solch ein nörgelndes Kind mit einem ellenlangen Bart, das noch lange nicht erwachsen geworden ist, ob wir nun 2o, 4o oder 7o Jahre alt sind. Da sagt Paulus einst mit Recht: 'Als ich erwachsen war, tat ich ab, was kindisch ist'. Und dabei hatte er durchaus Jesu Wort im Sinn: 'Wenn ihr nicht werdet wie die Kinder'. Dem widerspricht er nicht, im Gegenteil: 'Wenn ihr nicht werdet wie die Kinder, die wachsen und reifen wollen, dann könnt ihr nicht wahrhaft erwachsen werden'.

Also, auf und dem Zwerg in uns den Bart beschneiden, der uns quält und mit Macht kleinhalten will, wie er selbst ist!

Die beiden Mädchen, ja wie gehen sie mit ihm um? Sie verspotten ihn nicht, verachten, töten, ignorieren ihn nicht, lassen sich von ihm aber auch nicht irre machen, gehen mit ihm ganz selbstverständlich um. Retten ihn dreimal aus Todesangst, indem sie ihn immer etwas mehr zurechtstutzen, zweimal den Bart, einmal den Rock, bis er langsam ganz seine Macht verliert und entfleuchen muß. Konkret: Die Mädchen hören auf die nervige Zwergenstimme in sich, nehmen das quälige Gewissen in sich wahr, gehen darauf ein, ohne sich dabei zu verlieren. Sie haben ja schon den Bären kennengelernt, mit ihm gespielt. Sie wissen, daß er ein lustiger, freundlicher Geselle ist. Daraus gewinnen sie Kraft, dem Zwerg standzuhalten. Denn hier kommt es jetzt wirklich zur inneren Bewährung für die zwei. Noch einmal kämpfen zwei Seelen in ihrer Brust, ach ja. Nach außen: Bär und Zwerg. Nach innen: Freude an der Begegnung mit dem Leben und das Über-Ich-Gewissen, das an allem herumnörgelt, wie zwei Mühlsteine, zwischen denen man zerrieben werden kann. Aber: Da war ja die spielerische Einübung in das Leben durch den Bären, durch den Freier, der uns frei macht. Das zwergenhafte, zwanghafte Über-Ich hat keine Chance dagegen. Der Bär gewinnt.

So geht das Märchen gut aus. Schön ist das. Es kann aber nur gut ausgehen, weil die Mädchen am Anfang lange Zeit in dieser Idylle und Harmonie gelebt haben und langsam, behutsam gereift sind, verbunden mit der Ur-Mutter Natur.

Seht es euch doch dagegen an bei Esau und Jakob, wie es da begann.
Weil sie den Bären nicht draußen vor der Tür in der Kälte stehen lassen, als er um Eingang bittet. Weil sie ihn reinholen in ihr Leben, obwohl sie am Anfang Angst haben. Weil sie sich ihn zum Gefährten, Vertrauten machen. Weil sie ihn zähmen, wie der kleine Prinz den Fuchs zähmt. Ein gezähmter Bär ist ein guter Bär, der hilft in allen Lebensnöten, wie es sich im Märchen zeigt - der Bräutigam Bär. Weil sie ihn wieder ins Freie lassen, im Sommer, als er weg muß, raus muß. Weil sie ihn nicht zu früh und voreilig binden. Weil sie den Kampf mit dem Zwerg aufnehmen in sich, nicht fliehen, sondern ihm ins Angesicht blicken. Helfen, ohne selbst hilflos zu sein. Keine hilflosen Helfer. Gelehrige Helfer, reife Helfer, erwachsene Helfer. Weil der Bär in ihnen, für sie - wie ihr wollt - den Zwerg, das Nichts, mit einem Tatzenschlag am Ende erledigt.
Und, oh Weisheit des Märchens, in dieser tatsächlich dramatischen Entwicklung - kein stilles Wasser, kein Stilleben - siegt, nein gewinnt, nein kommt ans Licht am Ende die reine Liebe, weiße Unschuld und rote Liebe vereint. Du kannst erwachsen werden, ohne fertig zu sein und andere fertig zu machen. Du kannst erwachsen werden, ohne verknöcherter Zwerg oder vertrockneter Greis zu sein. Du kannst erwachsen werden und doch Kind, göttliches Kind bleiben. Wenn ihr nicht werdet wie die Kinder, könnt ihr nicht erwachsen werden. Die Schätze der Kindheit werden heimgeholt. Kindheitsschätze, die der Zwerg hortet und nicht hergeben will - wie Jakob bei Esau. Ich kann die Schätze heimholen ins Leben. Die Rosenbäumchen blühen wieder. Die Liebe siegt, kommt ans Licht. Rot wie das volle Leben, weiß wie die Reinheit - im Leben versöhnt - keine Idylle, sondern harte Arbeit innerlichen Reifens.
Und, damit am Ende Humor und Leichtigkeit das Feld beherrschen, der goldene Bärenprinz heiratet - natürlich - Schneeweißchen, bei der er im Winter zu Gast war. Der Winterbär - natürlich - wie sollte es auch anders sein. Und für Rosenrot ist der Bruder da. Der Bruder? Den gab es doch bisher noch gar nicht! Ach, ihr Schlaumeier, der Bruder, das ist doch - muß ich das extra noch sagen - die andere Seite des Bären, der Sommerbär, denn Winter und Sommer, Schneeweißchen und Rosenrot, sie gehören untrennbar zusammen; von Anfang an, auf einen neuen Anfang hin, gereift wie Saat und Ernte, Frost und Hitze, Kind und Erwachsene, Frau und Mann, Mensch und Gott.

Das Märchen schildert den Weg des Menschen zu sich selbst, zu anderen Menschen hin, von Harmonie zu Harmonie, von Paradies zu Paradies, vom Uranfang bis zum neuen Anfang, also bis zu Ende, beschreibt ein Ideal. Ein Ideal? Die Bibel kennt die Menschen, wie sie nun einmal sind, weiß in erschreckender Nüchternheit: Wie Esau und Jakob sind sie in Wirklichkeit. Kein Garten Eden da, weder damals noch heute. Wo Jakob und Esau sich gegenseitig treten und zwacken wie zwei garstige Kleinkinder, Zwerge die sie sind. Zwei Kinder wohnen, ach ja, in meiner Brust. Das hinterlistige, raffgierige Kind und das dumme Kind, das sich übertölpeln läßt und dann auf Rache sinnt. Ist es nicht so? Es ist so!

Jakob muß fliehen in die Fremde ohne Vater und Mutter, ohne Bruder, ohne Gott. Doch es treibt ihn wieder zurück, unwiderstehlich. Wie sollte es auch anders sein; zurück zu den Anfängen. Wir kehren stets zurück zu unseren Anfängen, unwiderstehlich. Und nun hat die Bibel den Mut, den unverschämten Mut, einfach Gott ins Spiel zu bringen. Das ist schon gewagt, wenn ich, wo es doch bisher so arg allzumenschlich zuging, auf einmal plitzplatz von Gott rede, von Gott her denke. Doch wenn nichts mehr zwischen Menschen geht, wenn alles so kaputt ist wie bei Esau und Jakob, da muß Gott ran, da kann nur Gott noch helfen - in der Tat. Nicht als Wunderknabe, sondern als Gesprächspartner, als Kampfgenosse gar. Schneeweißchen und Rosenrot, sie brauchen keinen Gott, der von außen eingreift, denn er war schon von Anfang ganz bei ihnen, in ihnen, ohne daß uns das groß auf die Nase gebunden werden muß. Das göttliche Kind in ihnen, das sie bewahrt und reifen läßt, in Maßen, maßvoll. Jakob dagegen war nicht nur von allen guten Geistern verlassen, als er Esau betrog, sondern eben auch von Gott - war von Gott geflohen. Da war kein Wachsen und Reifen. In der Fremde, lange Jahre sind es, übermannt ihn das Heimweh und treibt ihn zurück.

"Ich will nach Hause, auch wenn ich nicht mehr wert bin, der Sohn zu sein". Und da kommt es zur Begegnung mit Gott. Am Fluß Jabbok in der Nacht. Und ein Ungeheuer, weder Bär noch Zwerg, Gott selbst kann es sein, oder einer wie er, überfällt ihn. Es geht ums Ganze. Und Jakob kämpft ohne Unterlaß; die ganze, lange Nacht durch. Die Nacht seines Lebens, die Hälfte seines Lebens, wenn der Tag die andere ist. Er ringt mit Gott. Er läßt nicht locker, der einst feige, listige, hinterhältige Jakob. Jetzt ist er echt und stellt sich. Echt, wie Schneeweißchen und Rosenrot ein Leben lang - "Ich lasse dich nicht, du segnest mich denn. Heh Gott, jetzt wirst du mich nicht mehr los, ich klammere mich an dich, mich kannst du nicht mehr abschütteln, und wenn ich auch hierher hinken muß, ich will deinen Segen - deinen, nicht den von Esau geraubten. Deinen Segen brauche ich fürs Leben".

115

Ein gewaltiger Kampf, ein Kampf, der bei manchem ein Leben lang dauert. Ein halbes Leben, ein Jahr, ein Tag, eine Sekunde vielleicht. Doch was ist hier schon Zeit? 1000 Jahre sind hier wie ein Tag oder der Bruchteil davon. Und Jakob kommt hindurch und findet Gott, läßt sich neu von Gott finden, und Jakob wird neu geboren, gewinnt sich, das Leben, seinen Bruder Esau neu, gewinnt Liebe und neue Reinheit. Israel wird er künftig genannt. Israel - das Israel, das wir heute sehen. Sündig, häßlich und doch schön und voll Hoffnung, voll Vertrauen auf Gott. Gott hat uns auch nach dem Kampf keinen Rosengarten, keinen Garten Eden versprochen. Das ist unser Leben.
Ein Märchen erzähle ich euch? Ach ja, zwei Seelen wohnen in unserer Brust. Die Seele von Schneeweißchen und Rosenrot, schön und rein - die Seele von Esau und Jakob, häßlich und schmutzig - die Seele von Jakob-Israel, schön und häßlich zugleich.

Du schöner Mensch, wenn du denn schön bist und Gott schon in dir wohnt und schön zeltet, so gehe hin in Frieden. Du brauchst den Kampf mit Gott nicht mehr, er ist schon in dir drin, auch wenn du es selbst noch nicht siehst und glaubst. Geh hin in Frieden und traue ihm und zeige ihn und lebe ihn - wie die beiden Kinder im Märchen.
Du häßlicher Mensch, wenn du denn wirklich so häßlich bist, kämpfe mit Gott wie Jakob am Jabbok. Kämpfe mit ihm und laß nicht locker bis zum Morgengrauen, und du wirst schön werden, schön wie Gott dich schuf; schön, wie er dich formte, bildete, als sein Ebenbild. Schön wie du Mann, du Frau, du Bär, du Zwerg, du rosenroter, schneeweißer Mensch. Gott hat dich dazu bestimmt, schön und gut und heil zu sein. Und wenn du es nicht glauben solltest, du häßlich-schöner Mensch, so nimm dir Gott vor, kämpfe mit ihm, er läßt es sich gefallen, wie der Bär sich den Mutwillen der Mädchen gefallen ließ. Du wirst erfahren: Ja, er läßt sich auf dich ein. Er ist dein Freier, der, der dich frei macht.

Das ist der Weg der Bibel, der ganzen Bibel, bis auf Jesus hin, dem Menschen Jesu, dem wahren Menschen Jesu, dem wahren Gott. Das ist der Weg, das ist ein Weg. Für mich ist es der einzige Weg, für mich.

Eine wahre Geschichte habe ich euch hier erzählt, ich habe sie gerade für euch geträumt.

GEVATTER TOD

GEVATTER TOD

Es hatte ein armer Mann zwölf Kinder und mußte Tag und Nacht arbeiten, damit er ihnen nur Brot geben konnte. Als nun das drei-
zehnte zur Welt kam, wußte er sich in seiner Not nicht zu helfen, lief hinaus auf die große Landstraße und wollte den ersten,
der ihm begegnete, zu Gevatter bitten. Der erste, der ihm begegnete, das war der liebe Gott, der wußte schon, was er auf dem
Herzen hatte und sprach zu ihm: "Armer Mann, du dauerst mich,
ich will dein Kind aus der Taufe heben, will für es sorgen und
es glücklich machen auf Erden". Der Mann sprach: "Wer bist du?"
- "Ich bin der liebe Gott." -"So begehr ich dich nicht zu Gevatter", sagte der Mann, "Du gibst dem Reichen und lässest den Armen hungern." Das sprach der Mann, weil er nicht wußte, wie
weislich Gott Reichtum und Armut verteilt. Also wendete er sich
von dem Herrn und ging weiter. Da trat der Teufel zu ihm und
sprach: "Was suchst du? . Willst du mich zum Paten deines Kindes
nehmen, so will ich ihm Gold die Hülle und Fülle und alle Lust
der Welt dazu geben." Der Mann fragte: "Wer bist du?" - "Ich bin
der Teufel". - "So begehr ich dich nicht zum Gevatter", sprach
der Mann, "du betrügst und verführst die Menschen." Er ging weiter, da kam der dürrbeinige Tod auf ihn zugeschritten und
sprach: "Nimm mich zu Gevatter." Der Mann fragte: "Wer bist du?"
- "Ich bin der Tod, der alle gleich macht." Da sprach der Mann:
"Du bist der Rechte, du holst den Reichen wie den Armen ohne

Unterschied, du sollst mein Gevattersmann sein." Der Tod antwortete: "Ich will dein Kind reich und berühmt machen, denn wer mich zum Freunde hat, dem kann's nicht fehlen." Der Mann sprach: "Künftigen Sonntag ist Taufe, da stelle dich zu rechter Zeit ein." Der Tod erschien, wie er versprochen hatte, und stand ganz ordentlich Gevatter.

Als der Knabe zu Jahren gekommen war, trat zu einer Zeit der Pate ein und hieß ihn mitgehen. Er führte ihn hinaus in den Wald, zeigte ihm ein Kraut, das da wuchs, und sprach: "Jetzt sollst du dein Patengeschenk empfangen. Ich mache dich zu einem berühmten Arzt. Wenn du zu einem Kranken gerufen wirst, so will ich dir jedesmal erscheinen: steh ich zu Häupten des Kranken, so kannst du keck sprechen, du wolltest ihn wieder gesund machen, und gibst du ihm dann von jenem Kraut ein, so wird er genesen; steh ich aber zu Füßen des Kranken, so ist er mein, und du mußt sagen, alle Hilfe sei umsonst und kein Arzt in der Welt könne ihn retten. Aber hüte dich, daß du das Kraut nicht gegen meinen Willen gebrauchst, es könnte dir schlimm ergehen."

Es dauerte nicht lange, so war der Jüngling der berühmteste Arzt auf der ganzen Welt. "Er braucht nur den Kranken anzusehen, so weiß er schon, wie es steht, ob er wieder gesund wird oder ob er sterben muß", so hieß es von ihm, und weit und breit kamen die Leute herbei, holten ihn zu den Kranken und gaben ihm so viel Geld, daß er bald ein reicher Mann war. Nun trug es sich zu, daß der König erkrankte: der Arzt ward berufen und sollte sagen, ob Genesung möglich wäre. Wie er aber zu dem Bette trat, so stand der Tod zu den Füßen des Kranken, und da war für ihn kein Kraut mehr gewachsen. Wenn ich doch einmal den Tod überlisten könnte, dachte der Arzt, er wird's freilich übelnehmen, aber da ich sein Pate bin, so drückt er wohl ein Auge zu: ich will's wagen. Er faßte also den Kranken und legte ihn verkehrt, so daß der Tod zu Häupten desselben zu stehen kam. Dann gab er ihm von dem Kraute ein, und der König erholte sich und ward wieder gesund. Der Tod aber kam zu dem Arzte, machte ein böses und finsteres Gesicht, drohte mit dem Finger und sagte: "Du hast mich hinter das Licht geführt: diesmal will ich dir's nachsehen, weil du mein Pate bist; aber wagst du das noch einmal, so geht dir's an den Kragen, und ich nehme dich selbst mit fort."

Bald hernach fiel die Tochter des Königs in eine schwere Krankheit. Sie war sein einziges Kind, er weinte Tag und Nacht, daß ihm die Augen erblindeten, und ließ bekanntmachen, wer sie vom Tode errettete, der sollte ihr Gemahl werden und die Krone erben. Der Arzt, als er zu dem Bett der Kranken kam, erblickte den Tod zu ihren Füßen. Er hätte sich der Warnung seines Paten erinnern sollen, aber die große Schönheit der Königstochter und das Glück, ihr Gemahl zu werden, betörten ihn so, daß er alle

Gedanken in den Wind schlug. Er sah nicht, daß der Tod ihm zornige Blicke zuwarf, die Hand in die Höhe hob und mit der dürren Faust drohte; er hob die Kranke auf und legte ihr Haupt dahin, wo die Füße gelegen hatten. Dann gab er ihr das Kraut ein, und alsbald röteten sich ihre Wangen, und das Leben regte sich von neuem.

Der Tod, als er sich zum zweitenmal um sein Eigentum betrogen sah, ging mit langen Schritten auf den Arzt zu und sprach: "Es ist aus mit dir, und die Reihe kommt nun an dich", packte ihn mit seiner eiskalten Hand so hart, daß er nicht widerstehen konnte, und führte ihn in eine unterirdische Höhle. Da sah er, wie tausend umd tausend Lichter in unübersehbaren Reihen brannten, einige groß, andere halbgroß, andere klein. Jeden Augenblick verloschen einige, und andere brannten wieder auf, also daß die Flämmchen in beständigem Wechsel hin und her zu hüpfen schienen. "Siehst du", sprach der Tod, "das sind die Lebenslichter der Menschen. Die großen gehören Kindern, die halbgroßen Eheleuten in ihren besten Jahren, die kleinen gehören Greisen. Doch auch Kinder und junge Leute haben oft nur ein kleines Lichtchen." - "Zeige mir mein Lebenslicht", sagte der Arzt und meinte, es wäre noch recht groß. Der Tod deutete auf ein kleines Endchen, das eben auszugehen drohte, und sagte: "Siehst du, da ist es." - "Ach, lieber Pate", sagte der erschrockene Arzt, "zünde mir ein neues an, tut mir's zuliebe, damit ich meines Lebens genießen kann, König werde und Gemahl der schönen Königstochter." - "Ich kann nicht", antwortete der Tod, "erst muß eins verlöschen, eh ein neues anbrennt." - "So setzt das alte auf ein neues, das gleich fortbrennt, wenn jenes zu Ende ist", bat der Arzt. Der Tod stellte sich, als ob er seinen Wunsch erfüllen wollte, langte ein frisches großes Licht herbei; aber weil er sich rächen wollte, versah er's beim Umstecken absichtlich, und das Stückchen fiel um und verlösch. Alsbald sank der Arzt zu Boden und war nun selbst in die Hand des Todes geraten.

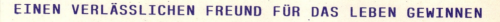

EINEN VERLÄSSLICHEN FREUND FÜR DAS LEBEN GEWINNEN

Lukas 22, 19-46

IM GARTEN GETHSEMANE WAR JESUS GANZ ALLEIN

Jesus in Gethsemane

³⁹ Und er ging hinaus nach seiner Gewohnheit an den Ölberg. Es folgten ihm aber seine Jünger. ⁴⁰ Und als er dahin kam, sprach er zu ihnen: *Betet, auf daß ihr nicht in Anfechtung fallet!* ⁴¹ Und er riß sich von ihnen einen Steinwurf weit und kniete nieder, betete ⁴² und sprach: Vater, willst du, so nimm diesen Kelch von mir; *doch nicht mein, sondern ›dein Wille geschehe!* ⁴³ Es erschien ihm aber ein Engel vom Himmel und stärkte ihn. ⁴⁴ Und es geschah, daß er mit dem Tode rang und betete heftiger. Es ward aber sein Schweiß wie Blutstropfen, die fielen auf die Erde. ⁴⁵ Und er stand auf von dem Gebet und kam zu seinen Jüngern und fand sie schlafen vor Traurigkeit ⁴⁶ und sprach zu ihnen: Was schlafet ihr? Stehet auf und betet, auf daß ihr nicht in Anfechtung fallet!

I.

Ein Märchen, das schlimm ausgeht. Und das ist das einzig Schlimme an diesem Märchen. Sonst ist es ein schönes Märchen, schön und gut, gut und schön. Ein Märchen, das vom Leben erzählt und wie wir in unserem Leben - jeder auf seine Art und in seiner Zeit - die Gelegenheit haben, den Tod zum Freund zu gewinnen, zum Gevatter, zum Paten für das Leben. Und wer den Tod zum Freund gewonnen hat, "dem kann es an nichts fehlen", wie der Tod selbst im Märchen sagt. Den Tod zum Freund gewinnen, zum guten, verläßlichen, treuen Freund im Leben, so daß er alle Schrecken verliert, ja davon erzählt das Märchen und deshalb ist es ein gutes und schönes Märchen.

Wenn da bloß nicht der Schluß wäre, der böse, daß der Knabe rauh gepackt und sein Licht ausgelöscht wird. Wie kommt es dazu? Warum muß das Märchen so böse enden? Nun sage keiner, der Tod ist immer böse und schrecklich, denn das Märchen will ja eigentlich vom Tod als Freund reden. Bloß, am Ende geht es doch anders aus.

Also, habt ihr Mut, Freude, Lust auf dieses Märchen vom Gevatter Tod, dem verläßlichen Freund fürs Leben? Wir wollen ihm ein Stücklein begegnen, ein Stücklein bloß; das reicht schon aus für heute. Laßt uns ihm in die Augen blicken, dem Tod, dem Freund, dem Feind - oder doch dem Freund?

Da ist der arme Mann mit seinen 12 Kindern. Daß der Tod hier oft
ans Fenster klopft, ist nur zu verständlich. 12 Kinder, da ist
nicht nur Schmalhans Küchenmeister, sondern da steht der Tod
gleich daneben, vertraut vor der Tür, lauernd und lockend und
wer weiß, wieviele von den 12 Kindern bis ins hohe Alter hinein
zu leben haben. Der Tod bläst hier schnell das Lebenslicht aus.
Nein, nicht der Tod, sondern der rauhe Wind des Lebens. Und wenn
der Tod so nahe ist - mit 3o oder 4o Jahren ist das Leben schon
vollendet - ja, dann ist er wie selbstverständlich ein Teil des
Lebens, und wenn das Leben gar zu karg und hart ist, dann kann
er zum Freund, zum Erlöser werden. Denn ist er erst da, dann
zählt nicht mehr, ob du Kaiser, König, Bettelmann bist. Vor ihm
sind alle gleich, erlöst vom Leben. Da gibt es keine Unterschie-
de. Ein wahrer Demokrat ist er, ohne Ansehen von Person und
Würde.
Im Basler Totentanz heißt es daher:
Kaiser: "Ich konnt das Reich gar mehren
        Mit Streiten, Trachten, Unrecht-Wehren
        Nun hat der Tod überwunden mich
        Daß ich keinem Kaiser glich.
Bettler: Ein armer Bettler hier auf Erd
        Zu einem Freund ist keiner Wert
        Der Tod aber will sein Freund sin
        Er nimmt ihn mit dem Reichen hin."

Ja, denn gegen den Tod ist kein Kraut gewachsen. Alle Kunst hat
sein Ende und das beste Arznei-Kraut ist Unkraut - so ist es.
Ein natürlicher Gesell des Lebens ist der Tod. So war es damals.
Mag sein, daß wir ihn heute aus unserem Leben nicht nur ver-
drängt, sondern auch herausgezögert haben. 7o Jahre und wenn es
gut kommt, sind es 8o Jahre und wenn es köstlich ist, gar 9o
Jahre. 9o Jahre Zeit, um den Tod zum Freund zu gewinnen. Von
"Sterbehilfe als Lebenshilfe" sprechen wir heute.

Der arme Vater jedenfalls kennt den Tod als natürlichen Gesell
des Lebens - "mitten wir im Leben sind von dem Tod umschlungen".
Und er rechnet mit ihm, ganz natürlich. Er ängstigt ihn nicht,
nimmt ihn gar als Paten dankbar an. Da ist der 13. Sohn. 13 -
keine böse Zahl, sondern wie 1 ein Neuanfang. "Nun schlägt's 13"
- etwas Neues beginnt, ein neuer Schnitt, neuer Abschnitt des
Lebens. Ein Pate für den Sohn. Der erste Beste soll es sein. Den
lieben Gott wie auch den Teufel weist er ab, der Tod kommt ihm
gerade recht. Von ihm erhofft er Treue und Gerechtigkeit. Auf
ihn ist Verlaß. "Du bist der Rechte, du holst den Reichen wie
den Armen ohn' Unterschied... . Der erschien, wie er versprochen
hatte und stand ganz ordentlich Gevatter". Ja, so ist es recht.

Märchenhaft schön klingt es und doch: ist das ganz geheuer, den Tod zum Freunde zu haben, denn er ist gerecht und treu, all das, was wir sonst von Gott erwarten? Kann man das so sagen - Gott und Tod vertauschen die Rollen?

III.

Gott wird weggeschickt, obwohl er doch so freundlich ist. Den ersten Besten wollte er ja nehmen. Gott ist wohl der Erste, doch für ihn nicht der Beste. Gott hat Mitleid "Du dauerst mich". Keine gute Einführung von Gott. Mitleid, so von oben herab. "Du dauerst mich", und das ist dann auch alles. Daher ein striktes Nein: "Du gibst den Reichen und läßt die Armen hungern". Tun tust du nichts, nichts als gute Worte. Ungerecht ist es auf der Welt. Ja, das stimmt. Und Gott ist schuld. So einfach ist das. 'Gott ist schuld'. Mein Leben ist nicht so, wie es sein soll, wie ich es mir wünsche - Gott ist schuld. Erdbeben in Lissabon, Flutkatastrophe in Indien - Gott ist schuld. Hunger in Afrika, Überfluß bei uns - Gott ist schuld. Den bösen Nachbarn geht es immer besser - Gott ist schuld. Der Frieden steht noch immer aus, Waffen und Kernkraft werden immer noch verschoben - Gott ist schuld. Ungerecht ist es auf der Welt, ja. Und wenn ich nicht den Mut habe, zu sagen: Das sind wir Menschen. Wir - ich und du, die die Welt so ungerecht gestalten, daß es keinen gerechten Ausgleich gibt, daß Kinder in Afrika und Asien des Hungers sterben und wir an unserem Überfluß; wenn ich nicht den Mut habe zu sagen, das sind wir Menschen, die so die Erde verwaltet haben, und wenn ich nicht den Mut habe, es mit meinem Teil zu ändern, dann sag ich einfach - Gott ist schuld. Ja, das ist wirklich ungerecht, ihm die Schuld zu geben, ihn zum Sündenbock dafür zu machen, was wir Menschen verbockt haben. Und dann wird dieser Gott zum Hexen-Gott, (Anm: Vergleiche dazu die Auslegung des Märchens 'Hänsel und Gretel' -Seite 20 f); dieser von uns zum Sündenbock verhexte Gott, und er zeigt seine böse, teuflische Fratze. Kein Wunder, daß Diabolus, der Teufel, der alles durcheinanderbringt, gleich als Nächster erscheint. Der Gott, dem ich anklagend die Dauerfrage "Warum?" stelle: Warum ist alles so herzlich schlecht auf dieser Welt eingerichtet? Warum bin ich arm, der andere reich; ich traurig, der andere fröhlich? Warum bin ich denn so und nicht anders, dieser Gott, der mit all den Warum-Fragen bombardiert wird, wird zum Hexen-Gott, verwandelt sich in den Teufel und bringt alles durcheinander.
Kein Wunder also, daß der Vater - er hat es wohl in der Kirche seiner Zeit nicht anders gelernt, man hat ihm nichts anderes nahe gebracht, als diesen Hexen-Gott - vor ihm Reisaus nimmt, von diesem Gott nichts erwartet. Damit es klar ist für uns: Nicht von Gott ist hier die Rede - wie ich ihn kenne aus der Bibel - sondern von einer Gott-Fratze, von einem Gott-Gespenst, einem Gott-Skelett, einem Klappergerüst, ja vom Teufel selbst.

Und daher auch kein Wunder, ja richtig und notwendig, daß die
Brüder Grimm - vielleicht wissen sie es ja in der Göttinger
Umgebung inzwischen besser - hinzufügen :"Das sprach der Mann,
weil er nicht wußte, wie weislich Gott Reichtum und Armut verteilt". Es klingt halb nach Beschwichtigung, halb nach Rechtfer-
tigung. Vielleicht ist es auch so gemeint und doch, es macht
Sinn, hat einen tieferen Sinn als der Gott, der verantwortlich
sein soll dafür, daß wir die Welt so herzlich schlecht verwalten:
"Du bist selbst schuld". Also: Wer ist schuld?

IV.

Den Teufel laß ich einmal aus, von ihm habe ich ja schon im
Nebenbei geredet. Da ist der Tod. Und er ist so erfrischend direkt und geradlinig. Ohne Umschweife, Mitleid, Schmeicheleien
ist er da. "Hier bin ich. Nimm mich zum Gevatter". Keine Versprechungen - er ist einfach da. Ja, er ist da; so oder so. Ich
kann mich nicht vor ihm drücken. Je früher ich ihn stelle, ich
mich ihm stelle, um so besser. "Ich bin der Tod, der alle
gleichmacht". Klare Luft, klare Verhältnisse, keine Gefühlig-
keit, kein Säuseln. Der Vater sagt ja, klipp und klar. Das lobe
ich mir. Und nun erst kommt das Patengeschenk: "Ich will deinen
Knaben reich und berühmt machen, denn wer mich zum Freunde hat,
dem kann es nicht fehlen".
Wir wissen ja inzwischen vom Märchen, man kann sie doppelt lesen. Die Personen können jede für sich stehen oder alle Teil des
einen Helden sein; nach außen nur auf mehrere aufgeteilt. Der
Knabe kann das innere Kind des Vaters sein, das 13., das Neue.
"Nun schlägts 13", zwölfmal hat er sich schon vergeblich bemüht,
sich dem Tod zu stellen, face to face, ist bisher dem Tod immer
wieder ausgewichen. Nun schlägt's aber 13 und er stellt sich;
sein Kind in ihm stellt sich dem Tod, weicht nicht mehr aus.
Also sein inneres Kind, das Kindgemäße in ihm, bekommt einen
Freund zum Gevatter, wird reich beschenkt und berühmt, er wird
ein Arzt des Lebens, der Tod und Leben voneinander unterscheiden
kann. Der Tod wird zum Freund. Das ist das Neue in ihm. Da hat
es gefunkt und 13 geschlagen. Mein Freund ist ein Teil von mir,
Teil von mir selbst. Denn wie überwinde ich den Feind? Indem ich
ihn mir zum Freunde mache, ihn liebe, umarme. "Liebet eure Feinde", "Liebet den Tod, macht ihn euch zum Freunde". Und wenn es
12mal nicht geklappt hat, weil ihr zu schnell geurteilt habt und
Gott einen ungerechten Weltenrichter nanntet, der nur zu den
dummen Reichen hält, dann zum 13. Mal, fang noch mal an, noch
mal von vorn, mit dir, mit Gott, dem wahren Gott, indem du den
Tod zum Freunde gewinnst.
Ich denke, es kann also sein, daß der Vater den 13. Anlauf bei
sich selbst nimmt, daß er das Kind in ihm endlich zur Welt
bringt, um Gott und den Tod von Angesicht zu Angesicht zu sehen,
sein wahres Gesicht. Es kann so sein. Doch wer es nicht so sehen

will, dem empfehle ich, beim Märchen, so wie es da steht, zu
bleiben. Das gibt auch einen guten Sinn. Vater und Sohn sind
zwei Personen. Doch wie man es auch wendet, im Grunde bleibt es
gleich.

V.

Der Knabe - das Kind des Vaters, das Kind im Vater, wie auch
immer -wird ein berühmter Arzt. Ein Arzt, der für das Leben zu
sorgen hat, das Leben verlängert, den Tod bekämpft, heraus-
schiebt, wegschiebt oder sich auch dreinschickt. Der Arzt - ein
Lebenshelfer? Oder ein Sterbenshelfer? Oder beides in einem?
Im Wald, dem geheimnisvollen Ort unserer tiefen Gefühle, weg von
der Welt der klaren Alltagslogik, wird er gelehrt, gelehrt in
Kräutern und Künsten. Im Wald des Unbewußten und Ungewußten wird
er vom Tod gelehrt, das Leben zu unterscheiden; wo Leben Zukunft
hat, wo es sich dem Ende neigt. Kräuter lernt er kennen, die
helfen und heilen und Leben bringen. Und er lernt auch, wogegen
kein Kraut mehr gewachsen ist, weil die Stunde schlägt. "Meine
Stunde ist noch nicht gekommen" sagte Jesus einst. Und einige
Zeit später, kurz vor seinem Ende: "Meine Stunde ist genaht". Er
konnte unterscheiden; beides mit der gleichen Selbstverständ-
lichkeit, Schlichtheit. So ist unser Leben. Seine Zeit ist ihm
gesetzt. Unsere Zeit ist uns gesetzt! Wissen wir's? Es gibt Menschen, die wissen es, die ahnen es. Sie werden gesund und rüstig
97 Jahre alt, stehen fröhlich morgens auf, gehen zum Kaufmann,
rauchen ihre Zigarre und sagen dann zur Tochter: "Ich gehe hoch
und lege mich sterben". Sagen es, tun es und so geschieht es.
Seine Stunde war gekommen. Selig, wer so den Tod zum Freunde gewonnen hat.
Der Knabe, Kind des Vaters, Kind im Vater, lernt von seinem Paten die Kunst der Unterscheidung. Äußerlich ist es daran zu erkennen: Wenn ich oben am Bett stehe - Leben; wenn ich unten
stehe - Sterben. Beides ist gleich, keines besser als das andere. Das ist wirklich die Kunst der Unterscheidung, eine Aufgabe
für das Leben. Kein Wunder, daß er lange Zeit im Wald lernen
muß. Hat er schon ausgelernt, der Knabe, ist er noch Geselle
oder schon Meister?
Er hat noch nicht ausgelernt. Wie sollte ein Mensch auch bei der
Unterscheidung von Tod und Leben je auslernen. Er ist so dumm zu
glauben, er könnte dem Tod ein Schnippchen schlagen.Er will den
-dem Tod geweihten- König einfach umdrehen. Es sieht so aus,als
wollte er die ganze Welt, den Lauf der Welt umdrehen, auf den
Kopf stellen, will damit den Tod hinters Licht führen, wo der
doch Herr der Lebenslichter ist. Das kann nicht gutgehen. Und
der Tod, er weiß, er sitzt am längeren Hebel, er bleibt gelas-
sen, droht nur mit dem Finger: für dies einemal laß ich es
durchgehen. Gar lächerlich ist der Doktor-Knabe. Nein, er kann
noch nicht Kraut von Un-Kraut unterscheiden. Können wir es denn?

126

Er ist noch auf dem Weg, und es ist noch ein weiter Weg.

Doch manchmal denke ich, so lächerlich wie es hier zugeht, ist es bei uns ja auch oft. Wenn viele unserer Ärzte sich als Herren über Leben und Tod aufspielen, und die Füße nach oben zu drehen versuchen, den Kopf nach unten, ist das Lebenshilfe? Wirklich? Vielleicht wäre Sterbenshilfe angebrachter, wenn das Leben sich geneigt hat, das Lebenslicht erlischt! Ich spreche von Sterbenshilfe, so daß man wirklich seelisch in Ruhe und Frieden sterben kann, von innen heraus. Ist das nicht auch die Aufgabe des Arztes, des Therapeuten? Der Arzt, nein er ist kein Gott in Weiß, weiß Gott nicht, sondern, wenn er weise ist, ein Mensch, der weiß und akzeptiert, daß er Kopf und Fuß nicht vertauschen kann, den Menschen nicht um- und umkrempeln kann, daß er selbst sterblich ist, und weise ist, wer das weiß. Und noch weiser, wenn er es ausspricht und danach lebt. Und ich kenne Ärzte, die tun es sogar. Denn gegen den Tod ist kein Kraut gewachsen, und keine Vitamine und keine Spritzen. Zum Freund den Tod gewinnen, das ist auch für den Arzt, und gerade für ihn, die Kunst des Lebens.

Im Märchen muß auch der König sterben, auch der König, Herr über sein Reich; gerade auch er, und er scheint es, anders als der gelehrte Arzt, zu wissen, zu ahnen, zu spüren. Meine Zeit ist um. Ich gehe hoch und lege mich sterben. Selig der König, der das weiß. Welcher Arzt wollte ihn daran hindern?

VI.

Doch dann kommt die Liebe ins Spiel. Die Königstochter, dem Tod geweiht. Geweiht! Eine Frau kommt ins Spiel, und die Liebe macht ihn blind. Der Knaben-Arzt versucht es noch einmal. Liebe muß doch stärker sein als der Tod, das sagt der Volksmund und auch der christliche Glaube. Liebe überwindet den Tod.
Und im Märchen geht es nun doppelt grausam zu, ganz nüchtern, kalt und harsch. Nichts da mit Liebe. Der Tod ist stärker, unerbittlich. Wenn das Ende da ist, ist es da. Das Licht ist aus. Da helfen alle Künste und Kräuter nicht. Auch wenn ich noch so liebe, so kann ich den zum Tode geweihten - den Geweihten - doch nicht zurückhalten! Ja, ich denke, das ist schlimm, ganz schlimm. Denn den Schmerz kann mir dann keiner abnehmen, den muß ich aushalten, durchhalten, durchleben; Tod und Sterben sind schlimm. Da ist nicht zu verschönern. Sterben heißt Abschied nehmen vom Leben, das ich liebe. Auch wenn ich den Tod zum Freund gewonnen habe, ist Sterben noch schlimm genug. Dabei hat er, der Knabenarzt, ihn noch gar nicht zum Freund gewonnen, noch nicht. Und da er dumm und blind ist, törichter als ein Tor in seinem Wahn, meint er, den Tod nochmals hinters Licht führen zu können. Doch da packt ihn der Tod mit eiskalter Hand und zieht ihn fort. Aus ist es mit dir. Das Spiel ist aus. Und der Tod, der Gevatter, spielt auf das Lied zum Tod, das Lied! Und Angst

steigt hoch in ihm. Doch oh Wunder, das Lied ist süß und mild. Denn er führt ihn in eine Höhle; zur Hölle, Unterwelt, anderer Welt, Tunnel, Röhre, Brunnen, wie auch immer. Dunkle Bilder der Geburt sind es, die sich einstellen - Sterben ist Neugeburt. Und jede Geburt ist ein Stück Sterben, durch die dunkle Höhle, eng und schwarz, mit Todesangst und Schmerz verbunden, muß ich hindurch; ganz eng und ganz dunkel ist es... ehe ich ins Licht gelange, ins Lichtermeer. Verwandlung! Eine Lichtervision, hell und strahlend. Erleuchtung, ja Erleuchtung. Ja, jetzt kommt er ans Licht, jetzt kommt es ans Licht, ans wahre Licht. Der Tod führt ihn nicht mehr hinters Licht, er sieht es offen und hell. Ein Licht geht ihm auf. 'So ist das also!' Er ist ins Licht gestellt. Vorher lebte er im Dunkel, im Dunkel des Lebens mit allerlei Allmachtsphantasien: Jetzt steht er im klaren Licht. Gibt es ein schöneres, tröstlicheres, süßeres Bild vom Tod, als daß ihm jetzt ein Licht aufgeht, daß sich alles lichtet für ihn, für mich? Ja, so ist es. Jetzt sehen wir noch wie im verzerrten Spiegel, dann von Angesicht zu Angesicht, rein und klar. Jetzt dämmert es erst, dann ist es klar; jetzt dunkel - dann hell. Wir brauchen im Tod nicht schwarz zu sehen.
Und im Bild beschreibt es das Märchen. Jeder hat sein Lebenslicht. Und ehe ein neues angesteckt wird, muß ein altes erst vergehen. Es ist das ewige Gesetz des "Stirb und Werde". Meines brennt, deines brennt, auf Kosten eines anderen, im Vorblick auf ein neues. Wir wissen nicht, wann und wie lange; wir wissen nur woher und wohin. Der Übergang von Leben zu Tod, von Tod zu Leben geschieht gleitend, ohne Bruch. Das Samenkorn, ehe es Frucht bringt, muß in der Erde ersterben, dann bringt es viele Frucht. Ja, der Knabe hat den Tod zum Freunde, weil dieser ihn sanft - auch wenn es äußerlich rauh aussieht - ins Licht führt und leitet. Der Tod, er ist ein guter, verläßlicher Freund, er ist treu und gerecht, ihm gilt die Liebe, die wahre Liebe. Und hier ist die Liebe tatsächlich stärker als der Tod. Alles wird eins, ganz, in sich abgerundet. C.G. Jung sagte einmal: "Solange wir außerhalb des Todes stehen, ist er von größter Grausamkeit. Aber sobald man drinsteht, erlebt man ein so starkes Gefühl von Ganzheit und Frieden und Erfüllung, daß man nicht mehr zurückkehren möchte". Ein schönes Ende des Märchens, wunderschön, viel zu schön. Der junge Mann ist gereift zum Tode, zum Leben, zum Leben im Tod, zum Leben im Licht. Ein schönes Ende, wenn das bloß nicht das letzte Ende wäre.

VII.

Der Tod rächt sich, weil er hinters Licht geführt wurde. Da sind Rache und Zorn und Vergeltung. Das ist ganz und gar nicht souverän; ganz anders als der Tod vorher auftrat. Das ist kleinlich, kleinkariert, eng und beschränkt. Dem Teufel würde ich soetwas zutrauen, von uns Menschen ganz zu schweigen, aber dem Tod?

Hat er es nötig, so grundlos seine Macht auszuspielen, wie die
Götter in Weiß nun in Schwarz? Schuld und Vergeltung so aufzu-
rechnen? " Ja, ja lieber Tod, wir haben es ja verdient, wir Menschen. Ja, ja, aber Tod, hast du das nötig, dich so in die Brust
zu werfen, deine Macht so auszuspielen? Da machst du Pate, du
Freund, doch alles wieder kaputt, was du gerade aufgebaut hast.
Das bist du doch nicht wirklich; das ist doch nur die Teufels-
fratze von dir, so wie vorher der ungerechte Gott die Teufels-
fratze Gottes war". Ich glaube das Ende nicht und ich protestie-
re dagegen im Namen Gottes, des Vaters, wie er mir begegnet; im
Namen des Todes, den ich gegen sein Zerrbild in Schutz nehmen
will; des großen Verwandlers des Lebens, nicht des Zerstörers
des Lebens; des großen Lichtträgers der Menschen, nicht des Zer-
trümmerers der Menschen, des gerechten Freundes von uns, nicht
des blindwütigen Racheengels wegen verletzter Eitelkeit. Nein
sage ich zu diesem Hexen-Tod, diesem diabolischen Tod, der alles
am Ende verwirrt. Nein, so wie ich zu dem Hexen-Gott am Anfang
des Märchens Nein sage. Und ich habe meine Gründe dafür.

VII.

Ich habe meine Gründe zum Widerspruch. Noch im Ohr haben wir die
Geschichte von Jesus im Garten - ein kleines Ölbaumwäldchen war
es - von Gethsemane, als ihm nicht der Gevatter Tod, sondern der
Vater Gott begegnete. Mit ihm steht er im intensiven Gespräch.
Da möchte er auch - ach wenn es doch ginge und welcher Mensch
möchte es nicht - Füße und Kopf vertauschen. Er bittet darum:
"Laß diesen Kelch an mir vorübergehen". Und ohne Mühe lassen
sich ja einige Tricks denken, um das zu bewerkstelligen. Mit
List und Tücke den Tod zur Un-Zeit hinters Licht führen, um die
gesetzte Zeit zu verlängern; aus Jerusalem fliehen, mit dem
Schwert dreinschlagen, vor dem hohen Rat alles ableugnen, den
frommen Pharisäer spielen, ein Freund der Römer sein. Also Möglichkeiten, Kopf und Fuß und sich selbst umzudrehen, eine Wende
zu vollziehen, gäbe es genug. Bloß, ob ich damit Gott hinters
Licht führen kann, oder nicht eher mir selbst ein Bein stelle?
"Herr, laß diesen Kelch an mir vorübergehen...Doch nicht was ich
will, sondern was du willst,geschehe". Das ist es. Ihr sagt, das
klingt so demutsvoll blind, nach blinder Ergebung. Es klingt, ja
es klingt so. Und doch ist es gerade das Gegenteil. Der starke
Wille Jesu ist es. Hier zeigt es sich, er ist ein wahrer Mensch,
ein Mensch, wie Gott ihn braucht für diese Welt, damit sie eben
 nicht so ungerecht ist; reich zu reich, arm zu arm. Seine Stunde war gekommen und das schmerzt. Er leidet und weint Tränen,
denn er liebt das Leben und die Menschen - und wer wollt' es ihm
verdenken -, und doch sagt er Ja dazu, schickt sich drein, in
das Gesetz von Leben und Sterben. Nicht heroisch oder demütig,
nicht stolz erhobenen Hauptes oder resigniert,gesenkten Kopfes,
sondern weil es so ist und weil es so gut ist. Sein Leben ist

129

vollendet, es ist vollbracht. Alles, was sein Leben hergab an Liebe und Freude und Leidenschaft, war gelebt, vollendet. Frage keiner, warum gerade jetzt, zu dieser Zeit, warum erst, schon jetzt? Jetzt war er soweit, es war seine Stunde und er ging seinen Weg des Lebens weiter durchs Sterben hindurch.

Da waren andere, die ihn mit Kraut und Künsten und Schwertern gar zurückhalten wollten - wer kann nicht auch das verstehen -, doch er ging seinen Weg. Da wollte ihm Pilatus gar goldene Brücken bauen und Pilatus Frau hat einen bösen Traum: Laß die Finger von Jesus, darauf ruht kein Segen. Doch er geht seinen Weg. Leben und Sterben gehören zusammen, stehen in Gottes Hand. Der Herr hat's gegeben, der Herr wird es nehmen, zurückerhalten, damit wir im Lichte stehen.

Er hat sich den Tod zum Freund gemacht, weil er Gott zum Freunde hatte. Er hat den Tod zum Gevatter, weil Gott sein Vater ist. Und "Gott" und "Tod" und "Theos" und "Thanatos" liegen nicht nur sprachlich eng beisammen. Ihm ist mitten im Leben schon das Licht aufgegangen, das Lebenslicht: "Ich bin das Licht der Welt", das uns erst noch aufgehen wird, einst, einst einmal. So ist die ganze Passionsgeschichte nicht nur eine Leidens- und Sterbensgeschichte, sondern auch eine Geschichte der Vollendung des Lebens, damit wir zur Erleuchtung kommen. Das, was der christliche Glaube Auferstehung nennt, Auferstehung der Toten, ist nur Zeichen der auf den dogmatischen Begriff gebrachten inneren Wahrheit und Erkenntnis, daß Tod und Sterben zur Erleuchtung führen. Und die Frage an uns, an mich, an dich lautet: Wo ist unser Licht, sehen wir es, ahnen wir es? "Hab ich das Haupt zum Freunde und bin geliebt bei Gott, was kann mir tun der Feinde und Widersacher Rott?" "Hab ich den Tod zum Freunde und bin geliebt bei Gott, was kann mir tun der Feinde und Widersacher Rott? (vgl. EKG 25o).

VIII.

Das sind meine Gründe, dem Ende des Märchens zu widersprechen. Denn es widerspricht sich selbst. Es will uns vordergründig die neue Wahrheit sagen: Der Tod ist mein Freund und Gevatter; aber hintergründig schleicht sich doch die alte Wahrheit wieder ein: Er ist der große Feind und Zerstörer des Lebens. Warum wohl soll er sonst mit List hinters Licht geführt werden, obwohl das gar nichts hilft? Kein Wunder, daß dieser Tod, so schillernd gezeichnet, sich am Ende rächen muß und seine starken Arme zeigt. Kein Wunder, wenn der Tod noch nicht hineingenommen ist ins neue Leben, wenn ich in ihm trotz Gevatterschaft noch immer bloß den Feind sehe, ihm nicht traue, obwohl er treu zu mir hält. Dann bleibt eben nur das Zerr-Bild des Todes, der Hexen-Tod, der Feind des Menschen, übrig. So wie Gott am Anfang des Märchens ein Zerr-Bild Gottes ist, der Willkür-Gott, der die Welt so herzlich und ungerecht eingerichtet hat und zugrunde gehen läßt, eben ein Hexen-Gott, von Menschen zurechtgebastelt, bei dem dann alles diabolisch durcheinanderpurzelt. Wie soll es auch anders sein, wenn Menschen sich Gott erdenken?

Doch ich glaube nicht an den Gegensatz von Gott und Tod, von Leben und Tod. Ich glaube an die Versöhnung, an die Verwandlung, denn ich kenne Gott anders, und Jesus bringt mich auf die Spur. Der ungerechte Hexen-Gott-König und der launische Hexen-Tod-Diktator müssen sterben; diese aus Menschenhand geschnitzten Gottes- und Todesbilder. Ich kenne Gott so, daß er mir das Leben schenkt, mich mit allen guten Möglichkeiten ausgestattet hat, mir Vernunft und alle Sinne gegeben hat, der mir Zeit geschenkt hat, Zeit gesetzt hat. Ich weiß nicht wie lange. Gott weiß es, und siehe es ist sehr gut. Und ich kann ihn nicht verantwortlich machen für das, was ich falsch mache, was mir Ungerechtes widerfährt, daß ich arm bin - woran auch immer -, daß ich traurig bin - warum auch immer -, daß ich Schmerzen habe - wodurch auch immer -, das kann ich Gott nicht in die Schuhe schieben. Und ich habe durch Jesu den Tod als Freund Gottes und Freund der Menschen kennengelernt, der mich zur wahren Erkenntnis bringen will, damit mir ein Licht aufgeht, damit ich endlich, endlich erleuchtet werde. Dann wird Leben nicht zerstört und er nimmt mich nicht in seinen Würgegriff, sondern dann rundet sich alles ab und er führt mich sanft in ein anderes Land. Und ich habe ein ganzes Leben lang Zeit, mich darauf vorzubereiten, dafür zu sorgen und einzustehen, daß der Tod nicht zur Un-Zeit kommt. Weder zu früh, viel zu früh, wie für viele Kinder in Afrika und Asien, die wir - weil wir ungerecht sind - vor ihrer Zeit zum Sterben schicken, vor der ihnen gesetzten Zeit, zur Un-Zeit. Der Kopf wird an das Fußende gelegt. Noch zu spät, viel zu spät, wenn wir über Gebühr künstlich das Sterben hinauszögern durch allerlei Künste und Gift-Kräuter, nach der gesetzten Zeit, zur Un-Zeit. Der Fuß wird ans Kopfende gelegt. So bringen wir mit beidem die Ordnung dieser Welt, die Ordnung Gottes, in Un-Ordnung. Das ist letztlich der Grund dafür, daß ich mich ganz persönlich für mich selbst und ganz sozial-politisch für andere dafür einsetze, daß jeder Mensch die Chance bekommt auf ein würdiges Sterben zu der ihm gesetzten Zeit, damit er Tod und Sterben bewußt hineinnehmen kann in sein Leben; gereift wie "eine volle Garbe, die eingebracht wird". Das ist Aufgabe persönlicher Seel-Sorge und sozialer Leib-Sorge. Den Tod zum Freund gewinnen und ihn lieben, damit er nicht mehr als Sensenmann mit Würgegriff gefürchtet wird, das ist in der Tat eine Aufgabe fürs Leben. Gott zum Freund gewinnen und ihn lieben, damit der Tod ein guter Teil unseres Lebens wird, das ist das Angebot, das Jesus uns vor Augen stellt und wofür er gelebt hat. Und wir, wir haben lange Zeit, ein Leben lang, nicht ergebungsvoll, tatenlos auf den Tod zu warten, sondern den Tod mit Hilfe Gottes tatkräftig zum Partner, ja zum Freund unseres Lebens zu machen.

131

DER SÜSSE BREI

DER SÜSSE BREI

Es war einmal ein armes, frommes Mädchen, das lebte mit seiner Mutter allein, und sie hatten nichts mehr zu essen. Da ging das Kind in den Wald, und da begegnete ihm eine alte Frau, die wußte seinen Jammer schon und schenkte ihm ein Töpfchen, zu dem sollt' es sagen: 'Töpfchen, koche', so kochte es süßen Hirsebrei, und wenn es sagte: 'Töpfchen, steh', so hörte es wieder auf zu kochen. Das Mädchen brachte den Topf seiner Mutter heim, und nun waren sie ihrer Armut und ihres Hungers ledig und aßen süßen Brei, sooft sie wollten.

Auf eine Zeit war das Mädchen ausgegangen, da sprach die Mutter: "Töpfchen, koche", da kochte es, und sie ißt sich satt; nun will sie, daß das Töpfchen wieder aufhören soll, aber sie weiß das Wort nicht. Also kochte es fort, und der Brei steigt über den Rand hinaus und kocht immerzu, die Küche und das ganze Haus voll und das zweite Haus und dann die Straße, als wollt's die ganze Welt satt machen, und es ist die größte Not, und kein Mensch weiß sich da zu helfen. Endlich, wie nur noch ein Haus übrig ist, da kommt das Kind heim und spricht nur: "Töpfchen, steh", da hört es auf zu kochen; und wer wieder in die Stadt wollte, der mußte sich durchessen.

SCHLARAFFENLAND - ZAUBERLEHRLING - PROPHETENMUND

1. Könige 7, 7-15

EIN PROPHET IST KEIN ZAUBERER

I.

Das ist so recht ein Märchen für die Nachkriegszeit. Ich habe es zuerst als kleiner sechsjähriger Junge gehört, 1945, da konnte ich mich nicht satthören an diesem Märchen. Der süße Brei zerging mir auf der Zunge. Und seitdem hat es nicht nur etwas Geheimnisvolles, sondern auch etwas Reizvolles , es erweckt meine Lust, zergeht auf meiner Seele wie der Brei auf der Zunge - der süße, süße Brei.
Schlaraffenland: "Und wer wieder in die Stadt wollte, der mußte sich durchessen". Also, das stellte ich mir damals ganz plastisch vor: Süßer Brei, Griesbrei mit Himbeersoße, wo wir doch damals nur ein paar zusammengestoppelte Kartoffeln und hartes Brot hatten; Semmeln wenn es hoch kam; ansonsten falscher Hase, falsche Leberwurst, falscher Kaffee. Alles falsch damals, 1945, eine falsche Zeit. Wirklich eine falsche Zeit? Oder ist der süße, allzu süße Brei, falsch, vorgegaukeltes Schlaraffenland, Wolkenkuckucksland?
Denn damals habe ich ganz übersehen, daß das Märchen mit einer großen Katastrophe endet. Die ganze Stadt, fast die ganze, wird mit einem süßen, klebrigen Brei zugekleistert. Alles klebt, so als habe ein Lavastrom die Stadt eingekreist, ja zugedeckt, und wir können nicht mehr atmen - tot unter Hirsebrei begraben. Der süße Brei, das süße Leben, oh weh, allzu süß, übersüß, übersättigt.

Wer bietet Einhalt? Wer kann Stop sagen, daß sich die Seuche nicht noch mehr ausbreitet. Der süße Brei - oh weh - ein süßes oder ein recht saures Märchen? Eine lustige oder garstige Geschichte? Schlaraffenland oder Teufelsspielzeug? Und wer weiß das Zauberwort, um dem unwiderstehlich gespenstischen süßen Brei Einhalt zu gebieten, damit er nicht die ganze Welt verseucht? Warum weiß die Mutter, die erwachsene Frau, nicht das Lösungswort? Warum nur das kleine Mädchen? Und warum geht sie aus und kommt gerade noch eben - fünf vor 12 - zur rechten Zeit zurück? Und was ist das eigentlich, der süße Brei, süß, süßlich, übersüßt, für mich, für dich?

Oh, viele Fragen an dieses auf den ersten Blick so süße, reizende, einfache Märchen; lieblich in den Augen eines sechsjährigen kleinen Jungen im Jahre 1945. Doch heute leben wir im Jahre 1989, und all die Jungen und Mädchen von damals sind erwachsen geworden. Und wir wissen ja alle, Märchen wandern mit uns durchs Leben, berichten von einer Entwicklung, wollen sich mit uns entwickeln, auf-wickeln auf dem Weg durch unser Leben, bis sie wirklich ent-wickelt sind.
Es gibt eine Gegengeschichte zu dem Märchen. Sie steht in der Bibel, ist viel älter als das Märchen, fast 3.000 Jahre alt. Sie handelt vom Propheten Elia, der in armseliger Zeit, wo kein Regen fiel, wo alles verdorrt und vertrocknet war, zu einer armen Witwe kam und ihr im Auftrag Gottes das letzte Hirsebrot wegaß. Doch lesen wir zunächst die Geschichte, die Gegengeschichte, zum süßen Brei, in der noch viel mehr geschieht.

7 Und es geschah nach einiger Zeit, daß der Bach vertrocknete; denn es war kein Regen im Lande. 8 Da kam das Wort des HERRN zu ihm 9 Mach dich auf und geh nach Zarpath, das bei Sidon liegt, und bleib dort; denn ich habe dort einer Witwe geboten, dich zu versorgen. 1. Und er machte sich auf und ging nach Zarpath. Und als er an das Tor der Stadt kam, siehe, da war eine Witwe, die las Holz auf. Und er rief ihr zu und sprach: Hole mir ein wenig Wasser im Gefäß, daß ich trinke! 11 Und als sie hinging zu holen, rief er ihr nach und sprach: Bringe mir auch einen Bissen Brot mit! 12 Sie sprach: So wahr der HERR, dein Gott, lebt: ich habe nichts Gebackenes, nur eine Handvoll Mehl im Topf und ein wenig Öl im Krug. Und siehe, ich hab ein Scheit Holz oder zwei aufgelesen und gehe heim und will mir und meinem Sohn zurichten, daß wir essen - und sterben. 13 Elia sprach zu ihr: Fürchte dich nicht! Geh hin und mach's, wie du gesagt hast. Doch mache zuerst mir etwas Gebackenes davon und bringe mir's heraus; dir aber und deinem Sohn sollst du danach auch etwas backen. 14 Denn so spricht der HERR, der Gott Israels: *Das Mehl im Topf soll nicht verzehrt werden, und ^cdem Ölkrug soll nichts mangeln bis auf den Tag, an dem der HERR regnen lassen wird auf Erden.* 15 Sie ging hin und tat, wie Elia gesagt hatte. Und er aß und sie auch und ihr Sohn Tag um Tag. 16 Das Mehl im Topf wurde nicht verzehrt, und dem Ölkrug mangelte nichts nach dem Wort des HERRN, das er durch Elia geredet hatte.

II.

Kein süßer Brei da, kein Überfluß, nur karges Leben. Wasser im Krug und ein bißchen Mehl im Topf; gerade genug für eine Mahlzeit.Ärmlich, kärglich - wie das Leben eben ist im alten Israel, wenn kein Regen fällt, für eine Witwe zumal, so wie im Jahr 1945 für die Kriegerwitwen nach dem Zusammenbruch. Ja, so lebten wir damals. Ährenstoppeln, Kartoffelroden - gerade genug für eine Mahlzeit. So wie auch im Märchen das arme, fromme Mädchen, "das da lebte allein mit seiner Mutter, und sie hatten nichts mehr zu essen."
Wie sich alles gleicht: das Märchen, die arme Witwe der Bibel, wir im Jahre 1945. Wie es sich gleicht und wie unterschiedlich doch alles auch wieder ist.

Ich möchte da ganz genau hinschauen. Ich denke mir, da wäre damals einer gekommen, hätte gesagt: Prophet des Herrn bin ich, im Auftrage Jesu, gebt mir zu essen, das letzte, was ihr habt. Meine Mutter war zwar eine fromme Frau, ich noch ein gehorsamer kleiner Junge, aber ich wüßte schon, was wir so einem Scharlatan, Schlaraffenlandgaukler, gesagt hätten: 'Jeder ist sich selbst der Nächste und das bißchen, was wir haben, das brauchen wir für uns, können wir nicht weggeben. Und dann hätte ich vielleicht, da ich ja das Märchen kannte, auf die alte Frau im süßen Brei verwiesen. Da war es ja ganz anders. Da geht das Kind in den Wald und eine alte Frau, Fee, Zauberin, Prophetin, Hexe, Ur-Mutter, wer weiß es schon und wo ist der Unterschied? - also "eine alte Frau begegnet ihm, die wußte ihren Jammer schon und schenkt ihm ein Töpfchen" - ja so ist es recht, hätte ich dem Propheten Jesu gesagt, schenk mir lieber ein Töpfchen. "Und nun waren sie ihrer Armut und ihres Hungers ledig und aßen süßen Brei, sooft sie wollten."
Soweit, soweit wirklich gut. Eigentlich könnte das Märchen an dieser Stelle enden. Und bis dahin habe ich es auch immer nur in der Nachkriegszeit gehört. Man neigt ja dazu, zu überhören, was einem nicht so recht paßt, wo eine Warnung liegt. So geht es immer, bloß man merkt es nicht. Hinterhin ist man schlauer. Hier ist es aber ganz offensichtlich, nicht zu übersehen, zu überhören. Oder doch? Blicken wir also weiter genau hin, ganz genau. Auf das Märchen, auf die biblische Geschichte und natürlich vor allem auf uns selbst.

III.

Ich wage einmal einen Vergleich der zwei Geschichten und unseres Lebens, ganz einfach einen Vergleich.
1. Im Märchen ist da eine arme Frau und ein frommes Mädchen. In der Bibel ist da eine Witwe und ihr Sohn. Im Leben mag es ja auch so sein. Armut regiert, Schmalhans ist Küchenmeister.

Von Hoffnung lebt man, Liebe ist das Brot der Armen.

2. Im Märchen kommt da eine alte Frau, die den Jammer schon kennt und dem Mädchen das Wunder-Töpfchen mit dem süßen Brei schenkt, so daß alle Not ein Ende hat. In der Bibel kommt ein junger Prophet, der auch den Jammer der Witwe kennt, jedoch das Letzte zu essen haben will, was sie hat. Und die Witwe gibt es ihm. - In unserem Leben, ja, wo ist da die alte Frau, die uns den Brei für jeden Tag gibt? Wo ist der junge Prophet, dem wir von unserem Mangel zu essen geben können?

3. Im Märchen weiß nur das Mädchen das Geheimniswort und als es weggeht, kommt es zur Katastrophe. Alles fließt über und die ganze Welt scheint zu ersticken an dem Brei, vergiftet wie nach Tschernobyl. In der Bibel erhält die gute Frau, nachdem sie den Elia gespeist hat, die Zusage: 'Das Mehl im Topf geht nicht aus und das Öl im Krug soll nicht versiegen. Und sie hatten genug zu essen, Tag für Tag'. Soviel sie gerade zum Leben brauchten. Für jeden Tag gerade genug. In unserem Leben haben sich Töpfe und Krüge und Eisschränke und Gefriertruhen wieder gefüllt. Seht mal rein, wenn ihr nach Hause geht, was da alles drin ist. Es scheint so, als ginge es auch ohne alte, weise Frau und ohne jungen, feurigen Prophet. Die Töpfe sind voll, nicht nur mit Mehl. Die Krüge sind auch voll, nicht nur mit Wasser und Öl. Wir brauchen keine weise Frau, keinen jungen Propheten. Unser Leben ist voll von süßem Brei - oder etwa nicht?

4. Das Mädchen weiß im Märchen das Zauberwort "Töpfchen steh" und die Katastrophe wird gerade noch abgewendet. Nicht die ganze Erde wird unter Hirsebrei begraben. Wir sind noch einmal davongekommen. Es geht gut aus. Wir können aufatmen, sofern wir noch Luft zum Atmen haben.
In der Bibel ist das alles gar nicht nötig, denn da kocht nichts über. Sie haben alle gerade so viel, wie sie für den Tag benötigen. "Unser täglich Brot gib uns heute - gib uns jeden Tag so viel, wie wir gerade brauchen" und es reicht aus, genug zum Leben. Und wir heute? Wo ist das kleine Mädchen, das das Zauberwort weiß und Stop sagt, wenn der süße Brei uns überschwemmen will? Gibt es da jemand, der Einhalt gebietet? Oder werden wir überrollt und merken es gar nicht? Und auf einmal können wir nichts mehr tun, weil es zu spät ist und wir ersticken unter der breiigen Lava, Asche zu Asche, unter unsichtbaren, giftigen Wolken, die uns den Atem rauben?

"Aber bitte", sagt eine Stimme in mir, eine kleine Stimme, die Stimme des kleinen Mädchens in mir: "Bitte nicht so garstig, nicht so pessimistisch sein. Ist doch ein schönes Märchen. Sei doch nicht so apokalyptisch, nicht so nörglerisch wie ein Endzeitprophet. Sieh das Gute! Die Stadt wird im Märchen doch gerettet". Durch das Mädchen. Doch wo ist es?

137

IV.

Schlaraffenland und Zauberlehrling und Teufelszeug, oh das liegt dicht beieinander. Und je länger ich mir das Märchen betrachte, umso heimtückischer wird es.

Der Brei, der über den Topf kocht ohne Unterlaß, breitet sich wie eine giftige Seuche aus. Ein Alptraum, eine schreckliche Vision, ein apokalyptisches Gemälde. Die ganze Erde wird verdorben. "Als wollt's die ganze Welt satt machen und es ist die größte Not und kein Mensch weiß sich da zu helfen". Ja, so ist es, nicht wahr?

Süßer, süßer Brei und er mehrt sich wie ein Krebsgeschwür, Fortschritt, Technik, auf zu neuen Ufern, wachsen, vermehren, größer, weiter, höher, besser, reicher, schöner, glücklicher, erfolgreicher, - totgeweihter, ein Alptraum fürwahr. Macht euch die Erde untertan. Die Natur liegt dir zu Füßen und die Bäuche sind voll.

"Du Narr, was hülfe es dem Menschen, wenn er die ganze Welt gewönne und nähme doch Schaden an seinem Leben?" Süßer, süßer Brei und er quillt über. Und die Berge türmen sich, die Butter-, Getreide-, Atomberge. Der süße, süße Brei nimmt überhand, und wir können nicht mehr Einhalt gebieten, weil uns das Zauberwort abhanden gekommen ist. Besoffen vom Fortschritt, besoffen vom süßen Wein im Krug, der nie leer wird, längst getrunken über den Durst, den natürlichen Durst des Lebens. Wer gebietet Einhalt?

Trage ich eigentlich schon Eulen nach Athen, wenn ich uns daran erinnere, daß wir längst in der Gefahr sind, das Zauberwort, das Prophetenwort "Stop" nicht mehr zu wissen? "Es ist die größte Not und kein Mensch weiß sich da zu helfen".

"Atomkraft nein danke" war vor 10 Jahren solch ein Wort. Kleine Kinder, dumme Mädchen und große Jungen sprachen es aus - bald aber war's wieder vergessen."Frieden schaffen ohne Waffen" war ein anderes. "Abrüstung - ja bitte" heißt solch zauberhaftes Prophetenwort kleiner Mädchen. Manchmal wurde es gehört, oft verspottet. "Ihr sollt den Garten Eden bebauen und bewahren" ist ein altes biblisches Zauberwort, das Einhalt gebieten kann, damit der süße Brei uns nicht noch mehr die Luft zum Atmen verdirbt und wir ersticken.

Oh, es gibt genug Worte und wir alle kennen sie ja auch. Wir kennen sie alle, denn sie sind tief verborgen in uns drin. Wir fühlen sie in uns, wenn wir nur unserem Gefühl trauen. Unser täglich Brot reicht aus - für heute und für jeden Tag neu. Das wissen wir alle. Unser Gewissen, die Stimme Gottes in uns sagt es uns, und viele hören es nicht nur von innen, sondern auch von außen, ganz deutlich; ach, jeder hört es im Grund, z.B. gerade jetzt, wo wir hören von dem kleinen dummen, frommen, weisen Mädchen im Märchen, das die ganze Stadt durch ihr zauberhaftes Prophetenwort retten kann, gerettet hat.

Natürlich: Wer nimmt schon ein kleines Mädchen ernst! Sie ist ja keine Expertin für Weltwirtschaftswachstum und Rezession, so sagt beschwichtigend unser erwachsener Verstand.

Und doch: ich denke, das kleine Mädchen steckt in uns allen und wir alle kennen auch das Zauberwort, weil es Gott von Geburt an in uns hineingelegt hat. Erinnert euch nur an die Zauberworte, Prophetenworte, die wir alle kennen (Ich flüstere sie euch leise ins Ohr:) "Ihr sollt den Garten Eden bebauen und bewahren" --- "Es ist dir gesagt Mensch, was gut ist und was der Herr von dir fordert" --- "Keine anderen Götter" --- "Stecke dein Schwert in die Scheide" --- "Liebet die, die euch hassen" --- "Lieber Unrecht leiden, als Unrecht tun" --- "Wer zwei Mäntel hat, gebe dem einen, der keinen hat" --- "Sorge nicht für den morgigen Tag, der morgige Tag wird für das seine sorgen" --- "Siehe, ich bin bei euch alle Tage" --- "Wo zwei oder drei in meinem Namen versammelt sind..." - Zauberworte - Prophetenworte - Lebensworte, um Einhalt zu gebieten. Wir kennen sie alle. Es scheint so zu sein, als sei das alles kindlich, träumerisch, unwirklich. Nicht umsonst sind im Märchen und auch in der Bibel Kinder die Weisheitsträger, sprechen die Wahrheit in prophetischer Klarheit aus. Sie sind Träger göttlicher Weisheit.
Also, ich glaube, das Märchen, es ist sehr weise; nicht nur für 1945, damals, wo wir hungrige Mägen hatten, sondern grad für heute, wo wir die Griesbreiberge, die Butter-, Getreide- und Atomberge haben. Und es kennt auch das prophetische Lösungswort und ruft uns: "Jeder von euch kennt es! Jeder! Sprecht es aus, auch auf die Gefahr hin, als kleines dummes Mädchen und kleiner grüner Junge verspottet oder gar verfolgt zu werden. Die Welt braucht es, damit sie weiterleben kann."

V.

Vielleicht wundert es einige, daß ich das Märchen so sozialkritisch und so ökologisch deute. Das war doch bisher nicht so. Bisher habe ich doch immer so unpolitisch und persönlich geredet, die Seele des einzelnen betreffend. Also: Zunächst, ich weiß nicht, ob es wirklich bisher so war. Vielleicht schien es nur so oder ihr habt nur halb gehört. "Siehst du den Mond dort stehen, er ist nur halb zu sehen und ist doch rund und schön". Denn, so glaube ich, wenn es wirklich ganz persönlich zugeht, wenn es ganz das Innere betrifft dann hat es auch immer einen sozialen, gesellschaftlichen, ja politischen Sinn. Und sodann: Ich habe es zwar bisher nicht so deutlich gesagt, aber es ist schon so. Die Volksmärchen stammen eben aus dem einfachen Volk. Es sind keine Herrengeschichten, sondern sie wurden erzählt von kleinen Leuten, von den underdogs, wie übrigens die biblischen Geschichten auch. Großtaten zum eigenen Ruhm werden da kaum berichtet. Und die Könige sind erst dann wahre Könige, wenn sie

sich ihrer eigenen Kleinheit und Hilfsbedürftigkeit bewußt werden. Herrenmoral und Paradestolz oder gar Rassismus und ähnli-
ches ist weder in der Bibel noch in den Märchen zu finden. Beiden eignet ein unwiderstehlicher Drang nach unten, hin zu den
kleinen Leuten, zu den Armen, Zu-kurz-Gekommenen, Niedergedrück-
ten. Sie sollen erhoben werden. Ihre Menschenwürde wird emporge-
hoben. So ist es im Märchen. - Aus dem Volke geboren, fürs Volk
erzählt, sind Könige von Bettlern kaum noch zu unterscheiden,
sind beide in ihrem innersten Kern in Wahrheit gleich. "Bettler
sind wir, das ist wahr". Denkt an Gevatter Tod, diesen freund-
lich-demokratischen Gesellen, der alle gleichmacht, diesen guten
Freund, Gevatter, Bruder fürs Leben.
Und die Märchen wissen auch von der Gleichwertigkeit von Mensch
und Natur. Der Mensch ist wie selbstverständlich eingebettet in
die ihn umgebende Natur, ist ein Teil von ihr. Tiere können
sprechen, geben guten Rat, weisen wie bei Hänsel und Gretel den
Weg. Das Tierische, Instinktive in uns weist uns den Weg. Die
Menschen im Märchen (und in der Bibel) sind noch der Erde nah,
im ökologischen Fließgleichgewicht. Deshalb glaube ich schon,
daß ich unser Märchen vom süßen Brei nicht überstrapaziere, wenn
ich es sozialkritisch verstehe, ökologisch.
Also: Wer gebietet den Geistern des Fortschritts und des Wachstums, die wir einst gerufen haben, Einhalt? Die erwachsene Mutter - es könnte auch ein Vater sein - hat das Lösungswort, Er-
lösungswort vergessen, und breiiger Untergang droht! Das Mädchen
kennt durch die alte Frau, Ur-Mutter, Groß-Mutter, Mutter-Göttin
das natürliche Lösungswort, das die Erde bewahrt und dem breiigen Schlamm, der alles erstickt, Einhalt gebietet: "Töpfchen
steh". Und wir wissen es ja auch alle, das kleine Mädchen in uns
weiß es, von Natur an, denn wir sind ja alle Teile der Natur, in
sie eingebettet. Hier wird es wieder ganz persönlich, das Märchen. In uns schlummert das göttliche Wissen, wie wir unsere Erde und uns selbst bewahren können. Jeder weiß es und jeder kennt
die Zaubersprüche. Muß ich sie noch einmal einzeln aufzählen?
Daher: Wenn ich ganz persönlich rede, von der Tiefe meiner
Seele, so rede ich auch immer ganz sozial und politisch und ökologisch. Wenn ich ganz politisch rede, von unserer Verantwortung
für unsere Welt, so rede ich auch immer ganz persönlich von dem
göttlichen Wissen unserer Seele, uns und unsere Erde zu bewahren. Das ist im Märchen so - das ist in der Bibel so - das ist
in unserem Leben so. Es sollte so sein - könnte so sein. "Endlich, als nur noch ein Haus übrig ist, kommt das Kind heim und
spricht nur: 'Töpfchen steh'.

Kennt ihr das Zauberwort? Sprecht es aus, damit der süße Brei
euch nicht erstickt, damit ihr atmen könnt in eurem Leben. Frei
atmen, damit ihr Neues sehen, Neues lernen, andere Menschen verstehen lernt, zunehmen könnt an Weisheit und Liebe.

140

Wie macht man das? Ich verrate es gleich.

Da sind wir am Ende noch einmal bei der biblischen Geschichte.
Elia, der junge Prophet, ist bei der armen Witwe, im Auftrage
Gottes. Ihren letzten Bissen will er haben. Und ganz gegen alles
normale Empfinden gibt sie ihm das Brot. Sie gibt ab von ihrem
Mangel, von dem Wenigen, was sie hat. Sie teilt das Wenige mit
dem Boten Gottes - gegen alle Einsicht. So wie später einmal,
9oo Jahre später, zwei Fische und fünf Brote reichen sollen, um
5000 Leute statt zu machen, verteilt an alle auf Vertrauen hin.
Und dann geschieht es. Es ist ein Wunder, sagt man. Ach, wir
nennen schnell alles ein Wunder, bloß weil es nicht in unseren
Kopf paßt. Dann geschieht also das Selbstverständliche, was das
kleine Mädchen im Märchen wohl weiß, wenn auch nicht die Erwachsenen um sie herum. Die Speise reicht gerade für jeden Tag, soviel, wie gerade nötig ist - nicht zuviel, nicht zuwenig. Das
Mehl im Topf geht nicht aus. Das Öl im Krug versiegt nicht. Sie
haben zu essen, jeden Tag, so viel wie gerade nötig ist. So wie
Moses vorzeiten einst in der Wüste das Manna jeden Tag neu auf-
las, Tag für Tag; so wie die 4. Bitte des Vater Unsers es sagt:
"Unser tägliches Brot gib uns für jeden Tag".

Ist das ein Wunder? Ein Wunder ist es für den, der nicht gelernt
hat, im Laufe seines langen Lebens, von innen heraus zu sehen,
von innen heraus zu denken, zu empfinden. Das Wunder, es ist bei
Gott ganz einfach. Gib ab von der Fülle und dem Mangel, den du
hast, denn du hast im Grunde sehr viel. Du bist von Gott reich
beschenkt - innerlich und äußerlich. Gib ab, dein Brot, dein Öl,
deine Liebe, deine Lebensfreude, dein Vertrauen, deine Hoffnung,
deine Friedensliebe, deine Zärtlichkeit, deinen Glauben. Und
wenn es noch so wenig ist, gib ab davon und du wirst sehen, es
vermehrt sich, wie von selbst. Du erhälst Glauben und Hoffnung
und Vertrauen zurück. Du denkst: Aber ich habe doch nur so wenig
Hoffnung. Reicht es aus? Ach, gib ab davon und du wirst sehen,
du erhälst mehr zurück. Der Topf wird nie leer. Du hast Angst,
es reicht nicht? Ach, morgen wird Neues hinzugefügt werden. Du
brauchst es nicht zu horten und verkrampft festzuhalten. Das
brauchst du nicht, denn dann erstickst du schnell daran wie am
allzu süßen Brei, der dir den Atem wegnimmt. Gib ab, verschenk
das, was Gott dir gegeben hat und du wirst sehen, der Topf geht
nie aus, du hast viel mehr, als du denkst. Du bist innerlich
reicher, als du ahnst - ja, es vermehrt sich gar. Das ist das
Zauberwort - das Prophetenwort - das Wort Gottes. Im Märchen
heißt es 'Töpfchen steh'. So sagt es das Märchen. Die Bibel
sagt: 'Gib ab vom Reichtum, den du hast, denn du bist nicht arm.
Und dir wird jeden Tag Neues hinzugefügt werden, denn wer
hingibt, der empfängt'.

Es klingt euch wunderlich? Mag sein, mag sein! Wunderlich, wunderbar, wie das Leben - wie der Glauben. Wunderbar, wie das Märchen wie die Bibel, die von der Weisheit des Lebens erzählen,
die von innen heraus den Menschen und die Welt zu sehen gelernt

haben. Von innen heraus - einen jeden von uns ganz persönlich. Denn du bist sehr reich, sehr reich bist du, du arme Witwe, du kleines Mädchen, du großer Junge. Und für unsere ganze Erde, die gute Schöpfung Gottes, die wir bebauen und vor allem bewahren dürfen, reicht es aus. Füllet sie und mehret euch, indem ihr abgebt von dem, was ihr habt, was Gott euch gegeben hat. Das ist das Zauberwort des Glaubens und der Liebe zu unserer Welt.

DIE ZWEI BRÜDER

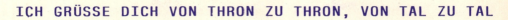

ICH GRÜSSE DICH VON THRON ZU THRON, VON TAL ZU TAL

Lukas 15, 11-32

DIE ZWEI VERLORENEN BRÜDER

Der verlorene Sohn

[11] Und er sprach: Ein Mensch hatte zwei Söhne. [12] Und der jüngere unter ihnen sprach zu dem Vater: Gib mir, Vater, das Teil der Güter, das mir gehört. Und er teilte ihnen das Gut. [13] Und nicht lange danach sammelte der jüngere Sohn alles zusammen und zog ferne über Land; und daselbst *a* brachte er sein Gut um mit Prassen. [14] Als er nun all das Seine verzehrt hatte, ward eine große Teuerung durch dasselbe ganze Land, und er fing an zu darben [15] und ging hin und hängte sich an einen Bürger desselben Landes; der schickte ihn auf seinen Acker, die Säue zu hüten. [16] Und er begehrte, seinen Bauch zu füllen mit Trebern, die die Säue aßen; und niemand gab sie ihm. *b* [17] Da schlug er in sich und sprach: Wie viel Tagelöhner hat mein Vater, die Brot die Fülle haben, und ich verderbe im Hunger! [18] Ich *c* will mich aufmachen und zu meinem Vater gehen und zu ihm sagen: Vater, *d* ich habe gesündigt gegen den Himmel und vor dir. [19] Ich bin hinfort nicht mehr wert, daß ich dein Sohn heiße; mache mich zu einem deiner Tagelöhner! [20] Und er machte sich auf und kam zu seinem Vater. Da er aber noch ferne von dannen war, sah ihn sein Vater, und es jammerte ihn, lief und fiel ihm um seinen Hals und küßte ihn. [21] Der Sohn aber sprach zu ihm: *Vater, ich habe gesündigt gegen den Himmel und vor dir; ich bin hinfort nicht mehr wert, daß ich dein Sohn heiße.* [22] Aber der Vater sprach zu seinen Knechten: Bringt schnell das beste Kleid hervor und tut es ihm an und gebet ihm einen Fingerreif an seine Hand und Schuhe an seine Füße [23] und bringt das Kalb, das wir gemästet haben, und schlachtet's; lasset uns essen und fröhlich sein! [24] Denn *dieser e mein Sohn war tot und ist wieder lebendig geworden; er war verloren und ist gefunden worden.* Und sie fingen an, fröhlich zu sein.

[25] Aber der ältere Sohn war auf dem Felde. Und als er nahe zum Hause kam, hörte er das Singen und den Reigen [26] und rief zu sich der Knechte einen und fragte, was das wäre. [27] Der aber sagte ihm: Dein Bruder ist gekommen, und dein Vater hat das gemästete Kalb geschlachtet, weil er ihn gesund wieder hat. *f* [28] Da ward er zornig und wollte nicht hineingehen. Da ging sein Vater heraus und bat ihn. [29] Er aber antwortete und sprach zum Vater: Siehe, so viel Jahre diene ich dir und habe dein Gebot noch nie übertreten; und du hast mir nie einen Bock gegeben, daß ich mit meinen Freunden fröhlich wäre. [30] Nun aber dieser dein Sohn gekommen ist, der dein Gut mit Dirnen verpraßt hat, hast du ihm das gemästete Kalb geschlachtet. [31] Er aber sprach zu ihm: Mein Sohn, du bist allezeit bei mir, und alles, was mein ist, das ist dein. [32] Du solltest aber fröhlich und guten Mutes sein; denn dieser dein Bruder war tot und ist wieder lebendig geworden, er war verloren und ist wiedergefunden.

I.

Das Märchen erzählt von zwei Brüdern, die zueinander nicht finden können. Sie leben, lieben, hassen aneinander vorbei. Es könnten natürlich auch zwei Schwestern sein. Hier sind es jedoch zwei Brüder. Wie Kain und Abel, ihre Vor-Brüder, wie viele ihrer Nach-Brüder. Und der eine ist die Kehrseite, der Schatten, des anderen; lebt nach außen die Seite, die der andere nicht lebt, jedoch verborgen in sich drin trägt. In der biblischen Geschichte von den zwei verlorenen Söhnen ist es ja ganz offensichtlich: Der ältere Bruder: seriös, arbeitssam, verläßlich zu Hause, an Haus und Hof gebunden. Gesetz, Ordnung, Sitte, Anstand sind seine Leitmotive. Alles hat seine Richtigkeit, Tag für Tag, Jahr für Jahr. Gut so. Ich kann mich 100 %ig auf ihn

144

verlassen, diesen bodenständigen Bruder Schwermut. Der jüngere
dagegen: Bruder Leichtfuß, frei wie ein Vogel im Wind, auf in
die Ferne, Abenteuer, das Leben, Neues gewinnen, etwas über dem
Boden schweben, high sein, ob Traumtänzer, Glücksvogel oder
Pechvogel, was soll's; jedem Anfang wohnt ein neuer Zauber inne.
Denn was kostet die Welt? - Mein Leben kostet's. Gut so? Ich
kann trinken vom goldenen Überfluß der Welt, bis der Becher leer
ist, das Leben ausgelebt.
Zwei Brüder - einer die Kehrseite des anderen. Was der eine offen nach außen lebt, lebt der andere heimlich von innen her.

Einer ist der Schatten des anderen! Und sie können zueinander
nicht kommen, die beiden, der Graben zwischen ihnen ist viel zu
tief, obwohl sie sich doch im Grunde, würden sie den Kopf wenden
und ihren Rücken betrachten, so ähnlich sind. Denn sie brauchen
einander. Weil der eine, der Bruder Schwermut, am Boden klebt,
kann der andre Bruder Leichtfuß sein und davonfliegen und umgedreht!

Wie sind sie bloß so äußerlich verschieden geworden? Ist es
Schicksal? Gibt es das in unserem Leben auch? Wenn wir richtig
hinschauen, werden wir es entdecken. Wir finden es immer wieder
in unserer Umgebung - auch in uns selbst. Sieh dir deine Geschwister an, sieh dir deinen Bruder in dir selbst an, wenn du
-wie ich - keine realen Geschwister hast. Dein innerer Bruder
ist doch da - unsichtbar. In der biblischen Erzählung ist es nur
nach außen gebracht, auf zwei Personen verteilt - wie es ja auch
oft in Wirklichkeit ist - was ein jeder von uns in sich hat.
Schwermut - Leichtmut. "Zwei Seelen, ach ja, wohnen in meiner
Brust". Wir wollen die biblische Geschichte und auch das Märchen, das wir gleich hören, so betrachten, als redeten sie von
einer Person, von einem Bruder, auch, wenn sie es der Einfachheit halber auf zwei aufteilen. Ich rede also von zweien, meine
aber einen. Wie also kommt es zu dieser Zell-Teilung, zum brü-
derlichen Kampf? Wie kommt es dazu, daß wir unseren Bruder nicht
verstehen wollen? Das Märchen beschreibt sehr schön nach außen
gewendet den langen, langen Weg, wie es dazu kommt. Und es
greift zurück auf die Vater-Generation. Ein prallgefülltes Märchen voll Tiefsinn, Schläue und Humor.

*Es waren einmal zwei Brüder, ein reicher und ein armer. Der rei-
che war ein Goldschmied und bös von Herzen; der arme nährte sich
davon, daß er Besen band, und war gut und redlich. Der arme hatte zwei Kinder, das waren Zwillingsbrüder und sich so ähnlich
wie ein Tropfen Wasser dem anderen. Die zwei Knaben gingen ab
und zu in des Reichen Haus und erhielten von dem Abfall manchmal
etwas zu essen. Es trug sich zu, daß der arme Mann, als er in
den Wald ging, Reisig zu holen, einen Vogel sah, der ganz golden*

war und so schön, wie ihm noch niemals einer vor Augen gekommen
war. Da nahm er einen Stein und warf ihn herunter und brachte
ihn seinem Bruder, der gab ihm einen großen Haufen Gold dafür.
'Nun kann ich mir helfen', dachte er und ging zufrieden nach
Haus.

Der Goldschmied war klug und listig und wußte wohl, was das für
ein Vogel war. Er rief seine Frau und sprach: "Brat mir den
Goldvogel und sorge, daß nichts davon wegkommt; ich habe Lust,
ihn ganz allein zu essen." Der Vogel war aber von so wunderbarer
Art, daß, wer Herz und Leber von ihm aß, jeden Morgen ein Goldstück unter seinem Kopfkissen fand. Die Frau machte den Vogel
zurecht, steckte ihn an den Spieß und ließ ihn braten.
Nun geschah es, daß, während er am Feuer stand und die Frau anderer Arbeiten wegen notwendig aus der Küche gehen mußte, die
zwei Kinder des armen Besenbinders hereinliefen, sich vor den
Spieß stellten und ihn ein paarmal herumdrehten. Und da gerade
zwei Stücklein aus dem Vogel in die Pfanne herabfielen, sprach
der eine: "Die paar Bißchen wollen wir essen, ich bin so
hungrig, es wird's ja niemand daran merken." Da aßen sie beide
die Stückchen auf. Der Goldschmied aber merkt's und um sich zu
rächen und weil er neidisch und hartherzig war, sprach er zu dem
Vater: "Deine Kinder sind mit dem Bösen im Spiel, nimm das Gold
nicht und dulde sie nicht länger in deinem Haus, denn er hat
Macht über sie und kann dich selbst noch ins Verderben bringen."
Der Vater fürchtete den Bösen, und so schwer es ihm ankam, führte er doch die Zwillinge hinaus in den Wald und verließ sie da
mit traurigem Herzen.

Nun liefen die zwei Kinder im Wald umher und suchten den Weg
nach Haus, verirrten sich aber immer weiter. Endlich begegneten
sie einem Jäger, der fragte: "Wem gehört ihr, Kinder?" - "Wir
sind des armen Besenbinders Jungen", antworteten sie und erzählten ihm, daß ihr Vater sie nicht länger im Hause hätte behalten
wollen, weil alle Morgen ein Goldstück unter ihrem Kopfkissen
läge. "Nun", sagte der Jäger, "das ist gerade nichts Schlimmes,
wenn ihr nur rechtschaffen dabei bleibt und euch nicht auf die
faule Haut legt." Der gute Mann, weil ihm die Kinder gefielen
und er selbst keine hatte, so nahm er sie mit nach Haus und
sprach: "Ich will euer Vater sein und euch großziehen." Sie
lernten da bei ihm die Jägerei, und das Goldstück, das ein jeder
beim Aufstehen fand, hob er ihnen für die Zukunft auf.

Als sie herangewachsen waren, nahm sie ihr Pflegevater eines Tages mit in den Wald und sprach: "Heute sollt ihr euern Probeschuß tun, damit ich euch freisprechen und zu Jägern machen
kann." Sie gingen mit ihm auf den Anstand und warteten lange,
aber es kam kein Wild. Der Jäger sah über sich und sah eine Kette von Schneegänsen in der Gestalt eines Dreiecks fliegen, da
sagte er zu dem einen: "Nun schieß von jeder Ecke eine herab."
Der tat's und vollbrachte damit seinen Probeschuß. Bald darauf
kam noch eine Kette angeflogen und hatte die Gestalt der Ziffer
zwei. Da hieß der Jäger den anderen gleichfalls von jeder Ecke

eine herunterholen, und dem gelang sein Probeschuß auch. Nun sagte der Pflegevater: "Ich spreche euch frei, ihr seid ausgelernte Jäger." Darauf gingen die zwei Brüder zusammen in den Wald, ratschlagten miteinander und verabredeten etwas. Und als sie abends sich zum Essen niedergesetzt hatten, sagten sie zu ihrem Pflegevater: "Wir rühren die Speise nicht an und nehmen keinen Bissen, bevor Ihr uns eine Bitte gewährt habt." Sprach er: "Was ist denn eure Bitte?" Sie antworteten: "Wir haben nun ausgelernt, wir müssen uns auch in der Welt versuchen, so erlaubt, daß wir fortziehen und wandern." Da sprach der Alte mit Freuden: "Ihr redet wie brave Jäger, was ihr begehrt, ist mein eigener Wunsch gewesen; zieht aus, es wird euch wohl ergehen."

Als der bestimmte Tag kam, schenkte der Pflegevater jedem eine gute Büchse und einen Hund und jedem Goldstücke, soviel er wollte. Darauf begleitete er sie ein Stück Wegs. Als es Abend ward und sie nichts zu essen hatten, sprach der eine: "Wir müssen etwas schießen, sonst leiden wir Hunger", und lud seine Büchse. Und als ein alter Hase dahergelaufen kam, legte er an, aber der Hause rief:

    "Lieber Jäger, laß mich leben,
      ich will dir auch zwei Junge geben."

Sprang auch gleich ins Gebüsch und brachte zwei Junge; die Tierlein spielten so munter und waren so artig, daß die Jäger es nicht übers Herz bringen konnten, sie zu töten. Sie behielten sie also bei sich, und die kleinen Hasen folgten ihnen auf dem Fuße nach.
So bekamen sie ein jeder einen Fuchs, einen Wolf, einen Bär und einen Löwen. Die zogen ihnen nach.

Nun zogen sie eine Weile herum, konnten aber keinen Dienst finden, wo sie zusammen geblieben wären. Da sprachen sie: "Es geht nicht anders, wir müssen uns trennen." Sie teilten die Tiere, so daß jeder einen Löwen, einen Bären, einen Wolf, einen Fuchs und einen Hasen bekam; dann nahmen sie Abschied, versprachen sich brüderliche Liebe bis in den Tod und stießen das Messer, das ihnen ihr Pflegevater mitgegeben, in einen Baum, worauf der eine nach Osten, der andere nach Westen zog.

Der jüngste kam mit seinen Tieren in eine Stadt, die war ganz mit schwarzem Flor überzogen. Er ging in ein Wirtshaus und fragte den Wirt, ob er nicht seine Tiere beherbergen könnte. Und als der Jäger für seine Tiere gesorgt hatte, fragte er erst den Wirt, warum die Stadt so mit Trauerflor ausgehängt wäre. Sprach der Wirt: "Weil morgen unseres Königs einzige Tochter sterben wird." Fragte der Jäger: "Ist sie sterbenskrank?" - "Nein", antwortete der Wirt, "sie ist gesund, aber sie muß doch sterben." - "Wie geht das zu?" fragte der Jäger. "Draußen vor der Stadt ist ein hoher Berg, darauf wohnt ein Drache, der muß alle Jahre eine reine Jungfrau haben, sonst verwüstet er das ganze Land." Der Jäger sagte weiter nichts; aber er nahm seine Tiere und stieg mit ihnen auf den Drachenberg. Da stand oben eine kleine Kirche, und auf dem Altar standen drei gefüllte Becher, und dabei war die Schrift: "Wer die Becher austrinkt, wird der stärkste Mann auf Erden und wird das Schwert führen, das vor der Türschwelle vergraben liegt." Da ging er hin und trank die Becher aus und war nun stark genug, das Schwert leicht zu führen.

Da fuhr der Drache gegen den Jäger, aber er schwang sein Schwert, daß es in der Luft sang, und schlug ihm drei Köpfe ab. Da ward der Drache erst recht wütend, erhob sich in die Luft, spie die Feuerflammen über den Jäger aus und wollte sich auf ihn stürzen, aber der Jäger zückte nochmals sein Schwert und hieb ihm wieder drei Köpfe ab. Das Untier ward matt und sank nieder und wollte doch wieder auf den Jäger los, aber er schlug ihm mit der letzten Kraft den Schweif ab, und weil er nicht mehr kämpfen konnte, rief er seine Tiere herbei, die zerrissen es in Stücke. Als der Kampf zu Ende war, schloß der Jäger die Kirche auf und fand die Königstochter auf der Erde liegen, weil ihr die Sinne vor Angst und Schrecken während des Streites vergangen waren. Er trug sie hinaus, und als sie wieder zu sich selbst kam und die Augen aufschlug, zeigte er ihr den zerrissenen Drachen und sagte ihr, daß sie nun erlöst wäre. Ihr Taschentuch aber, in dem ihr Name stand, schenkte sie dem Jäger, der ging hin und schnitt aus den sieben Drachenköpfen die Zungen aus, wickelte sie in das Tuch und verwahrte sie wohl.

Als das geschehen war, weil er von dem Feuer und dem Kampf so matt und müde war, sprach er zur Jungfrau: "Wir sind beide so matt und müde, wir wollen ein wenig schlafen." Da sagte sie ja, und sie ließen sich auf die Erde nieder, und der Jäger sprach zu dem Löwen: "Du sollst wachen, damit uns niemand im Schlaf überfällt", und beide schliefen ein. Und alle Tiere schliefen ein. Da schliefen nun die Königstochter, der Jäger, der Löwe, der Bär, der Wolf, der Fuchs und der Has, und schliefen alle einen festen Schlaf.

Der Marschall aber, der von weitem hatte zuschauen sollen, nahm sich ein Herz und stieg hinauf, als er den Drachen nicht mit der Jungfrau fortfliegen sah und alles auf dem Berg ruhig ward. Da lag der Drache zerstückt und zerrissen auf der Erde und nicht weit davon die Königstochter und ein Jäger mit seinen Tieren, die waren alle in tiefen Schlaf versunken. Und weil er bös und gottlos war, so nahm er sein Schwert und hieb dem Jäger das Haupt ab und faßte die Jungfrau auf den Arm und trug sie den Berg hinab. Er zwang die Königstochter zu sagen, er habe sie vom Drachen befreit.
Der König fragte die Jungfrau: "Ist das wahr?" - "Ach ja", antwortete sie, "es muß wohl wahr sein, aber ich halte mir aus, daß erst über Jahr und Tag die Hochzeit gefeiert wird", denn sie dachte, in der Zeit etwas von ihrem lieben Jäger zu hören.

Auf dem Drachenberg aber lagen noch die Tiere neben ihrem toten Herrn und schliefen. Der Hase wachte als erster auf, dann alle anderen. Der Hase wußte eine Wunderwurzel, die wieder lebendig macht. Die holte er geschwind.
Der Löwe setzte dem Jäger den Kopf wieder an, und der Hase steckte ihm die Wurzel in den Mund, alsbald fügte sich alles wieder zusammen, und das Herz schlug, und das Leben kehrte zurück. Da erwachte der Jäger und erschrak, als er die Jungfrau nicht mehr sah, und dachte: 'Sie ist wohl fortgegangen, während ich schlief, um mich loszuwerden.' Der Löwe hatte in der großen Eile seinem Herrn den Kopf verkehrt aufgesetzt, der aber merkte

148

es nicht bei seinen traurigen Gedanken an die Königstochter. Erst zu Mittag, als er etwas essen wollte, da sah er, daß ihm der Kopf nach dem Rücken zu stand, konnte es nicht begreifen und fragte die Tiere, was ihm im Schlaf widerfahren wäre. Da erzählte ihm der Löwe alles. Dann riß er dem Jäger den Kopf wieder ab, drehte ihn herum, und der Hase heilte ihn mit der Wurzel fest.

Der Jäger aber war traurig, zog in der Welt herum und ließ seine Tiere vor den Leuten tanzen. Es trug sich zu, daß er gerade nach Verlauf eines Jahres wieder in dieselbe Stadt kam, wo er die Königstochter vom Drachen erlöst hatte, und die Stadt war diesmal ganz mit rotem Scharlach ausgehängt. Da sprach er zum Wirt: "Was will das sagen? Vorm Jahr war die Stadt mit schwarzem Flor überzogen, was soll heute der rote Scharlach?" Der Wirt antwortete: "Vorm Jahr sollte unsers Königs Tochter dem Drachen ausgeliefert werden, aber der Marschall hat mit ihm gekämpft und ihn getötet. Morgen wird ihre Vermählung gefeiert; darum war die Stadt damals mit schwarzem Flor zur Trauer und ist heute mit rotem Scharlach zur Freude ausgehängt."

Durch eine List mit Hilfe der Tiere gelangt er in das Königsschloß. Die Tochter erkennt ihn. Der Marschall wird entlarvt.

Die Hochzeit ward mit großen Freuden gefeiert, und der junge König ließ seinen Vater und Pflegevater holen und überhäufte sie mit Schätzen.
Nun waren der junge König und die junge Königin guter Dinge und lebten vergnügt zusammen.
Es lag aber in der Nähe ein Wald, von dem hieß es, er wäre nicht geheuer und wäre einer erst darin, so käm' er nicht leicht wieder heraus. Der junge König hatte aber große Lust, darin zu jagen, und ließ dem alten König keine Ruhe, bis er es ihm erlaubte. Nun ritt er mit einer großen Begleitung aus, und als er zu dem Wald kam, sah er eine schneeweiße Hirschkuh darin und sprach zu seinen Leuten: "Haltet hier, bis ich zurückkomme; ich will das schöne Wild jagen", und ritt ihm nach in den Wald hinein, und nur seine Tiere folgten ihm. Er war aber dem schönen Wild immer nachgeritten und konnte es niemals einholen.
Und da auch die Nacht einbrach, sah er, daß er diesen Tag nicht heimkommen könnte, stieg ab, machte sich bei einem Baum ein Feuer an und wollte dabei übernachten. Als er bei dem Feuer saß und seine Tiere sich auch neben ihn gelegt hatten, deuchte ihm, als hörte er eine menschliche Stimme; er schaute umher, konnte aber nichts bemerken. Bald darauf hörte er wieder ein Ächzen wie von oben her; da blickte er in die Höhe und sah ein altes Weib auf dem Baum sitzen, das jammerte in einem fort: "Hu, hu, hu, was mich friert!" Sprach er: "Steig herab und wärme dich, wenn dich friert." Sie aber sagte: "Nein, deine Tiere beißen mich." Antwortete er: "Sie tun dir nichts, altes Mütterchen, komm nur herunter." Sie war aber eine Hexe und sprach: "Ich will dir eine

Rute von dem Baum herabwerfen; wenn du sie damit auf den Rücken schlägst, tun sie mir nichts." Da warf sie ihm ein Rütlein herab, und er schlug sie damit; alsbald waren sie in Stein verwandelt. Und als die Hexe vor den Tieren sicher war, sprang sie herunter und rührte auch ihn mit einer Rute an und verwandelte ihn in Stein. Darauf lachte sie und schleppte ihn und die Tiere in einen Graben, wo schon mehr solcher Steine lagen.

Als aber der junge König gar nicht wiederkam, ward die Angst und Sorge der Königin immer größer. Nun trug sich zu, daß gerade in dieser Zeit der andere Bruder in das Königreich kam. Da fiel ihm ein, er wollte einmal nach dem Messer sehen, das sie bei ihrer Trennung in einen Baumstamm gestoßen hatten, um zu erfahren, wie es seinem Bruder ginge. Wie er dahin kam, war seines Bruders Seite halb verrostet, und halb war sie noch blank. Da erschrak er und dachte: 'Meinem Bruder muß ein großes Unglück zugestoßen sein, doch kann ich ihn vielleicht noch retten; denn die Hälfte des Messers ist noch blank.' Er zog mit seinen Tieren gen Westen, und als er in das Stadttor kam, wurde er für den jungen König gehalten und man brachte ihn zur Königin. Abends ward er in das königliche Bett gebracht, aber er legte ein zweischneidiges Schwert zwischen sich und die junge Königin; sie wußte nicht, was das heißen sollte, getraute sich aber nicht, zu fragen.
Dann ging er auch in den Wald, geleitet von der weißen Hirschkuh und seinen Tieren und kam zur Hexe.
Und als er ein Feuer angemacht hatte, hörte er über sich ächzen: "Hu, hu, hu, wie mich friert!" Da schaute er hinauf, und es saß dieselbe Hexe oben im Baum. Sprach er: "Wenn dich friert, so komm herab, altes Mütterchen, und wärme dich." Antwortete sie: "Nein, deine Tiere beißen mich." Er aber sprach: "Sie tun dir nichts." Da rief sie: "Ich will dir eine Rute hinabwerfen; wenn du sie damit schlägst, so tun sie mir nichts." Aber der Jäger traute der Alten nicht und sprach: "Meine Tiere schlag' ich nicht, komm du herunter, oder ich hol' dich." Da rief sie: "Was willst du wohl? Du tust mir noch nichts." Er aber antwortete: "Kommst du nicht, so schieß ich dich hunter". Da wußte der Jäger bescheid, riß sich drei silberne Knöpfe vom Rock und lud sie in die Büchse; denn dagegen war ihre Kunst umsonst, und als er losdrückte, stürzte sie gleich mit Geschrei herab. So erlöste er seinen Bruder.
Die Zwillingsbrüder aber küßten sich und freuten sich von Herzen. Dann griffen sie die Hexe, banden sie und legten sie ins Feuer, und als sie verbrannt war, da tat sich der Wald von selbst auf und war licht und hell, und man konnte das königliche Schloß auf drei Stunden Wegs sehen.
Nun gingen die zwei Brüder zusammen nach Haus und erzählten einander ihre Schicksale. Da erkannten sie, daß sie ein Leben lang einander treu geblieben sind.

II.

"Es waren einmal zwei Brüder" - so beginnt das Märchen. "Da erkannte er, wie treu sein Bruder gewesen war", so endet es. Und
damit ist alles gesagt. Doch dazwischen spielt sich vieles ab,
denn von ganz verschiedenen Brüdern ist hier die Rede. Zwei,
eigentlich sogar drei Brüderpaare spielen im Märchen mit. Es beginnt mit zwei Väter-Brüdern, die (wie bei Lukas) so ungleich
sind, wie es nur irgend geht. Reich und böse von Herzen der
eine; arm und gut der andere. Aufgespalten die Fülle des Lebens
auf beide. Denn wer ist schon nur reich und böse, wer nur arm
und gut? Und sie kommen nicht zusammen, auch wenn sie miteinander leben. Alles ist bei ihnen erstarrt zu Stein; da ist keine
Bewegung mehr. Vertanes Leben, arm oder reich, beide leben nur
halb, die andere Hälfte, ihre Rückseite, sehen sie nicht. Dann,
in der Tat, lebst du umsonst. Der eine reich und glücklich - nur
ein halber Mensch. Der andere arm und unglücklich - nur ein halber Mensch. Die andere Hälfte fehlt zum Glück. Amputiert -
Stillstand.
Doch halt, da ist ein Unterschied. Etwas bewegt sich noch. Beim
Reichen, da herrscht wirklich Leichenstarre - er ist kinderlos.
Der arme Arme hat zwei Söhne, die beiden Brüder, unsere Märchen-
helden, Zwillinge "sich so ähnlich, wie ein Tropfen Wasser dem
anderen." Das Leben geht also doch weiter, beginnt noch einmal
von neuem. Und jeder Anfang ist eine neue Chance, daß die beiden
Söhne es schaffen, was die Väter nicht geschafft haben. Die
Söhne können es weiterführen; ein Stückchen weiter, ein kleines
Stückchen bloß - aber immerhin. So ist es oft im Leben: Die Kinder, die Söhne und Töchter leben das weiter, was die Eltern
ihnen hinterlassen haben. Dein Kind, du Kind. Also: Was bei den
Väter-Brüdern zu Stein erstarrte, hier soll es, kann es noch
einmal neu gelingen. So viel Zutrauen hat das Märchen, und so
weise ist es auch. Nicht erst mit mir beginnt das Leben, da geht
schon etwas voraus.

Der goldene Vogel - Symbol der ganzen, reinen Seele - macht es
deutlich. Herz und Leber werden einverleibt. Die Chance ist da,
sich auf den Weg zu machen. Und beide Väter wirken - ohne es zu
wollen - daran mit. Der arme Reiche verstößt sie von sich, der
arme Arme ist nicht Manns genug, zu widerstehen. "Der Vater
führt die Zwillinge hinaus in den Wald und verließ sie da mit
traurigem Herzen".

Der Wald: Sie sind verstoßen im Wald wie Hänsel und Gretel, vertrieben aus dem Paradies des Elternhauses und sei es noch so
ärmlich. Sie müssen in den dunklen Wald - Sinnbild seelischer
Entwicklung - in dem ich mich verirre, aber auch zu mir selbst
finden kann, undurchdringlich, wie das Unterbewußte in mir, eine
Art Wüstenwanderung steht mir bevor, um irgendwann - so Gott

will - wieder herauszufinden und ins gelobte Land zu gelangen. Das ist das Ur-vertrauen aller Märchen. Im Wald finden sie sich schon zurecht. Wer sich da hineinwagt, findet auch wieder heraus und gewinnt das Leben.

Sie brauchen aber einen, der sie anleitet. Der Vater kann es nicht, das ist klar. Doch da ist der Jäger, Zieh-Vater, Pflege-Vater. Der Jäger, vertraut mit dem Wald und der Natur, mit der Natur unseres Lebens, der Jäger, der sich auskennt mit allerlei wilden Tieren und Pflanzen, der sagt: "Ich will euer Vater sein und euch großziehen". Ja, wir brauchen alle solch einen Vater. Es muß beileibe nicht der leibliche sein. Ein Vater, der uns den Weg zu gehen nicht abnimmt, der uns aber den Weg zeigt, auf dem wir gehen müssen, um uns zu finden. Und daß er es ehrlich meint, das geht daraus hervor, daß er die Goldstückchen, die sie jeden Morgen unter dem Kopfkissen finden, für die Zukunft aufhebt. So wie er am Ende, als sie Abschied nehmen von ihm, zu ihnen sagt: "Was ihr begehrt, ist mein eigener Wunsch gewesen. Zieht aus, es wird euch wohlergehen." So wünsche ich mir meinen Vater: mir zur Seite, damit ich den Weg sehe. Und der mich dann, wenn ich fähig bin, allein und selbständig in die Fremde ziehen läßt, so als sei es sein eigener Wunsch gewesen; mich nicht halten, gar festklammern. Wie leicht gesagt - wie schwer das getan ist, das merke ich selbst als Vater, merkst du als Mutter. Und schnell verwandelt sich ein Vater in einen Drachen, der Feuer speit; die Mutter in eine Hexe, die ihre Kinder vor Liebe auffressen kann, um sie nicht freigeben zu müssen. Ein schöner, ja fast künstlerischer Aufbau in diesem Märchen. Zwei Brüder-Helden, die sich zusammen auf den Weg machen; zwei Väter-Brüder, die zu Stein erstarrt nichts auf den Weg bringen.

Zwei Väter: Der leibliche, der die Zwillinge in den Wald schickt. Mehr kann er nicht; doch dies immerhin. Der Pflege-Vater, der sie so lange im Wald geleitet, wie sie es brauchen. Drei mal zwei. Ja, die Drei und die Zwei, sie werden uns noch einmal begegnen. So dreifach geprägt und geleitet, haben die Brüder ihre Chance. Und so vielfältig ist das Märchen, daß es - Gelehrte haben es gezählt - an die 700 Varianten davon gibt mit immer neuen Verästelungen. Aber so wichtig und zentral ist es eben auch, daß es so viele gibt. Ich will mich auf das Wesentliche beschränken Die beiden Brüder begleiten - die Zwillinge, die in jedem von uns vereint, getrennt schlummern - auf ihrem Weg zu sich selbst.

III.

Zunächst sind die beiden Brüder - so ähnlich wie zwei Wassertropfen - in nichts voneinander zu unterscheiden. Sie leben in Ur-Einheit miteinander, sind fast austauschbar. Und das ist gut so, muß so sein. Sie sind noch wie zusammengewachsen, noch ganz eins, nichts ist getrennt, so wie es am Anfang eines jeden

Lebens ist, bei der Geburt. Es ist gut, sich nicht zu schnell zu
trennen, auf Eigenständigkeit zu starren; nicht zu trennen, was
zusammengehört - auch in uns. Schwermut und Leichtsinn, Vernunft
und Seele, Körper und Geist, Hell und Dunkel. Ich denke an den
Schöpfungsbericht in der Bibel. Sehr weise wird erzählt, daß
auch erst langsam, ganz allmählich das Licht von der Finsternis
sich schied, erst langsam die Konturen persönlichen Lebens sich
herausbilden. Der volle und ganze Mensch, als Mann und Frau,
steht erst am Ende. Am Anfang war die Ur-Einheit. Alles gehört
noch ungeteilt zusammen, auch wenn es noch wüst und leer ist -
ein Tohuwabohu. Aus dem Chaos wird zur rechten Zeit eine gute,
lebendige Ordnung entstehen. Es lichtet sich schon früh genug.
Wenn wir es allzuschnell trennen wollen, dann bekommen wir es
später nicht mehr zusammen. Die gute, lebendige Ordnung wird zur
starren Ordnung. Seht die Brüder-Väter der beiden an. Also gut,
daß die beiden Brüder alles noch zusammen tun. Ich beschreibe
dies daher auch mit Ausdauer, denn wer sich finden will, als
einmaliger, ganz einzigartiger Mensch, muß wissen, woher er
kommt, wie er von Ur an ist.

Die beiden Brüder - in mir - sie lernen beim Jäger im Wald. Lernen umgehen mit wilden Tieren, diese zu zähmen. Erst, als es zum
Probeschuß kommt, als sie freigesprochen werden, da zeigt sich
ein Unterschied zwischen beiden - jetzt zum ersten Mal. Der eine
zielt auf eine Kette von Schneegänsen in Gestalt eines Dreiecks
- schießt drei Ecken ab. Der andere schießt zwei Gänse aus der
Gestalt einer Zwei. Der eine schießt die Drei: Sinnbild der
männlichen Ganzheit, Harmonie, Synthese von zwei und eins. Ein
Symbol der inneren Einheit mit sich. Der andere schießt die
Zwei, eine Zahl voll Spannung und Gegensatz, ja Zwiespalt. Und
er muß hinaus in die zwiespältige Welt, um im inneren Kampf die
Harmonie der Drei erst noch zu erlangen. Der eine geht später
gen Osten, zum Sonnenaufgang, ins Tageslicht hinein; der andere
gen Westen, zum Sonnenuntergang, ins Dunkel der Nacht, wo der
Kampf auf ihn wartet. Der eine im Licht des Ostens ruht in der
Harmonie der Dreiheit. Er ist später zur Stelle, wenn er gebraucht wird. Der andere kämpft sich durchs Leben mit dem Drachen und der Hexe, zwei Gegnern. Ja, mit beiden in sich selbst,
bis er zum Ziel kommt. Doch bis dahin ist es ein langer Weg.

Er ist der Jüngere, so heißt es später. Der Ältere, der mit der
Drei im Osten, taucht erst ganz am Ende wieder auf als Kehrseite
des Jüngeren, ganz am Ende. In anderen Varianten des Märchens
reist er gar nicht fort, bleibt zu Hause und zieht erst dann in
die Fremde, wenn er spürt, daß sein Bruder in Not ist und seiner
Hilfe bedarf. Auf jeden Fall: Die beiden Brüder - auch wenn sie
lange als Zwillinge vereint waren - sie sind schon verschieden:
Der eine in sich ruhend, abgerundet, voll Vertrauen zu Hause
(auch wenn er in der Fremde ist); der andere unruhig, hin und

her geworfen, zwie-spältig, zwei-feind, auf dem Weg, im Kampf
mit dem Drachen, der Hexe und sich selbst. Im Kampf mit dem Bruder in sich selbst, den er noch in sich hineinnehmen muß. Wie
kommt es dazu? Wie gelangt er auf den rechten Weg?

IV.

Da sind die Tiere, die ihn begleiten. Das heißt, jeder der beiden Brüder, die beiden Brüder-Teile, hat je ein Tier erhalten,
weil sie - die sie vom Jäger das Hüten der Tiere gelernt haben -
das Muttertier leben lassen. Wer seine Tiere hütet, (auch der
verlorene Sohn bei Lukas muß erst Schweine hüten, um sich selbst
zu finden), wer Tiere hüten geübt ist, der hat gelernt, mit
seinen Trieben, Instinkten, tief verborgenen Gefühlen, mit allem
was so untermenschlich ist, umzugehen. Er lernt diese kennen,
sie anzusehen, zu zähmen, so wie wilde Tiere gezähmt werden wollen. Die Brüder lassen die Tiere leben, müssen sie nicht töten,
weil sie Angst vor ihnen haben, vor den Instinkten und Gefühlen
ihrer Natur. Und sie erhalten je zwei Jungtiere zu ihrem Schutz.
"Lieber Jäger, laß mich leben, ich will dir auch zwei Junge geben." Has', Fuchs, Wolf, Bär und Löwe. So fünffach behütet und
begleitet macht sich der eine Bruder, der jüngere, westwärts,
zwie-spältig auf den Weg zum Kampf mit der Welt; der andere, der
ältere, ostwärts, dreigestaltet, nach innen in sich hinein. Das
Schwert -zweischneidig scharf - markiert den Scheideweg, ist das
Erkennungszeichen. Ist einer in Not, erkennt man es am Schwert.
Und wer von beiden wird in Not geraten? Zur rechten Zeit wird
der Bruder schon merken, daß der andere in Not ist. Der Ältere
wird zur Stelle sein, ganz wie von selbst. Er hat ja schon die
Drei im Herzen, Harmonie von zwei und eins. Und unsere Erfahrung
sagt ja, es gibt so etwas wie ein Ahnen, daß der andere, mein
Bruder - und wer ist nicht mein Bruder - meiner bedarf. "Es ist
wie Gedankenübertragung. Du kommst wie gerufen". Ja, ich habe
ihn gerufen - von innen. Da gibt es solche Dinge zwischen Himmel
und Erde - wer weiß, wie sie sich ereignen. Der Ältere wird zur
Stelle sein als guter Engel. Ich habe keinen leiblichen Bruder,
aber einen älteren Bruder, mein ewiges Urbild, mein älteres Ich,
das zur Stelle ist, wenn ich es rufe, wenn ich daran glaube,
wenn ich mich auf den Weg mache, nicht zuhause hocke oder im
Wirtshaus versacke, oder im Dschungel der Großstadt untergehe
oder wer weiß. Doch bis dahin ist es noch weit, ein weiter Weg.
Denn erst einmal bin ich allein, allein auf mich gestellt. Mein
Bruder geht in die andere Richtung, gen Osten, und ich gehe zum
Sonnenuntergang in die Nacht, gen Westen. Allein!

V.

Allein ist er auf dem Weg in die Stadt. Der Zwie-spältige, die
fünf Tiere hinter sich als treue Weggefährten. Und da ist die

Stadt, schwarzverhangen, das Königsschloß, die totgeweihte Königstochter - einzige Frau in diesem Märchen - und der Drache. Kennen wir das? Tote Stadt und tote Seelen? Ich träume oft von einer Stadt, wo alles tot liegt, Gerippe, Häusergerippe nur, keine Menschen. Wüste - Totentuch -, so sieht es oft aus in unserer Seele. Doch habt keine Angst davor, verdrängt ihn nicht, den wüsten Traum, seht ihn bitte an. Er ist ein Zeichen dafür, daß Neues geboren werden will. Ein Kampf steht bevor.
Wenn ich dabei nur meinen Tieren vertraue, den sichtbar-unsichtbaren an meiner Seite, den Instinkten! Im Wirtshaus, wo - wie wir wissen - man sich schnell hängen lassen kann, wo Entwicklung abstirbt, rüstet er sich zum Kampf, die wilden Tiere bekommen ihr Futter, damit sie zur Stelle sind und in den Dienst genommen werden können; und dann: Auf in den Drachenkampf!

Der Drache: Ach ja, Jung-Siegfried und Jung-Georg und all die anderen, im Grunde ein jeder von uns, Jungens und Mädchen, wir kämpfen mit ihm. Das erotische Moment des Märchens, die Eroberung der Königstochter, lasse ich hier mal draußen. Der Kampf mit dem Drachen allein ist für mich entscheidend. Der Kampf mit dem Drachen in mir. Er ist Ur-Vater, Bild des großen Vaters. Auf einem hohen Berge thront er, als Über-Ich. Die große Autorität, die mir sagt, was man tut und macht, was ich so tun und machen soll. Nicht ich selbst, nein das nicht; was man mir als meinen Willen zu tun eingeprägt hat. Der Drache ist der furchtbare All-Vater, der mich klein hält, der meine Entwicklung abschneidet, mich nicht wachsen läßt. Mit sieben Drachenköpfen; siebenmal Kopf, so viel Verstand, mit Polypenarmen, die schon stets da sind, mich ständig umgarnen. Aber, hat er nicht ein gutes Vater-Bild in sich? Da war doch auch der Pflegevater, der so liebevoll und einfühlsam im Wald den jüngeren Bruder den Freischuß hat tun lassen. Ist dies Vaterbild nicht ein Hilfe? Ach, ihr Toren, wer sagt denn, daß ich es schon ergriffen hätte, wenn ich solch einen Vater hatte - ihn mein eigen nenne? Eine Zwei schießt er ja. Getrenntes - noch Getrenntes - muß erst vereint werden. Auf dem Wege ist er noch, und gut ist es, wenn er auf dem Wege ist. Sind wir es denn? Wohl dem, der auf dem Wege ist und sei er auch noch so schmal, mit einem Abgrund rechts und links. Nein, der Vater kommt als Drache wieder, so wie die Mutter bei Hänsel und Gretel als Hexe. Und wie diese in den Ofen gesteckt wird, so muß der Drache getötet, ja geköpft werden. Sieben Köpfe sind es, die abzuhauen sind; sieben Zungen werden als Siegespokal im Taschentuch der Geliebten verborgen, als Schatz, der später die Erlösung bringt. Dem Drachen sich im Kampfe stellen, dem Drachen in mir, dem Drachen als Vater, beides in einem, das ist schon nötig. Und auch dies: Wein aus der Kapelle oben auf dem Berg als Stärkungsmittel ist es, im Kelch gereicht, der ihn mit Manneskraft erfüllt. Oh ja, die christlichen Symbole sind nicht verhüllt - zu offensichtlich gar. Kraft aus der Tiefe - die hilfreichen Tiere - und Kraft aus der Höhe - der Kelch des Geistes. Beides zusammen macht es - Höhe und Tiefe, Geist und Natur zusammen. So ist der Drache zu besiegen - nur so. Wenn Geist und Natur, Gefühl und Verstand miteinander verbunden sind, ja, wenn sie verbunden sind! Das ist das Geheimnis. Aus zwei mach eins, das ergibt die Drei.

VI.

"Als das geschehen war, weil er vom Feuer und vom Kampf so matt und müde war, sprach er: 'Wir sind beide so matt und müde und wollen ein wenig schlafen'.""Ein wenig, oh weh!
So ist es halt immer: nach dem Sieg - ein kleiner Sieg, ein Teilsieg ist es, mehr kann es nicht sein, solange wir leben - nach dem Sieg kommt der Schlaf. Müde ist der Bruder, zu Tode müde. Er schläft und seine Tiere, die da wachen sollen, auch. All seine gehüteten Instinkte schlafen. Alle, alle sind ermattet. Einschläfernd beschreibt es das Märchen: "Sie schliefen alle einen festen Schlaf". Es ist vollbracht! Ja, und nun? Der Drache ist besiegt, die warnenden Instinkte schlafen und der Marschall des Königs, Nebenbuhler, auch so ein Bruder, er ist da und nimmt sich alles. Er schlägt dem Jäger den Kopf ab. Kopflos ist er nun, kopflos nach gerade mit Kraft und Geist bestandenem Kampf. So ist es oft.

Das Märchen erzählt voll Tiefsinn und Humor, wie es weitergeht. Zunächst dies: Die jungfräuliche Königstochter erbittet sich noch ein Jahr, ehe sie des Marschalls Gemahlin wird. Das ist ein weiteres Lehrjahr für den Königsbruder, um seiner Tiere Herr zu werden, sie zu zähmen. "Der Jäger aber war traurig, zog in der Welt umher und ließ die Tiere vor den Leuten tanzen". Ein Jahr als Lehrjahr, Trauerjahr, eine neue Chance, sich selbst zu finden.
Doch noch sind wir nicht soweit, denn erst, der Kopf muß aufgesteckt werden, den ich verloren habe. Und - so glaube ich - hier passiert Entscheidendes. Ganz lustig und humorvoll ist es verpackt im Märchen; ja versteckt, so als sei es eine Bagatelle, ein lustiger Gag gar nur. Die hilfreichen Tiere, sie schlafen alle, beschuldigen sich gegenseitig. Der Kleinste, der Hase - Symbol der Fruchtbarkeit, der Auferstehung und des neuen Lebens - muß die Wunderwurzel herbeischaffen. Er tut es denn auch. Und nun kommt es: "Der Löwe setzt dem Jäger den Kopf wieder an, der Hase steckt die Wurzel in den Mund und alsbald fügt sich alles wieder zusammen". So denkst du. Doch es fügt sich nicht. Einen entscheidenden Denk-Fehler, Fühl-Fehler - aber vielleicht ist es gar kein Fehler - hat der Löwe gemacht: "In der großen Eile hatte der Löwe seinem Herrn den Kopf verkehrt herum aufgesetzt". Der Jäger merkt es erst, als er zu Mittag essen will. - Eine Bagatelle nur, ein Schabernack? In diesem Märchen schon. Ich

kenne ein anderes:'Vom Burschen, der sich vor nichts fürchtet' -
weder vor Riesen, noch vor Gnomen, Räubern, Leichen und Gespen-
stern. Erst als sie sich in Tollkühnheit gegenseitig die Köpfe
abhauen und dann aus Ulk verkehrt herum aufsetzen und der Bur-
sche sein Hinterteil, die Kehrseite von sich sieht, da er-
schrickt er mächtig, ja wird wahnsinnig vor Grauen. So kommt er
zur Besinnung seiner selbst. Was ist das?

Seine Kehrseite sehen, sein Hinterteil, das bisher an mir Unver-
traute, die andere Seite meiner Persönlichkeit, das kann schon
Grauen machen. Kennen wir das von uns? Wenn ich den heimlichen
Bruder entdecke, den ich bisher verscheucht, nicht wahrgenommen
habe? Nach außen bin ich, so sagt es jeder und ich glaube es
auch, so ruhig und vernünftig, so liebevoll und sozial einge-
stellt. Aber heimlich - des Nachts im Traum und vielleicht gar
am Tage, wenn ich träume - habe ich so hinterhältige Gedanken,
so zerstörerische Ideen in mir. Das reine Chaos ist es - im Auto
z.B. wenn ich ganz allein bin. Ich könnte alles in die Luft
sprengen - puh, mir wird ganz heiß, wenn ich es betrachte, mein
Hinterteil. Puh! - da kommt mir das Grauen. Ja, ich denke in
diesen Tagen da auch an die Progromnacht vor 50 Jahren [1] und
was später kam. Wir können es ja nicht verstehen, nicht begreifen, wie das alles möglich war von rechtschaffenden, ordentli-
chen, wohlanständigen Bürgern, die wir alle sind. Wie konnte das
alles geschehen? Puh! Die Kehrseite, die dunkle Rückseite von
mir sehen. Sie ist ja da. Ich habe sie ja. Und wenn ich sie
nicht sehe, nicht wahrnehme als Teil von mir, auch wenn ich er-
schrecke vor ihr, dann lebe ich halt nur halb, wie die beiden
Väter-Brüder am Anfang. Und dann tritt sie zur Un-Zeit, unkontrolliert, eruptiv in Erscheinung, meldet sich mit Macht und
sagt: Ich bin da - ich gehöre zu dir. Ja, hörst du, siehst du,
das bist du auch. Ja, das bin ich auch. Und vieles in der Welt
geht kaputt, weil wir den dunklen Bruder in uns nicht wahrnehmen, ihn im Schatten sitzen lassen. Und dann bricht er aus, ohne
Kontrolle, er revoltiert. Denn die im Schatten sitzen, melden
sich dann mit Macht zu Wort. Revolution ist dann das äußere
Abbild eines inneren Vorganges. Wir müßten uns öfter den Kopf
auf den Rücken drehen lassen, um unser Hinterteil zu sehen, unsere Kehrseite; um zu erschrecken darüber, zur Besinnung zu kommen und heil zu werden. Wir müssen hinsehen, die dunklen Seiten
zähmen wie die wilden Tiere, sie in uns hineinnehmen, sie inte-
grieren; auch wenn es furchtbar ist am Anfang. Die Kehrseite,
der andere Bruder, er kann schon zum Fürchten sein, die Kehrseite des Lebens: der Tod.

Und weil das Märchen dieses alles nicht mehr verstand oder verstehen wollte, oder auch, weil es das tiefste Geheimnis verstecken wollte, damit man nicht sofort darauf kommt, berichtet
es eine lustige Episode, über die man nur noch schmunzeln kann.

Anmerkung:
1) Das Märchen wurde erzählt im November 1988

Und so verkehrt ist das ja auch gar nicht. Gerade das Tiefste und Wahrste hat auch eine simple, ganz leichte Seite - eben die Kehrseite des Geheimnisses. Ist es gelüftet, ja dann wird alles leicht, federleicht. Schwermut und leichter Sinn können auch hier einer gehen. So berichtet das Märchen mit leichtem Sinn vom schwersten Sinn, vom Mut zum Leben. Der Bruder Jäger, ja, er hat seinen dunklen Bruder erkannt; der Kopf ist falsch und doch auch richtig aufgesetzt. Das Trauerjahr, das Lehrjahr, der Tanz der Tiere, all das gehört zusammen, damit er nach einem Jahr ins Schloß zurückkehren kann. Und nun: Die Stadt ist nicht mehr pechschwarz, tot und leer, sondern purpurrot gekleidet wie zum Fest, zum Hochzeitsfest. Hohe Zeit ist es auch. Und die Prinzessin steht bereit - und der Jäger-Prinz auch. Und so könnte das Märchen schön und happy enden: "Nun waren der junge König und die Königin guter Dinge und lebten vergnügt zusammen", wenn es so einfach wäre im Leben, nachdem ein Kampf ausgestanden ist.

VII.

Doch es geht noch weiter. Um wirklich zu sich selbst zu finden, den Bruder in sich wahrzunehmen, da reicht ein Kampf nicht aus. "Es lag in der Nähe ein Wald (ja, noch ein Wald), von dem es hieß, er wäre nicht geheuer (welcher Wald ist das schon?). Der junge König hatte große Lust, darin zu jagen". Stillstand gibt es nicht, und nur im Schlosse zu leben, aus goldenen Bechern zu trinken, sich bedienen zu lassen, das macht dick und fett, den Leib und die Seele. Denn wenn es nichts Neues mehr zu entdecken gibt, wenn keine Abenteuer mehr zu bestehen sind, dann verkümmern deine Instinkte. Halb verkümmert sind sie schon beim Jäger, jedoch nur halb, denn auf in den Wald will er, der Jäger-König. "Nicht das ich es ergriffen hätte, ich jage ihm aber nach" - sagt uns der Jäger Paulus über seinen Weg zu Gott. Unserem Jäger begegnet im Wald eine schneeweiße Hirschkuh und sie führt ihn zur Hexe. Die weiße Hirschkuh, Sinnbild der ganzen, vollkommenen, in sich abgerundeten Seele. Das fehlt ihm noch, unserem Zweier Bruder. Er ist noch nicht ganz bei sich selbst, denn da ist die Hexe auf dem Baum. Der Drache - der männliche große Vater - erscheint in Gestalt der Hexe - der weiblichen großen Mutter - wieder. Den Ur-Vater hat er im direkten Kampf mit Kraft aus der Höhe und der Tiefe besiegt. Der Ur-Mutter unterliegt er noch, weil sie ihn mit List umgarnt. Unechte Gefühle spricht sie an. Denn er hätte ja aufmerken müssen, als sie ihn heißt, seine Tiere zu schlagen. Es ist wider die Natur, seine Gefühle, Instinkte zu züchtigen, gar abzutöten. Mag sein, daß der König im Schloß schon wieder zu schläfrig geworden ist, nicht mehr wach genug. Und nachdem er sie schlägt, erstarren sie zu Stein; so wie er selbst, als die Hexe vom Baum steigt. Zu Stein erstarrt: Ein treffendes Bild unserer Seele. Erstarrte Seelen, erstarrte Gesichter, unbewegt, kein Gefühlsausdruck, verhext. Es ist wie verhext - er ist verhext.

VIII.

Doch jetzt ist die Zeit des dreigestalteten Bruders da. Ach ja, den gibt es ja noch. Irgendwo verborgen in mir, auf meiner Rückseite, Unterseite, ist er da. Der treue Bruder, der gute Engel von mir, das andere Ich - wie immer ich es auch nenne. Er ist einfach da, so ist es!

"Nun trug es sich zu, daß gerade zu dieser Zeit der andere Bruder, der bei der Trennung gen Osten gegangen war, in das Königreich kam". Gerade zu dieser Zeit! Ein schönes Märchenmotiv? Nein, ein Lebensmotiv. Es gibt solche Zu-Fälle, Ein-Fälle, die ich habe. Zur rechten Zeit fällt mir gerade noch ein, fällt es wie von draußen ein in mich, ein Ein-Fall. 'Ich habe gerade an Sie gedacht' - 'Sie kommen wie gerufen'. Und wenn es tief in die Seele fällt, dann bringt es mich weiter.

Wie magisch wird der jenseitige Bruder angezogen. Es trägt sich zu, daß er seinen zu Stein erstarrten Bruder zum Leben erwecken muß. Er ist sich seiner Gefühle, seiner Tiere sicher, läßt sich von der Hexe nicht becircen, schlägt seine Tiere nicht, sondern schießt die Hexe ab vom Baum. Und ihre aufgeblähte Macht löst sich auf in Nichts, wie ein Luftballon, der platzt.

Ja, so ist es mit der Macht der Drachen und Hexen. Habe ich mich ihnen gestellt, sie getötet, wirken sie lächerlich, ein Bild des Jammers. Wir bauschen sie meist nur auf, wir machen sie groß, wenn wir ihnen ausweichen, auf sie reinfallen. Der Bruder aus dem Osten, vom Sonnenaufgang, schießt die Hexe ab, erlöst den Bruder. Und daß er in allem wirklich treu ist, treu bis zum Letzten, klug wie eine Schlange und ohne Falsch wie eine Taube, das zeigt sich darin, daß er ein zweischneidiges Schwert zwischen sich und die Königstochter legt, als sie zusammen im Bett liegen und sie ihn für seinen Bruder, ihren Gemahl, hält.
Das zwei-schneidige Schwert: Es wahrt die Trennung, damit es nicht zur Vermischung kommt, zu einer falschen Einheit. Das zweischneidige Schwert markiert genau die Grenze: Jeder ist ein eigener Mensch und doch gehören sie zusammen - unvermischt und ungetrennt zugleich!

Da zeigt sich, daß er es echt meint mit seiner Hilfe. Kein Wunder, denn er war ja schon ganz in sich, als er die Drei abschoß, unser Bruder, der uns so weit voraus ist und den wir alle haben. "Die Zwillingsbrüder aber, als sie sich wiedersahen, küßten und freuten sich von Herzen. Da tat sich der Wald von selbst auf und ward licht und hell, und man konnte das königliche Schloß auf drei Stunden Weges sehen." Klar, wenn alles gelöst ist, dann tut sich der dichte Wald auf wie von selbst. Alles, was vorher

undurchdringlich schien, löst sich auf, wird licht und hell. So
ist es allemal. Drei Stunden des Weges zum Schloß sind es noch.
Hinweis darauf, daß beide auf dem Weg zur Drei-heit, zur
Drei-Einheit sind - beide nun. Und das Märchen könnte hier enden. "ich hab's ergriffen, ja ich hab's ergriffen".

Doch noch ist es nicht zu Ende, zum guten Ende gelangt. Ein
letzter Rückschlag folgt.

Nun gingen die zwei Brüder zusammen nach Haus und erzählten einander auf dem Weg ihre Schicksale. Und als der jüngste sagte, er
wäre an des Königs Statt Herr im ganzen Lande, sprach der andere: "Das hab ich wohl gemerkt, denn als ich in die Stadt kam und
für dich angesehen ward, da geschah mir königliche Ehre: die
junge Königin hielt mich für ihren Gemahl, und ich mußte an ihrer Seite essen und in deinem Bett schlafen." Wie das der andere
hörte, ward er so eifersüchtig und zornig, daß er sein Schwert
zog und seinem Bruder den Kopf abschlug. Als dieser aber tot da-
lag und er sein rotes Blut fließen sah, reute es ihn gewaltig:
"Mein Bruder hat mich erlöst", rief er aus, "und ich habe ihn dafür getötet!" und jammerte laut. Da kam sein Hase und erbot
sich, von der Lebenswurzel zu holen, sprang fort und brachte sie
noch zu rechter Zeit; und der Tote ward wieder ins Leben gebracht und merkte gar nichts von der Wunde.
Darauf zogen sie weiter, und der jüngste sprach:" Du siehst aus
wie ich, hast königliche Kleider an wie ich, und die Tiere folgen dir nach wie mir; wir wollen zu den entgegengesetzten Toren
einziehen und von zwei Seiten zugleich beim alten König anlan-
gen.

Noch einmal sind sie auf den Tod hin entzweit, von der Eifersucht besiegt, wie bei Kain und Abel, Eifersucht gegen das bessere Ich, dem wahren Bruder in mir. Ja, das gibt es. Und wie bei
Kain schreit das Blut gen Himmel. Doch dieser Bruder, jenseits
von Eden, hat gelernt. Er hört den Schrei des eigenen Blutes,
bereut, kommt zu sich. Soweit ist er schon, so stark in sich
verwurzelt. So kurz vor dem Ziel, daß er seine Wahnsinnstat
selbst begreift und sie selbständig in Leben und Heil verwandeln
kann. Soweit ist er schon, so daß er den Bruder zum Leben erwek-
ken kann, dank der Lebenskraft des Hasens, seines Tieres. Und
nun kann er auch dem Bruder einen Platz in sich selbst schenken.
Er, der zweispältige Bruder wird nun dreigestaltet. Das Ziel, es
ist erreicht, auf einem langen und verschlungenen Weg. Einträchtig ziehen die beiden von Westen und Osten, von entgegengesetzten Richtungen, in die Stadt ein und treffen sich in der Mitte,
im Schloß. Sie durchmessen die Stadt, so, als wollten sie die
Stadt ihrer Seele von allen Seiten in Besitz nehmen. Sie haben
den Schlüssel zum Schloß in der Mitte gefunden. Das Schloß,

Symbol des Selbst, der vollen und ganzen Persönlichkeit, wo oben und unten, Geist aus der Höhe und Instinkt aus der Tiefe, in beiden jedoch alle seelischen Kräfte miteinander verbunden sind. Und so schließt das Märchen, und nun erst ist es zu einem Ende gekommen. "Abends, als der junge König zu Bette ging, sprach seine Frau: 'Warum hast du in der vorigen Nacht ein zweischneidiges Schwert in unser Bett gelegt? Ich habe geglaubt, du wolltest mich totschlagen.' Da erkannte er, wie treu sein Bruder gewesen war." Ja, so treu war der Bruder - welcher Bruder? Darf man das fragen, weil hier von vielen Brüdern die Rede ist?

Zwei Brüder - der lange Weg des einen ist beschrieben.

Zwei Väter - der leibliche, der sie in den Wald geschickt, der Pflegevater, der sie lehrt, im Wald zu leben, ihre Natur zu erkennen.

Zwei Väter-Brüder, die so starr, zu Stein erstarrt sind, daß bei ihnen keine Entwicklung mehr möglich ist.

Doch wir alle leben, haben Söhne und Töchter, sind Söhne und Töchter. Und was wir nicht schaffen, weil unsere Eltern, Großeltern es schon nicht schafften, das können, dürfen unsere Söhne und Töchter fortsetzen. Wir geben ihnen unser Erbe weiter, sie haben eine neue Chance, das, was wir nicht schafften, in ihrem Leben ein kleines Stück weiterzuführen. Und wir hoffen: Unsere Enkel fechten es besser aus. Es muß ja nicht gleich so weit gehen, wie in unserem Märchen, in dem im Zeitraffer viele Generationen, ja die Menschheitsgenerationen beschrieben sind. Wenn es nur ein kleines Stück des Weges ist und wenn da nur ein Vater ist, ein Pflegevater, der uns unsere wahre Natur erkennen lehrt. Wo ist dieser Vater, der Pflegevater - wo ist Gott?

IX.

Gott ist unser Pflegevater, uns immer weit voraus. Und wir sind noch längst nicht so weit. Gott ist da, wo Einheit herrscht, wo Brüder sich von Herzen treu sind; wo ich meinen Bruder, meine Kehrseite, kenne, erkenne, annehme, liebe. Wo ich weiß, daß im Himmel ein Engel als mein Bruder mich auf meinem Weg begleitet; wo ich das weiß mit dem Verstand des Herzens, und wo ich so getrost meinen Weg gehen kann - da ist Gott. Und er ist treu, so wie der Bruder im Märchen. Und doch ist er uns weit voraus, weit, weit, weit. Und Bruder Paulus hat das gut beschrieben: "Nicht daß ich es ergriffen hätte, ich jage ihm aber nach".

In der Geschichte vom verlorenen Sohn, der beiden verlorenen Söhne, Brüder, die zueinander nicht kommen können, da ist der Vater da, der den heimkehrenden Sohn nach einem langen Weg, auf dem er seine Schweine zu hüten gelernt hat, in seine Arme schließt. "Ich bin nicht wert, dein Sohn zu heißen", sagt der Heimkehrer. Keine Demutsgebärde, sondern tiefe Erkenntnis der eigenen Situation vor dem Vater. Und der Vater ist ihm schon voraus, er ist ihm entgegengeeilt - so ist Gott. Er ist da und nimmt ihn in den Arm. Du gehörst zu mir. Ich bin schon da. Der Vater - der göttliche Bruder! Und er feiert ein großes Fest, das die feindlichen Brüder vereinigen soll.

Und die Bibel läßt offen, wie der jüngere Bruder, der Heimkehrer, den älteren Bruder, der zuhause sitzt, nun aufnimmt. Ob der Jüngere sagt: "Komm Bruder, feiern wir zusammen. Ich habe viel gelernt in der Fremde. Sei nicht eifersüchtig, feiere mit mir. Ich freue mich, daß ich auch dich wiedergefunden habe, ein Teil von mir, das ich in der Fremde lieben gelernt habe. Ich konnte ja in die Fremde nur gehen, weil du zuhause geblieben bist. Und ich bin für dich mit in die Fremde gegangen; da warst du immer bei mir, weißt du nicht? Im Grunde sind wir ja gemeinsam in die Fremde gegangen und gemeinsam nach Hause zurückgekehrt. Und Vater, unser Vater, hat uns gemeinsam in die Arme genommen und für uns das Kalb geschlachtet zum Feiern. Wir drei vereint, wir drei: Vater, du und ich in der Drei-Einheit und nicht nur wir Zwei gespalten, zweispältig, getrennt, auseinandergerissen, nur halb. Laß uns gemeinsam feiern."

Ich weiß nicht, ob der jüngere Bruder so gesprochen hat. Er hätte so sprechen können, nachdem der Vater, unser aller Vater, ihn in die Arme genommen hat. Er wäre fähig dazu. Und das wäre ein gutes Ende, ein wirklich gutes Ende. Die biblische Geschichte und das Märchen würden miteinander verbunden sein, sich gegenseitig weiterführen.

Gibt es dieses Ende? Ich weiß es nicht. Gott weiß es. Und er ist uns voraus. Und er steht hinter uns, in unserem Rücken. Er steht unter uns und über uns. Er ist uns voraus, daß wir, ihn im Blick, ihm entgegengehen. Er steht in unserem Rücken, um uns zu stützen, daß wir nicht fallen. Er ist über uns, daß wir nach oben blicken, zum Berg unseres Lebens, Kraft aus der Höhe erhalten. Er ist unter uns, daß wir auch in den tierischen Instinkten und Gefühlen Gott erfahren. Von allen Seiten umgibt er uns und hält seine schützende Hand über uns, und mein Glaube sagt mir: Ja, das gibt es. Diesen Weg zu vollem Leben! Und wenn ich es nicht schaffe, meinen inneren Bruder zu entdecken und anzunehmen, meine Kehrseite, wenn ich da noch auf dem Weg stehen oder hängen bleibe - denn da gibt es ja viele Drachen und Hexen auf dem Weg - da sind mein Sohn, meine Tochter, und sie haben eine neue Chance, so wie ich als Sohn oder Tochter, und irgendwann, irgendwann, werden wir alle gemeinsam am Ziel sein. Wir alle! - Dann wird sein Gott alles in allem; auch in uns selbst. Wann wird das sein? Fragt nicht so neugierig. Ich weiß es nicht. Gott weiß es, der Vater, der uns in die Arme nimmt. Doch daß er dies tut, tun wird, das weiß ich, können wir alle wissen. "Da erkannte er, wie treu sein Bruder - Gott - war."

Und er wird sein Geheimnis lüften, wenn die Zeit dafür reif ist.

DER KLEINE PRINZ

DER KLEINE PRINZ

Einmal auf der Erde, wunderte sich der kleine Prinz, niemanden zu sehen. Er fürchtete schon, sich im Planeten geirrt zu haben, als ein mondfarbener Ring sich im Sande bewegte.

"Gute Nacht", sagte der kleine Prinz aufs Geratewohl.

"Gute Nacht", sagte die Schlange.

"Auf welchen Planeten bin ich gefallen?" fragte der kleine Prinz.

"Auf die Erde, du bist in Afrika", antwortete die Schlange.

"Ah!...es ist also niemand auf der Erde?"

"Hier ist die Wüste. In den Wüsten ist niemand. Die Erde ist groß", sagte die Schlange.

"Du bist ein drolliges Tier", sagte er schließlich, "dünn wie ein Finger..."

"Aber ich bin mächtiger als der Finger eines Königs", sagte die Schlange.

Der kleine Prinz mußte lächeln:

"Du bist nicht sehr mächtig...Du hast nicht einmal Füße... Du kannst nicht einmal reisen..."

"Ich kann dich weiter weg bringen als ein Schiff", sagte die Schlange.

Sie rollte sich um den Knöchel des kleinen Prinzen wie ein goldenes Armband.

Anmerkung:

Das "Märchen vom kleinen Prinzen" wurde in einem Gottesdienst in der Adventszeit ausgelegt. Die Atmosphäre des Advent ist wichtig für das innere Verstehen des Gesagten!

"Wen ich berühre, den gebe ich der Erde zurück, aus der er her-
vorgegangen ist", sagte sie noch. "Aber du bist rein, du kommst
von einem Stern..."
Der kleine Prinz antwortete nichts.
"Du tust mir leid auf dieser Erde aus Granit, du, der du so
schwach bist. Ich kann dir eines Tages helfen, wenn du dich zu
sehr nach deinem Planeten sehnst. Ich kann..."
"Oh, ich habe sehr gut verstanden", sagte der kleine Prinz,
"aber warum sprichst du immer in Rätseln?"
"Ich löse sie alle", sagte die Schlange.
Und sie schwiegen.

Aber nachdem der kleine Prinz lange über Sand, die Felsen und
den Schnee gewandert war, geschah es, daß er endlich eine Straße
entdeckte. Und die Straßen führen alle zu den Menschen.
"Guten Tag", sagte er.
Da war ein blühender Rosengarten.
"Guten Tag", sagten die Rosen.
Der kleine Prinz sah sie an. Sie glichen alle seiner Blume.
"Wer seid ihr?" fragte er sie höchst erstaunt.
"Wir sind Rosen", sagten die Rosen.
"Ach!" sagte der kleine Prinz...
Und er fühlte sich sehr unglücklich. Seine Blume hatte ihm erzählt, daß sie auf der ganzen Welt einzig in ihrer Art sei. Und
siehe! da waren fünftausend davon, alle gleich, in einem einzi-
gen Garten!
Sie wäre sehr böse, wenn sie das sähe, sagte er sich... sie würde fürchterlich husten und so tun, als stürbe sie, um der Lä-
cherlichkeit zu entgehen. Und ich müsste wohl so tun, als pflegte ich sie, denn sonst ließe sie sich wirklich sterben, um auch
mich zu beschämen...
Dann sagte er sich noch: Ich glaubte, ich sei reich durch eine
einzigartige Blume, und ich besitze nur eine gewöhnliche Rose.
Sie und meine drei Vulkane, die mir bis ans Knie reichen, und
von denen einer vielleicht für immer erloschen ist, das macht
aus mir keinen sehr großen Prinzen... Und er warf sich ins Gras
und weinte.

In diesem Augenblick erschien der Fuchs.
"Guten Tag", sagte der Fuchs.
"Guten Tag", antwortete höflich der kleine Prinz, der sich
umdrehte, aber nichts sah.
"Ich bin da", sagte die Stimme, "unter dem Apfelbaum..."
"Wer bist du?" sagte der kleine Prinz. "Du bist sehr hübsch..."
"Ich bin ein Fuchs", sagte der Fuchs.
"Komm und spiel mit mir", schlug ihm der kleine Prinz vor.
"Ich bin so traurig..."
"Ich kann nicht mit dir spielen", sagte der Fuchs. "Ich bin noch
nicht gezähmt!"

"Ah, Verzeihung!" sagte der kleine Prinz.
Aber nach einiger Überlegung fügte er hinzu:
"Was bedeutet das: 'zähmen'?"
"Du bist nicht von hier", sagte der Fuchs, "was suchst du?"
"Ich suche die Menschen", sagte der kleine Prinz. "Was bedeutet 'zähmen'?"
"Das ist eine in Vergessenheit geratene Sache", sagte der Fuchs. "Es bedeutet: sich 'vertraut machen'."
"Vertraut machen?"
"Gewiß", sagte der Fuchs. "Du bist für mich noch nichts als ein kleiner Knabe, der hunderttausend kleinen Knaben völlig gleicht. Ich brauche dich nicht, und du brauchst mich ebensowenig. Ich bin für dich nur ein Fuchs, der hunderttausend Füchsen gleicht. Aber wenn du mich zähmst, werden wir einander brauchen. Du wirst für mich einzig sein in der Welt. Ich werde für dich einzig sein in der Welt..."
"Siehst du da drüben die Weizenfelder?" sagte der Fuchs. "Ich esse kein Brot. Für mich ist der Weizen zwecklos. Die Weizenfelder erinnern mich an nichts. Und das ist traurig. Aber du hast weizenblondes Haar. Oh, es wird wunderbar sein, wenn du mich einmal gezähmt hast! Das Gold der Weizenfelder wird mich an dich erinnern. Und ich werde das Rauschen des Windes im Getreide liebgewinnen."
Der Fuchs verstummte und schaute den Prinzen lange an:
"Bitte...zähme mich!" sagte er.
"Ich möchte wohl", antwortete der kleine Prinz, "aber ich habe nicht viel Zeit. ich muß Freunde finden und viele Dinge kennenlernen."
"Man kennt nur die Dinge, die man zähmt", sagte der Fuchs. "Die Menschen haben keine Zeit mehr, irgend etwas kennenzulernen. Sie kaufen sich alles fertig in den Geschäften. Aber da es keine Kaufläden für Freunde gibt, haben die Leute keine Freunde mehr. Wenn du einen Freund willst, so zähme mich!"
"Was muß ich da tun?" sagte der kleine Prinz.
"Du mußt sehr geduldig sein", antwortete der Fuchs. "Du setzt dich zuerst ein wenig abseits von mir ins Gras. Ich werde dich so verstohlen, so aus dem Augenwinkel anschauen, und du wirst nichts sagen. Aber jeden Tag wirst du dich ein bißchen näher setzen können..."
Am nächsten Morgen kam der kleine Prinz zurück und am anderen Tag auch.
So machte denn der kleine Prinz den Fuchs mit sich vertraut.
Und als die Stunde des Abschieds nahe war:
"Ach!" sagte der Fuchs; "ich werde weinen."
"Das ist deine Schuld", sagte der kleine Prinz, "ich wünschte dir nichts übles, aber du hast gewollt, daß ich dich zähme..."
"Gewiß", sagte der Fuchs.
"Aber nun wirst du weinen!" sagte der kleine Prinz.
"Bestimmt", sagte der Fuchs.

"So hast du also nichts gewonnen!"
"Ich habe", sagte der Fuchs, "die Farbe des Weizens gewonnen."
Dann fügte er hinzu:
"Geh die Rosen wieder anschauen. Du wirst begreifen, daß die
deine einzig ist in der Welt. Du wirst wiederkommen und mir
adieu sagen, und ich werde dir ein Geheimnis schenken."
Und er kam zum Fuchs zurück:
"Adieu", sagte er...
"Adieu", sagte der Fuchs. "Hier ist mein Geheimnis. Es ist ganz
einfach: man sieht nur mit dem Herzen gut. Das Wesentliche ist
für die Augen unsichtbar."
"Das Wesentliche ist für die Augen unsichtbar", wiederholte der
kleine Prinz, um es sich zu merken.
"Die Zeit, die du für deine Rosen verloren hast, sie macht deine
Rose so wichtig."
"Die Zeit, die ich für meine Rose verloren habe...", sagte der
kleine Prinz, um es sich zu merken.
"Die Menschen haben diese Wahrheit vergessen", sagte der Fuchs.
"Aber du darfst sie nicht vergessen. Du bist zeitlebens für das
verantwortlich, was du dir vertraut gemacht hast. Du bist für
deine Rose verantwortlich..."
"Ich bin für meine Rose verantwortlich..." wiederholte der klei-
ne Prinz, um es sich zu merken.
Und am Brunnen habe ich, der ich dem Fuchs begegnete, noch lange
mit ihm gesprochen.

Da der kleine Prinz einschlief, nahm ich ihn auf meine Arme und
machte mich wieder auf den Weg. Ich war bewegt. Mir war, als
trüge ich ein zerbrechliches Kleinod. Es schien mir sogar, als
gäbe es nichts Zerbrechlicheres auf der Erde.
Ich betrachtete im Mondlicht diese blasse Stirn, diese geschlos-
senen Augen, diese im Winde zitternde Haarsträhne, und ich sagte
mir: Was ich da sehe, ist nur eine Hülle. Das Eigentliche ist
unsichtbar...
Und dann kam das Abschiednehmen für mich.
"Kleines Kerlchen, ich will dich noch lachen hören..."
Aber er sagte zu mir:
"Diese Nacht wird es ein Jahr. Mein Stern wird sich gerade über
dem Ort befinden, wo ich letztes Jahr gelandet bin..."

Ich habe es nicht gesehen, wie er sich in der Nacht auf den Weg
machte. Er war lautlos entwischt. Als es mir gelang, ihn einzu-
holen, marschierte er mit raschem, entschlossenem Schritt dahin.
Er sagte nur: "Ah, du bist da..."
Und er nahm mich bei der Hand. Aber er quälte sich noch:
"Du hast nicht recht getan. Es wird dir Schmerzen bereiten. Es
wird aussehen, als wäre ich tot, und das wird nicht wahr sein.."
Ich schwieg.

"Du verstehst. Es ist zu weit. Ich kann diesen Leib da nicht mitnehmen. Er ist zu schwer."

Ich schwieg.

"Aber er wird daliegen wie eine alte verlassene Hülle. Man soll nicht traurig sein um solche alten Hüllen..."

Ich schwieg.

Er verlor ein bißchen den Mut. Aber er gab sich noch Mühe:

"Das wird so lustig sein! Du wirst fünfhundert Millionen Schellen haben, ich werte fünfhundert Millionen Brunnen haben..."

Und auch er schwieg, weil er weinte...

"Da ist es. Laß mich einen Schritt ganz allein tun."

Und er setzte sich, weil er Angst hatte.

Ich setzte mich, weil ich mich nicht mehr aufrecht halten konnte. Er sagte:

"Hier... Das ist alles..."

Er zögerte noch ein bißchen, dann erhob er sich. Er tat einen Schritt. Ich konnte mich nicht rühren.

Es war nichts als ein gelber Blitz bei seinem Knöchel. Er blieb einen Augenblick reglos. Er schrie nicht. Er fiel sachte, wie ein Blatt fällt. Ohne das leiseste Geräusch fiel er in den Sand.

Und wenn irgendwann ein Kind auf euch zukommt, wenn es lacht, wenn es goldenes Haar hat, wenn es nicht antwortet, so man es fragt, dann werdet ihr wohl erraten, wer es ist. Dann seid so gut und laßt mich nicht weiter so traurig sein: schreibt mir schnell, wenn er wieder da ist...

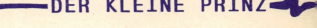
ICH HABE DIR NIE EINEN ROSENGARTEN VERSPROCHEN

Lukas 2, 1-14

DAS KIND ZWISCHEN KRIPPE UND ROSENDORNEN

Jesu Geburt

Es begab sich aber zu der Zeit, daß ein Gebot von dem Kaiser Augustus ausging, daß alle Welt geschätzt würde. 2 Und diese Schätzung war die allererste und geschah zur Zeit, da Cyrenius Landpfleger in Syrien war. 3 Und jedermann ging, daß er sich schätzen ließe, ein jeglicher in seine Stadt. 4 Da machte sich auf auch Joseph aus Galiläa, aus der Stadt Nazareth, in das jüdische Land zur Stadt Davids, die da heißt Bethlehem, darum daß er von dem Hause und Geschlechte Davids war, 5 auf daß er sich schätzen ließe mit Maria, seinem vertrauten Weibe, die war schwanger. 6 Und als sie daselbst waren, kam die Zeit, daß sie gebären sollte. 7 Und sie gebar ihren ersten Sohn und wickelte ihn in Windeln und legte ihn in eine Krippe; denn sie hatten sonst keinen Raum in der Herberge.

8 Und es waren Hirten in derselben Gegend auf dem Felde bei den Hürden, die hüteten des Nachts ihre Herde. 9 Und siehe, des Herrn Engel trat zu ihnen, und die Klarheit des Herrn leuchtete um sie; und sie fürchteten sich sehr. 10 Und der Engel sprach zu ihnen: *Fürchtet euch nicht! Siehe, ich verkündige euch große Freude, die allem Volk widerfahren wird*; 11 *denn euch ist heute der Heiland geboren, welcher ist Christus, der Herr, in der Stadt Davids.* 12 Und das habt zum Zeichen: ihr werdet finden das Kind in Windeln gewickelt und in einer Krippe liegen. 13 Und alsbald war da bei dem Engel *i*die Menge der himmlischen Heerscharen, die lobten Gott und sprachen: 14 *Ehre sei* *k*Gott in der Höhe und *l*Friede auf Erden und den Menschen ein Wohlgefallen.*

15 Und da die Engel von ihnen gen Himmel fuhren, sprachen die Hirten untereinander: Laßt uns nun gehen nach Bethlehem und die Geschichte sehen, die da geschehen ist, die uns der Herr kundgetan hat. 16 Und sie kamen eilend und fanden beide, Maria und Joseph, dazu das Kind in der Krippe liegen. 17 Da sie es aber gesehen hatten, breiteten sie das Wort aus, welches zu ihnen von diesem Kinde gesagt war. 18 Und alle, vor die es kam, wunderten sich der Rede, die ihnen die Hirten gesagt hatten. 19 Maria aber behielt alle diese Worte und bewegte sie in ihrem Herzen.

I.

"Wenn dann ein Kind auf euch zukommt, wenn es lacht, wenn es goldenes Haar hat, dann werdet ihr wohl erraten, wer er ist. Dann seid so gut und laßt mich nicht weiter so traurig sein: Schreibt mir schnell, wenn er wieder da ist..."
Der Kleine Prinz, der in uns allen schlummert, so wie auch in diesem Mann, der dieses Märchen geschrieben hat; das schönste und bekannteste Märchen des 2o. Jahrhunderts - allein in Deutschland über 3 Millionen, weltweit 2o Millionen Exemplare.

Der kleine Prinz - das königliche Kind mit den weizenblonden Haaren, dem gelben Schal; der im Wind flattert, voll Vertrauen in die gute Schöpfung, wie nur Kinder dies haben können.

Der kleine Prinz - er kommt von seinem Asteroiden wie ein flüchtiger Schatten auf die Erde, lernt allerlei merkwürdige Menschen kennen, die seltsamen großen Leute, die Schlange, den Fuchs, den abgestürzten Flieger, den Erzähler des Märchens - und dann kehrt er wieder auf seinen Stern zurück, ins Niemandsland - irgendwo - und er ward nicht mehr gesehen, so wie der Dichter Saint-Exupéry selbst ein paar Jahre später das irdische Leben verlassen hat, vor 44 Jahren mit 44 Jahren, abgestürzt irgendwo im Mittelmeer bei Sizilien am Ende des Krieges mit

seinem Aufklärungsflugzeug. Aufklären wollte er, ja aufklären
will er mit diesem Märchen.

Der kleine Prinz - hier und da hat er ein Lächeln auf den Lippen, ein wehmütiges, oft trauriges Lächeln über unser Leben.
Manchmal weint er auch. Und dann, kaum hat man ihn liebgewon-
nen, sich vertraut gemacht mit ihm, ist er auf einmal nicht
mehr da. Er entschwindet, wie die verlorene Kindheit. Zurück
bleibt ein schöner, flüchtiger Traum, vom Wind verweht, von des
Meeres Tiefe angesogen, der Flieger-Prinz. "Schaut euch diese
Landschaft genau an. Und wenn ein kleines Kind auf euch zukommt, mit weizenblonden Haaren, wenn es lacht, dann seid so
gut und schreibt mir schnell, wenn er wieder da ist, damit ich
nicht mehr so traurig bin..."
Ein Märchen unseres 2o. Jahrhunderts; das Märchen unseres Jahr-
hundertes, voll Wehmut und sanfter Klage über all das, was wir
verloren haben an Vertrauen und Liebe, über das königliche
Kind, das in uns geschändet wurde; voll Sehnsucht, daß dies
Kind uns doch neu geschenkt wurde. Doch woher? Der kleine
Prinz, voll Wehmut und Sehnsucht.
Ich möchte es wagen, einen kleinen Teil der Landschaft, auf die
dieser Prinz seine Füße gesetzt und Spuren hinterlassen hat, zu
betrachten. Nicht alles im Zusammenhang - nur einmal hierhin,
einmal dorthin schauen. Denn alles können wir sowieso nicht betrachten. Und, wenn wir zusammenkommen - Sie im Hören und
inneren Reden, ich im Reden und inneren Hören - dann vielleicht
lesen Sie den kleinen Prinzen noch einmal ganz durch. Leise
oder laut; am besten laut, am besten gegenseitig - die Frau dem
Mann oder noch besser: der Mann der Frau. Und ein Tip: Wenn Sie
das Märchen nicht verstehen sollten, weil Sie schon viel zu
große Leute sind, dann fragen sie doch Ihre Kinder, oder ir-
gendein Kind oder fragen sie am besten das Kind in Ihnen
selbst. Es versteht es gewiß. Denn "das ist ein sehr großes Geheimnis. Für euch, die ihr den kleinen Prinzen liebt... Schaut
euch den Himmel an. Fragt euch: Hat das Schaf die Blume gefres-
sen? Ja oder nein? Und ihr werdet sehen,wie sich alles verwandelt... Aber keines von den großen Leuten wird jemals verstehen, daß das eine so große Bedeutung hat."

                              II.

Der kl. Prinz kommt in diese Welt von einem anderen Stern. Ja,
wenn wir den kl. Prinzen in uns entdecken, so ist es oft, als
käme er von einem anderen Stern, sternenweltweit von uns getrennt. Und die kleine, überschaubare Welt des Prinzen, sie
wird uns vorgestellt. Auf dem Asteroiden B 612 wohnt er.3 Affenbrotbäume, 2 tätige Vulkane, die jeden Morgen gefegt werden

müssen, denn es muß alles seine Ordnung haben. Und die <u>eine</u> Rose, die empfindsame Rose, hinterm Wandschirm, unter der Glocke, damit sie geschützt ist vor Zugluft und wilden Tieren und dem Vulkan, denn sie ist ja so empfindsam, die Rose, ein wenig eitel auch; doch wer ist das nicht? Und mitunter zeigt sie ganz mutig ihre Dornen wie Krallen, mit denen sie alle Angriffe abwehren will. Die Rose, die all seine Liebe und Pflege und Treue verlangt. Und der kleine Prinz erzählt uns von ihr: "Ich hab' sie damals noch nicht verstehen können. Ich hätte ihr Tun nicht nach ihren Worten beurteilen sollen. Sie duftete und blühte für mich. Hätte niemals fliehen sollen. Hätte hinter all den armseligen Schlichen ihre Zärtlichkeit erraten sollen. Aber ich war noch zu jung, um sie lieben zu können." Dies ist die kleine Welt des kleinen Prinzen. Eine gewisse Wehmut kommt auf, besonders bei den Sonnenuntergängen, besonders an dem Tag, wo es 43 gab. Und eigentlich könnte der kleine Prinz immer auf seinem Stern weit weg von uns bleiben, denn er hat ja seine Welt, den Vulkan, die Affenbrotbäume und seine Rose, die ihm vertraut ist wie die eigene Mutter. Und die schönen Sonnenuntergänge. Seine Welt, seinen Stern, überschaubar, Heimatland der Kindheit.
Doch ihn treibt es fort, das Land seiner Kinderheit zu verlassen. Hin zur Welt der Großen, der Erwachsenen, hinein in unsere Welt. Und die ist - soll ich's noch extra sagen - kein Rosengarten, ganz und gar nicht.

III.

In dieser Welt ist es kalt und auch wüst und leer. Tohu und Bohu, so wie es auch oft in unserer Seele aussieht. Das königliche Kind in uns spürt das noch. Als Erwachsener hat man genug Mittel gefunden, dies einfach nicht wahrzunehmen, zu übertünchen. Wie könnte man es auch sonst aushalten? Und man richtet sich ein, so wie all die großen Leute es tun, denen der kleine Prinz auf seiner Reise zur Erde begegnet.

Der greise König; vergreist in seiner eingebildeten Allmacht, im Ghetto seiner senilen Befehle. Ohnmacht, unfähig zum Gespräch. "Er gab sich den Anschein größter Autorität. Die großen Leute sind sehr sonderbar, sagte sich der kleine Prinz auf seiner Reise".

Der eitle Geck, der immer bewundert werden will und sich im trüben Licht seiner verblichenen Schönheit selbst bespiegelt. "Wozu nimmst du dich so wichtig", sagte der kleine Prinz und macht sich davon." Die großen Leute sind entschieden sehr wunderlich, stellte er auf seiner Reise fest."

Der Quartalsäufer mit seiner in sich zusammengebrochenen Eitelkeit, der sich in Selbstmitleid und Wehmut einpökelt. "Warum

trinkst du? Um zu vergessen, daß ich mich schäme, weil ich sau-
fe. Die großen Leute sind entschieden sehr, sehr wunderlich,
sagte er sich auf seiner Reise."

Der geschäftige Geschäftsmann; keine Zeit, keine Zeit, besoffen
vom Geld, ertrunken in Zahlen, der Mond und Sterne verkaufen
will - wir sind tatsächlich schon bald soweit -, der die ganze
Welt in das Rauschmittel seiner Sucht verwandelt und verwüstet.
"Ich kann die Zahl meiner Sterne auf ein kleines Papier schrei-
ben. Und dann sperre ich das Papier in eine Schublade. Die
großen Leute sind entschieden ganz ungewöhnlich, sagte sich der
kleine Prinz auf seiner Reise".

Der eifrige Laternenanzünder, der immer im Dienst ist, nur seine
Pflicht tut und nicht fragt: warum?, tagaus, tagein, wie wir alle
- ob wir gehorsam Zahlen auf dem Bankkonto oder in Auschwitz
verwalten - pflichtgemäß und gehorsam, obwohl doch das Laternen-
anzünden so schön und poetisch sein könnte. "Was sich der kleine
Prinz nicht einzugestehen wagte, war, daß er diesem Planeten
nachtrauerte, besonders der 1440 Sonnenuntergänge wegen in 24
Stunden. Die großen Leute sind schon sehr, sehr wunderlich."

Und am Ende der zwanghafte Geograph, der alles und jedes regi-
striert und katalogisiert, was Forscher und Gelehrte so an sich
haben; der das Leben nur aus der Studierstube kennt. "Die großen
Leute sind wirklich ganz ungewöhnlich, sagte sich der kleine
Prinz und reiste weiter". Ein Panoptikum der menschlichen Eitelkeit, Dummheit, Borniertheit, ein Tour d'horizon der Unmensch-
lichkeit. Und der kleine Prinz - das königliche Kind - ist voll
Erstaunen über die großen Leute; über uns alle, denn in allen,
so weh es tut, können wir uns ja durchaus wiederfinden. Und wenn
nicht, dann haben wir uns noch nicht mit den Augen des kleinen
Prinzen in uns gesehen. Und wenn wir ihn gar abgetötet, abge-
trieben haben, ja dann können wir auch wirklich nichts merken.

Aber der kleine Prinz merkt es mit offenen Ohren, mit wachen Augen. Wer nur erlöst die großen Leute von ihrem erstarrten
Größenwahn und wie erlöst man sie? Man müßte den kleinen Prinzen
selbst entdecken, in sich, das königliche Kind, das Vertrauen in
unser verborgenes Königreich, das in uns schlummert. Man müßte
den kleinen Prinzen in uns wiederbeleben, mit ihm auf die Reise
gehen, ihm folgen auf seiner Reise zur Erde, dem 7. Planeten,
den er besucht hat. Und das wollen wir jetzt tun.

                          IV.
"Der siebte Planet war also die Erde. Die Erde ist nicht irgend-
ein Planet! Man zählt da hundertelf Könige, wenn man, wohlge-
merkt, die Negerkönige nicht vergißt, siebentausend Geographen,

neunhunderttausend Geschäftsleute, siebeneinhalb Millionen Säufer, dreihundertelf Millionen Eitle, kurz - ungefähr zwei Milliarden erwachsene Leute".

Ja, das ist die Erde, unsere Erde. Ein Rosengarten? Ich denke, das kommt darauf an, ob man sie mit den Augen des kleinen Prinzen sieht oder mit denen all der großen Leute. Und der kleine Prinz findet auf seiner Wanderung über die Erde - durch Wüste, über Gebirge - auch einen Rosengarten. 5000 Rosen an der Zahl. Und er wird ganz traurig angesichts solch vieler Rosen; traurig über seine eine geliebte Rose, die er zurückgelassen hat. "Ich glaubte, ich sei reich durch eine einzigartige Blume und nun besitze ich nur eine gewöhnliche Rose. Und er warf sich ins Gras und weinte". Einen großen Rosengarten, brauchen wir den eigentlich? Ja, der Kindheitstraum platzt für den Prinzen wie eine Seifenblase, als er das sehen lernt, was wir die Realität nennen. "Du mußt doch realistisch sein", heißt es. Und realistisch ist, es gibt 5000 Rosen, ja und noch mehr. Was ist dagegen schon die eine eitle, vor Zugluft empfindliche Rose, du kleiner Träumer-Prinz! Und er weinte bitterlich, aus allen Träumen gerissen im wunderschönen Rosengarten. Denn was nützt der schönste Rosengarten, wenn es um die eine Rose geht. Doch im Grunde braucht er ihn gar nicht. Er lernt sehen von innen heraus; lernt verstehen aus seiner Seele, daß die eine Rose, die er liebt, die ich liebe, die du liebst - wenn du sie denn liebst - viel mehr ist, als 5000 wunderschöne Rosen. Denn man sieht nur mit dem Herzen gut. Das Wesentliche ist für die Augen unsichtbar. Man liebt nur mit dem Herzen. Und wenn ich wirklich liebe, ganz und gar und ungeteilt, dann brauche ich auch gar keinen Rosengarten. Dann muß mir auch gar nicht vorgegaukelt werden, das Leben sei ein Rosengarten. Wie der kleine Prinz das lernt, durch den Fuchs, dem er begegnet, von dem er das Geheimnis lernt, einander zu zähmen, das wollen wir betrachten.

V.

Der Fuchs! Er begegnet ihm in der Wüste. Die Wüste ist der Ort der Einsamkeit. Oft sieht es auch in uns selbst nach Wüste aus - wüst und leer, Irrsal und Wirrsal - innerliche Menschenwüste. Gut ist es da, ganz äußerlich in einer natürlichen Wüste zu leben, denn sie lebt. Ja, in ihr entsteht neues Leben. Schlange und Fuchs leben da. Und Propheten, Gottessucher haben sich in sie zurückgezogen, um neue Kraft zum Leben zu schöpfen. So, wie einst der Täufer Johannes, wie Jesus selbst nach harter Arbeit; so, wie auch Joseph mit seiner Frau und dem kleinen Kind durch die Wüste mußte, als sie nach Ägypten zogen, verfolgt von den erwachsenen Machthabern und so, wie Mose vierzig Jahre in der Wüste lebte und all die anderen Heilsbringer. In der Wüste wächst Neues heran, verwandelt sich das Alte. Du mußt sie lieben, auch deine Wüste, denn in ihr schlummert das Heil.

All die großen Leute, denen der Prinz auf seiner Reise begegnet, müßten erst einmal in die Wüste geschickt werden. Das täte ihnen gut, dann könnte noch etwas aus ihnen werden; obwohl, nein weil sie schon so groß sind. Sie würden das finden, was der kleine Prinz fand, würden sich selbst finden. Wenn sie denn wirklich in der Wüste ausharrten und nicht schnell reißaus nähmen.

Der kleine Prinz begegnet dem Fuchs.
Wie in vielen Märchen ist es ein helfendes Tier, das mich zur Wahrheit führt. Der Fuchs, der der Weggefährte, der treue Begleiter zum wahren Leben ist. Und er verrät ihm das Geheimnis des Lebens. "Wenn du einen Freund haben willst, so zähme mich". Und: "Zähmen, d.h. einander vertraut machen". Und der kleine Prinz setzt sich hin, ruht aus, sieht den Fuchs an, schaut in seine Augen, schaut in sein Herz, schaut und schaut, bis er jeden Zug an ihm kennt, lernt ihn kennen, macht sich vertraut mit ihm. Und was ich wirklich kenne, so ganz und gar, von innen und außen - doch ich werd' es nie ganz und gar kennen können - wem ich vertraut bin, was mir vertraut ist, das habe ich gezähmt , dem bin ich gezähmt. So beginnt das Geheimnis der zärtlichen Vertrautheit damit, daß man immer mehr vom anderen wissen, erfahren, erkennen möchte und je mehr man vom anderen zu verstehen beginnt, desto mehr wächst die Sehnsucht, immer mehr zu erfahren, immer tiefer das Geheimnis des anderen zu begreifen. Und doch wird es immer ein Geheimnis bleiben. So etwas nennt man die in der Sprache der großen Leute "Liebe". Ich bin dir vertraut, kenne dich so, wie du im Tiefsten bist, gut und heil, wie Gott dich schuf. Ja ich kenne dich besser, als du dich selbst, denn du bist ein gutes Geschöpf Gottes. Ich liebe dich. So, wie die Rose den kleinen Prinzen liebt, pardon: gezähmt hat und umgedreht. So, wie der König, der Eitle, der Säufer und all die anderen großen Leute jemanden benötigen, der sie zähmte, der sie kennen würde, von Grund auf, ihre Sehnsucht nach wahrem Leben und Liebe, ihr gutes, geschmeidiges Herz, das die erwachsene Welt nur versteinert, verkrustet hat.

Der Fuchs wartet an jedem Morgen zur gleichen Stunde auf die weizenblonden Haare des kleinen Prinzen, und schon in der Freude, daß er kommen wird, stets zur gleichen Zeit, so wie es Brauch und Sitte ist, in der Vorfreude zwischen 8 und 9 Uhr, da kann er schon anfangen, glücklich zu sein. Und sie gewöhnen sich aneinander, sind verantwortlich füreinander, machen sich vertraut miteinander. Das alles nicht schwergewichtig, sondern federleicht gewichtet in weizenblondem Haar. Versteht ihr es? Man sieht nur mit dem Herzen gut, das Wesentliche ist unsichtbar.

Und manchmal, da denke ich mir, der Fuchs hat da, ohne daß er es wollte, gar wußte, auch vom Geheimnis des Glaubens gesprochen, vom Geheimnis Gottes. "Du mußt mich zähmen, wenn wir Freunde

werden wollen", sagt Gott zu den Menschen. "Du mußt dich mit mir
vertraut machen". Du mußt wachsen, langsam, von innen nach
außen. Ach, allzu schnell gehen wir wieder weg von Gott, kennen
ihn noch gar nicht richtig und ungezähmt bleibt dann alles. Und
wir sagen dann als große Leute: Ich sehe ihn nicht, sehe nichts
von seiner Liebe. Wo wir uns doch alle nach ihm so sehr sehnen.
Seht euch bloß mal die Sitten und Bräuche an, die wir fleißig
pflegen, z.B. gerade zu Weihnachten, alle Jahre wieder. Wir sehnen uns alle danach; die, die heute hier sind und auch die, die
"draußen vor" sind, draußen stehen bleiben, weil sie Angst haben
vor ihrem Kind, daß es geboren würde, Angst haben vor ihrem
guten Herzen, Angst haben vor ihrem Glauben an Gottes Liebe.
Alle, die sich nicht trauen, weil sie dem kleinen Prinzen in
sich selbst nicht trauen, ihm nicht vertrauen.
Ich stelle mir vor, wenn man zum Glauben kommen will, muß man
sich wie der kleine Prinz hinsetzen und den Fuchs beäugen, von
allen Seiten, lange mit Geduld, mit Passion, mit Leidenschaft,
bis man es sich vertraut gemacht hat, bis es mir wertvoll, einzig-
artig geworden ist, wie die Rose. So ist es mit Gott in unserem
Leben. Und wenn ich Gott auch nicht gezähmt habe, nie zähmen
kann, vielleicht merke ich, daß er mich schon längst gezähmt
hat, ehe ich damit beginnen kann. Ein Geheimnis verrate ich
euch: Ich bin inzwischen wenigstens schon auf dem Wege dazu,
wenigstens dies.
Der kleine Prinz hat das gefunden, was wesentlich ist im Leben,
das Gut-sein im Herzen, die unverbrüchliche Liebe zu seiner ein-
zigartigen Rose. Und ein großer Rosengarten ist gar nicht mehr
nötig.

                                    VI.

Ein Rosengarten ist unser Leben hier auf der Erde in der Tat
nicht, wo sich alles ohne Mühe zurechtrüttelt. Und ich glaube,
das ist gut so. Wer sich einen Rosengarten erträumt, der wird
enttäuscht werden, muß enttäuscht werden. "Ich hab' dir keinen
Rosengarten versprochen" heißt das eindrucksvolle Buch von
Hannah Green, die beschreibt, wie sie aus der Umnebelung einer
Geisteskrankheit - schizophren war sie - aus tiefer Nacht mit
der tätigen Liebe, Hilfe und Begleitung einer Ärztin, die sie im
wahrsten Sinne des Wortes zähmt, wieder zum Leben zurückgeführt
wird. Aus geistiger Umnachtung - denn Nacht war es in ihr, Traum
und Wirklichkeit verschlungen - wird sie mit Geduld, mit langem
Atem ins Leben geführt; wird langsam, mit vielen Rückschlägen
vertraut gemacht mit dem Leben, wird gezähmt zum Leben, und sie
zähmt das Leben für sich, lernt es lieben. Sie fragt an einem
Tag, als sich wieder ein Rückschlag einstellt: "Ist es eigentlich gut, in solch ein Leben zurückzukehren, das so kalt und
voll Probleme ist. Wäre es nicht besser, ich tauchte wieder ein
in meine wohlige Nacht, in die andere Welt, ins Traumland, als

jetzt ins kalte Tageslicht sehen zu müssen, das mich blendet?"
Und die Ärztin antwortet ihr: "Ich hab' dir nie einen Rosengarten versprochen", habe dir nie versprochen, daß das Leben für
dich einfach und schön sein wird, ohne Wüste, ohne Dornen, ohne
Rückschläge, ohne Zugluft und Tigerkrallen überall. Nein, Leben
macht Arbeit, harte Arbeit. Erwachsenwerden auch, wenn man dabei
sein Kind nicht verlieren, nicht abtreiben will.

Schön wäre es manchmal, zurückzufliegen in nebelig-heimlige
Kindheitsträume, in die dunkle Nacht. Regression nennen wir es
erwachsenensprachlich. Und manchmal - geben wir es zu - ist es
auch nötig, ist es ja auch so schön: Einmal wieder ganz kleines
Kind sein dürfen, Weihnachten z.B. Aber wir wissen: Kein Rosengarten da! Und Hannah Green, die gesunde, große, kleine Prinzessin, sieht ihr Kind, sieht es als Erwachsene und sagt: Nein,
einen Rosengarten will ich auch gar nicht gepflanzt bekommen.
Ich will eine Rose, die mich liebt und die ich liebe, entdecken
und dann leben in dieser Welt, so wüst und leer, so kalt und öd
wie sie nun einmal oft ist. Ich kann nicht zurückfliehen und
ewig Kind sein, nein, das kann ich nicht. Ich kann aber das
Kind, das königliche Kind, den Prinzen und die Prinzessin in mir
entdecken, zärtlich lieben, mir vertraut machen, ja, das kann
ich.

Und unser kleiner Prinz,der des Mannes Antoine de Saint-Exupéry,
4o Jahre alt, in der Mitte des Lebens, gewidmet seinem Freund
Léon Werth, nein - er verbessert sich - gewidmet seinem Freund
Léon Werth,"als er noch ein Junge war"(und hier muß ich ihn wohl
selbst verbessern, denn er meint ja, gewidmet Saint-Exupéry, als
er noch ein Junge war und noch nicht als Helden-Aufklärer-Flie-
ger alles überfliegen wollte, um dann doch abzustürzen - wie im
Märchen, so in der Realität), unser kleiner Prinz also, er muß
Abschied nehmen von diesem Leben. Weg fliegt er wieder in lichte
Höhen. Abschied, ja das ist stets ein Stück Sterben, und wenn
man sich jemanden vertraut gemacht hat, umso mehr. Das Vertraute, es ist so sehr Teil von mir selbst geworden, daß es wie weg-
gerissen wird aus meinem Herzen. Je mehr ich liebe, umso größer
ist das Leid und der Schmerz. Deswegen auf Liebe verzichten?
Nur, damit ich nicht leide? Oh weh, wir würden das Leben vertun,
das Leben abtreiben aus uns. Das sei ferne.

Der Fuchs, er weint. Der Flieger, ihm wird weh ums Herz, als der
kleine Prinz ihn verläßt, und der weint auch. Durch den Biß der
Schlange aus dieser Welt erlöst, befreit, entzaubert, so entschwebt er zurück ins ferne Traumland seines Asteroiden B 612,
zu seinen drei Affenbrotbäumen, zwei Vulkanen und seiner Rose;
mit einem Schaf, das er zur Geselligkeit gezeichnet bekam, mit
einem Maulkorb, damit er die Rose nicht fressen kann, doch ohne
Lederriemen. Die Schlange führt ihn - biblisch geortet - zurück

177

ins Traumland, aus dem er kam, wie eine Sternschnuppe. "Wen ich berühre, den geb ich der Erde zurück", sagte die Schlange. "Aber du bist rein, du kommst von einem Stern". Und so entschwebt der kleine Prinz, ein flüchtiger Schatten nur; die Hülle seines Leibes läßt er wie ein altes Kleid zurück. Und zurück bleibt nur Wehmut, tiefe, ja schwere Traurigkeit, Tristesse, die über dem ganzen Märchen wie ein Schleier liegt, auch wenn wir es als schön und rein empfinden. "Es war nichts als ein gelber Blitz bei seinem Knöchel. Er schrie nicht. Er fiel sacht, so wie ein Blatt fällt. Ohne das leiseste Geräusch fiel er in den Sand". Wie ein Hauch, dahingeflüstert, kaum zu hören.

Ja, lang ist's her! Weißt du noch, wie es war, als du das Leben noch geliebt hast? Weißt du noch, wann du das letzte Mal geweint hast über das Leben, über dich? So richtig von Herzen? Weißt du noch? Oh, wie lang mag das her sein? Der kleine Prinz ist fortgeflogen und zurück bleibt der erwachsene Flieger; abgestürzt mit seinem Flugzeug, der sich flugs in neue Höhen erheben muß, um dann erneut abzustürzen, für immer! Für immer?

Kleiner Prinz, sag, wo bist du, wo? Bist du wirklich nur ein Traum aus längst vergangenen Kindertagen? Oder gibt es dich wirklich? Wie kannst du in mir neu geboren werden, wie kannst du mich begleiten hier auf der Erde, hier in diesem Leben? Wie kann ich das erden, orten, mir zum Freund machen, solange ich lebe und nicht nur für einen schönen flüchtigen Augenblick des Träumens? Ich möchte dich wirklich sehen, so, wie der Fuchs dich sehen wollte, ansehen, zähmen möchte ich dich.Und Saint-Exupéry, der traurig-liebevolle Dichter, weiß es auch, denn er sagt uns allen, dir, mir, am Ende: "Und wenn dann ein Kind auf euch zukommt, wenn es lacht, wenn es goldenes Haar hat, dann werdet ihr wohl erraten, wer er ist. Dann seid so gut und laßt mich nicht weiter so traurig sein: schreibt mir schnell, wenn er wieder da ist..." - Ja, schreibt ihm schnell, sofort, wenn ihr ihn gesehen habt, ihr alle hier, vielleicht hört er es in des Meeres Tiefe, in himmlischen Höhen, vielleicht hörst du es selbst, der du es schreibst, damit das Kind in dir, das königliche Kind, geboren werde, auf daß du wirklich lernst, erwachsen zu sein, ohne daß du dir einen Rosengarten erträumst, den es hier nun mal nicht gibt.

VII.

Kein Rosengarten da auf dieser Erde, für dich nicht und für mich nicht? Doch da ist die Rose, die eine Rose. Nicht nur im Traum, wie bei unserem Prinzen, sternenweltenweit getrennt von uns. Nicht nur der Name der Rose, den wir haben, wie ein Dichter unserer Tage voll weiser Wehmut sagt. Der Name, nur der Name bleibt, platonisch eingefärbt, wenn die Rose verblüht, heißt es

am Ende des Romans von Umberto Eco! Nein, das alles nicht (und
nun verzeiht mir bitte, wenn ich es für manche von euch wohl gar
zu schnell und eifrig sage) nein, kein Traum, kein bloßer Name
nur. "Es ist ein Ros entsprungen, aus einer Wurzel zart". Ein
Ros, eine Rose, Weihnachtsrose. Der kleine Prinz, das göttliche
Kind, nicht bloß ein Name, nicht bloß ein Traum; sondern, siehe
hier, siehe da, es ist mitten unter euch. Und Advent, die Zeit,
in der wir jetzt leben, das ist die hohe Zeit, sich damit vertraut zu machen auf Weihnachten hin. Alle Jahre wieder, wie es
Sitte ist und Brauch, wie der Brauch - wer weiß, warum, -
gehalten wird. Und keiner kann diesem Brauch den Garaus machen,
kein Neon-Kerzen-Licht-Anzünder, keine immer süßer werdenden
Glocken, keine laute, grell gestylte stille Nacht. Nein, Wehmut,
Tristesse, breiiges Gefühl sind da nicht angesagt, passen nicht
zu Weihnachten, denn ganz real, ohne Rosengarten: Er ist da! Das
göttliche Kind ist geboren in unserer Welt, ja in uns selbst,
will da zu finden sein, unwiderruflich!
Und wenn unser Freund, der traurige Flieger, am Ende schreibt:
"Dann seid so gut und laßt mich wissen, wenn er wieder da ist",
so beeile ich mich ihm zu sagen, ganz sanft und leise - damit es
nicht gar zu laut daherkommt - aber doch ganz bestimmt und
sicher: Er ist da! Der Prinz, den du ersehnst, der dir ent-
schwunden ist, das göttliche Kind, außerhalb von dir, vor 2000
Jahren und in dir, heute, das geboren werden und wachsen will, um
in dieser Welt zu leben. So sind wir alle vertraut gemacht mit
der einen Rose über Jahre hinweg, über Jahrzehnte, Jahrhunderte
über zwei Jahrtausende. Wohl wahr, wir sehen nur mit dem Herzen
gut, das Eigentliche ist für die Augen unsichtbar, wohl wahr.
Aber das Eigentliche ist in diesem Kind sichtbar gewordene
Realität, hier auf der Erde.
Ja, Gott hat sich vertraut gemacht mit uns. In diesem Kind, von
dem wir wieder hören werden in 14 Tagen, dem Kind in der Krippe.
Gott will im Dunklen wohnen und hat es doch erhellt. Gott will
im Kleinen, Ohnmächtigen gefunden werden, dort und wirklich
nirgends anders. Anderswo, da ist er nicht zu sehen, so ist es!
Man muß sich schon zur Erde runterbücken, verbunden mit der
Erde. Vielleicht, nein gewiß, muß ich erst zurück ins Dunkle,
ins Kleine, wie es auch immer heißen mag, um die Rose zu finden.
Es gibt so viele Worte dafür: Wüste, Nacht, Kindheit, Echtheit,
kleiner Prinz. Aber eben nicht sternenweltenweit getrennt von
uns, sondern mitten unter uns.

Und wie wahr er unter uns ist, das zeigt sich daran: Das kleine
Kind - von Maria noch bewegt an ihrem Busen, von Joseph noch umsorgt mit seinem Mantel - es blieb nicht Kind, nicht holdes Kind
in lockigem Haar. Das Ros, entsprungen ist es aus einer Wurzel
zart; aber es wuchs heran, nahm zu an Alter und Weisheit, wurde
ein Mann, ein starker Baum, ein erwachsener Mensch auf zwei
Beinen, fest in dieser Erde verwurzelt, die auch für ihn - wir

179

wissen es - kein Rosengarten war, ganz und gar nicht. Mit seinen
zwei Beinen fest auf dieser Erde, das göttliche Kind, der göttliche Mensch, der wahre Mensch, wahr wie ich und du nur sein
können. Fest auf dieser Erde, eingewurzelt in sie, die Wurzeln
tief in sie eingesenkt, Spuren 2000 Jahre alt hinterlassend,
immer noch zu sehen, nicht vom Winde verweht. Der erwachsene
Mensch, doch jung in seinem Herzen:
- voll Liebe zu den Menschen um ihn herum, wie ein guter Hirte,
  der die Seinen kennt;
- voll Zorn über Dummheit und Eitelkeit der großen Leute, Prie-
  ster und Krämerseelen, Geschäftemacher, hier hart wie ein
  Stein;
- voll Treue, treu bis zum Tod denen, die er liebte, ja auf ihn
  war Verlaß;
- voll Freiheit von erdrückenden Konventionen, die keiner mehr
  versteht, weil sie ohne Leben sind.

   versteht, weil sie ohne Leben sind.

Der wahre Mensch. Kein Traum - kein Name. Der wahre Mensch: Ein
Kind war er, als Kind begann es. Nur so kann es auch beginnen
bei uns, wenn wir erwachsen werden sollen, wirklich erwachsen.
Ein Mann wurde er, bis zu seinem Ende. Das Kind zwischen Krippe
und Rosendornen. Ja, die Krone aus Dornen, vielleicht waren es
gar Rosendornen, die man ihm am Ende auf das Haupt setzte. Und
der Zimmermann, der die Krippe schnitzte, vielleicht schnitzte
er aus dem gleichen Holz den Balken des Kreuzes. "Und wer das
Kind mit Freuden, umfangen küssen will, muß vorher mit ihm leiden groß Pein und Marter viel", singen wir in einem Adventslied.
Und wer von uns zu sich selbst finden will, lange mit Geduld,
der - so glaube ich - muß sich vertraut machen mit diesem Mann,
diesem Kind, muß sich vertraut machen mit diesem göttlichen
Kind, muß es lange betrachten, ein Leben lang, um gezähmt zu
werden zu Glauben.

Wir müssen nicht in luftige Höhen fliegen, wo die Luft immer
dünner wird, müssen nicht den Himmel stürmen, nein, der Himmel
hat sich auf die Erde gesenkt mitten unter uns, wo Gottes Liebe
fest verwurzelt ist. Spreche ich schon in Zungen? Nein, ich
spreche vom Weg des Glaubens. Ich spreche von dem, was der kleine Prinz im Märchen sucht, im Bild des Fuchses geahnt hat, was
im Märchen jedoch nur in der außerirdischen Welt, auf dem fernen
Stern bei der Rose zu finden war, was für mich jedoch hier auf
der Erde gefunden werden kann, wenn du zu dem Kind gehst, auch
zu dem in dir selbst. Und findest du es nicht hier auf der Erde,
dann wohl nirgends.

"Schreibe mir schnell, wenn er wieder da ist". Er ist da! Wir
haben ihn gesehen. Ja, er ist mitten unter uns. Und Weihnachten
wollen wir ihn empfangen, wieder einmal neu!

VARIATIONEN ZU "HÄNSEL UND GRETEL" UND ZUR "SÜNDENFALLGESCHICHTE"

1. Vorwort: Das Märchen arbeitet immer weiter!

In der Einführung (Seite 3 ff) wurde schon gesagt, daß das Märchen "Hänsel und Gretel" für mich zum Schlüsselmärchen in meiner Märchen-Interpretation geworden ist. Dabei hat mich vor allem im korrespondierenden Gegenüber zur biblischen Erzählung vom "Sündenfall" der Aspekt der "Befreiung aus dem (Elternhaus) Paradies" gereizt. Märchen und biblische Erzählungen sind aber offen für immer neue Auslegungen, je nachdem, welche Aspekte in den Blick genommen werden, je nachdem, in welcher existentiellen Situation sich der Ausleger befindet. Sie haben einen sogenannten "Überschuß an Sinn", weil das, was sie uns sagen können und wollen, nie von uns ganz eingefangen werden kann.
Wer meine Märcheninterpretationen bis hierher gelesen hat, dem dürfte deutlich geworden sein: Es gibt nicht die eine, den Kern treffende Interpretation. Selbst wenn man es wagt, die Märchen allein auf der Subjektstufe tiefenpsychologisch zu verstehen, wird es je verschiedene Auslegungen geben. Das ist kein Mangel, sondern macht gerade den Reiz des Märchens aus. Denn ich bin mit ihm nie fertig; es arbeitet immer weiter in mir.

Gerade das Märchen "Hänsel und Gretel" hat in mir weitergearbeitet. Die oben erwähnte und in diesem Buch präsentierte Deutung stammt aus dem Jahre 1986. Inzwischen sind drei Jahre vergangen, in denen neue Aspekte - durch mündliche Rückmeldungen; durch weitere Beschäftigung mit dem Märchen; durch Lektüre weiterer Texte, besonders zur biblischen Sündenfallsgeschichte[1] - hinzukamen, bisher dunkle Stellen, auf einmal ins "rechte Licht" gestellt wurden. So geht es halt zu, wenn man sich auf Märchen und vor allem auf die Bibel einläßt.

Im November 1988 habe ich also einen neuen Versuch unternommen, das Märchen "Hänsel und Gretel" und die biblische Sündenfall - geschichte unter dem Motto: "Vielleicht war's aber doch auch eine Vertreibung aus dem Paradies?" miteinander ins Gespräch zu bringen. Ich dokumentiere zur Veranschaulichung dafür, wie ein Märchen weiterarbeitet, aber auch dafür, welche Rückwirkungen das gängige Verständnis der Sündenfallsgeschichte auf das Verständnis des Märchens haben kann, einen Teil meiner neuen Aus-

legung. Dabei bitte ich, die alte Auslegung bis zu VI. nach dem
ersten Absatz (er endet: "...Das ist einfacher") zu lesen
dann hier neu einzusetzen und den folgenden Text mit den ursprünglichen Abschnitten VI und VII zu vergleichen.

2. Variation: Doch eine Vertreibung aus dem Paradies?

So war es damals, vor zwei Jahren. Heute würde ich hinzufügen:
Ja, es stimmt. Dies ist die eine Seite der Geschichte. Doch
heute denke ich, es gibt auch noch die andere Seite, die, die
uns aus Unterricht und Schule vertraut ist. Damals lernten wir:
Adam und Eva haben gesündigt, sie wurden zur Strafe von Gott
aus dem Paradies vertrieben. Und von dieser Seite her möchte
ich - Hänsel und Gretel durchaus im Blick - das Ganze noch einmal anders betrachten.

Ja, sie lebten in Ureinheit mit Gott, Adam und Eva im Paradies.
Sie lebten so sehr in Ureinheit und Harmonie, daß sie sich gar
nicht mehr von Gott zu unterscheiden wußten. Was Gott ist und
was er will, das bin und will ich auch. Meine Wünsche sind seine Wünsche und umgedreht. Ganz in ein alles in einem. "In-
faltion" nennen wir es auch in der Sprache der Psychologie. Da
gab es keine Frage: "Warum?". Da gab es keinen Zweifel an seiner Güte, in die sie täglich, ganz alltäglich eingebettet sind.
Alles ist sehr gut so.

Es ist eben so, wie ganz kleine Kinder - das wissen wir ja
alle- das Elternhaus empfinden; in den allerersten Jahren, wo
sie sich noch ganz mit Vater und Mutter identifizieren, ganz
identisch sind mit ihnen, "geborgen im Mutterschoß" oder "in
Abrahams Schoß" wie wir sagen. Auch da gibt es kein "Warum?",
keine kritischen Rückfragen. Die Eltern sind nur gut, nichts
als gut, vollkommen. Und wehe, es wagt einer, daran zu zwei-
feln, mir wie eine Schlange gar den Zweifel in Herz und Gemüt
einzuflößen. Alles paßt noch fraglos zusammen. Gott ist nur
gut, nur gütig. Mutter und Vater sind nur gut, nur gütig. So
ist es. Und dies ist das Paradies.

Doch dann - irgendwann, du weißt nicht wann, du weißt nich wie
und warum - da ist es auf einmal da, bei uns, bei unseren Kindern: Sie fallen heraus aus dieser fraglosen Einheit. Irgend-
etwas nagt an ihnen, sie beginnen zu fragen: Sollten die Eltern
wirklich so vollkommen sein? Haben sie nicht auch Fehler? Warum
sind sie so? Sollten sie etwa gar über mich herrschen wollen?
Wollen sie verhindern, daß ich auch groß und erwachsen werde?
Und sie entdeckten unsere Grenzen, unsere Schwächen, gar das
Böse in uns. Das ist für Kinder, die ihre Eltern in den Himmel
heben, ganz schlimm, ja es ist die Ur-Enttäuschung vom Leben.
Und ob sie später mit sich und dem Leben ins Reine kommen, das

zeigt sich daran, wie sie den natürlichen Verlust des Eltern-Para-
dieses verarbeiten, wie ihre Eltern, die nun in der Tat nicht
vollkommen, nicht Gott sind, ihnen dabei helfen, wie sie sie
auf dem Weg, den sie gehen müssen, um zu sich und zurück zu den
Eltern zu finden, begleiten. Das Märchen macht es ja deutlich.

Adam und Eva, diese beiden Kinder, sie werden auch älter. Und
da ist von irgendwoher - weiß nicht wie, weiß nicht warum - die
Schlange da, listiger als alle Tiere. Sie ist einfach da. Vorher war von ihr nie die Rede; ist da, wie die Fragen der Kinder
an die Harmonie des Elternhauses. Listig ist sie, d.h. eigentlich: zweideutig, zwiespältig. Alles ist auf einmal zweideutig,
zwiespältig. Gott ist nicht mehr eindeutig gut und gütig wie
vorher. Sollte er wirklich nur gut sein? Der Baum in der Mitte
des Gartens, Symbol der inneren Mitte meines Lebens, Symbol der
Harmonie und Güte Gottes, sollte er etwa Zeichen der Herrschaft
Gottes sein, Herrschaft über mich? Sollte Gott gar eifersüchtig
darauf bedacht sein, daß ich immer kleines Kind bleibe, nie erwachsen und groß werde? Sollte es so sein? Es könnte ja. Und
alles kehrt sich auf einmal um.

Und all diese Fragen nagen an diesen beiden heranwachsenden
Kindern, Adam und Eva, nagen an ihrer Pubertät. Das Paradies,
das Elternhaus, verliert an seinem Glanz, er beginnt zu brök-
keln. Und Angst kommt auf. Angst, alles zu verlieren. Denn so
frei, daß ich die Eltern, Gott, nicht brauche, bin ich ja
nicht, bin ich ja niemals, wirklich niemals! Die Angst, betrogen und allein zu sein, frißt sich in mich ein. Ich könnte ja
alles verlieren. Und um es zu behalten, diese Ureinheit, die
schon im Entschwinden ist, um sich ihrer neu zu versichern,
aus Angst, nicht aus Hochmut, wird die Frucht vom Baum in der
Mitte gegessen. Die Frucht. Ja, da ist sie noch, die verlorene
Einheit mit Gott.
Und beide essen von der Frucht vom Baum in der Mitte, denn sie
soll ihnen versichern: Wir leben noch in der Mitte; Gott, der
Gärtner dieses Gartens, der Gärtner unseres Lebens, ist noch
bei uns... Und: "Da gingen ihnen die Augen auf, und sie erkannten, was Gut und Böse ist." Gut ist es, in der Einheit mit Gott
zu leben. Ja, so war es ja bisher. Doch das weiß ich erst
hinterher; wenn ich erkannt habe, an mir selbst erfahren habe,
was böse ist. Böse ist es, getrennt von ihm zu sein, im Zwiespalt, im Zweifel zu leben. Da nagen die Hexen-Fragen an mir,
die mich fragen lassen: ist es wirklich so? Sollte Gott vielleicht doch nicht nur gut sein? Und alles, alles, was vorher
gut erschien und in Ordnung war, das verkehrt sich jetzt ins
Gegenteil, wird schal und taugt nichts mehr. So ist es ja auch
bei unseren Kindern, wenn sich alles, was bisher im Elternhaus
gut und schön war, ins Gegenteil verkehrt. Es taugt nichts
mehr, es ist spießig, engstirnig, von gestern.

Ja, da hilft nur eins: Raus aus diesem kaputten, spießig gewordenen Paradies. Denn darin, in dieser verpesteten Luft weiter zu leben, das ist unerträglich. Und Gott tut das, was nun wirklich getan werden muß. Es geht nicht anders. Wenn sie nicht freiwillig gehen, so wirft er sie raus aus dem Paradies, damit sie zu sich und zu ihm zurückfinden können. Tut er das aus Strafe? Oder aus Zorn? Oder weil er sich verletzt fühlt? Oder weil sie sein Gebot übertreten haben? Ach ja, wir kennen diese listigen Schlangen-Antworten, die nun endgültig den gütigen Gott in einen menschenverachteten Hexen-Gott, in einen Moloch von Gott verwandeln wollen. Theologen, die diese Schlangen-Antworten in ihrem Ressentiment gegen die Güte Gottes ersonnen haben, führen uns nur noch weiter in die Enge, in die Angst, zerstören das Vertrauen zu Gott. So machen wir unser Verhältnis zu Gott, auch zu unserem Vater und zu unserer Mutter, nur vollends kaputt.

Raus müssen sie, weil sie nur so eine Chance haben. Denn im Paradies, im Elternhaus, drinnen im Paradies, von Gott, von den Eltern getrennt zu sein, ganz in ihrer Nähe zu sein, hautnah und doch getrennt von ihnen, das ist furchtbar, ist nicht auszuhalten. Immer den Anblick der Eltern deutlich vor Augen, stets an seine Zweifel und seine Angst erinnert werden. Dann ist es besser, einen Schnitt zu machen. Raus aus dem zwielichtig gewordenen Paradies. Gerade darin zeigt sich die Güte Gottes, daß er sie - da sie sich, warum auch immer, von ihm abgewandt haben - nicht mehr krampfhaft an sich bindet, sie ins Paradies wie in ein Gefängnis einsperrt, sondern sie nun wirklich laufen läßt. Und damit sie es auch wirklich tun und nicht mehr zwielichtig hin und her schwanken - eigentlich möchte ich ja doch lieber zuhause bleiben - da wirft er sie nun auch wirklich raus. Und damit sie nicht zu früh, mit Brotkumen oder Kieselsteinen bewaffnet, zurückkommen zu Gott-Vaters Rockzipfel, stellt er Wachen auf, Engel mit Flammenschwertern. Das Paradies, es ist euch jetzt noch versperrt. Bis irgendwann. Jetzt müßt ihr erst einmal laufen und draußen euren Weg suchen.

M. Buber sagt: Sie sind vom Sitzen auf den Weg zum Gehen und Suchen gebracht. Ja, so ist es. Und weiter: Darin zeigt sich die bleibende Güte Gottes, daß er ihnen Marschverpflegung mitgibt, Schutz anbietet, neues Leben in Mühsal und im Schweiß des Angesichts. Ja, denn ein Rosengarten ist es nicht, das Leben draußen vor dem Paradies; aber doch Begleitung auf ihrem Weg. Gott bleibt ihnen treu, auch wenn sie ihm untreu werden. Eltern bleiben ihren Kindern immer treu, denke ich mir. Er begleitet sie auf dem Weg durch den dunklen Wald des Lebens, läßt sie nicht allein, zeigt, daß er von Anfang bis Ende derselbe ist, sich nicht verändert, bleibt, was er ist, gut und gütig und nichts anderes und nur das. Schlecht und zornig und böse sind nur unsere Gedanken, die wir in ihn hineinlegen. Gütig von Ur

an bis zum Ende. Von der Güte in Christus an dieser Stelle gar
nicht zu reden. Ich vertraue dir. Du wirst den Weg schon finden. Und nun sind wir alle, wir alle, auf diesem Weg.

"Ach", möchte ich laut ausrufen, "wenn ich das doch, mein Gott,
wirklich glauben könnte, trotz der Schlange, nein: wegen der
Schlange, die mit ihren hinterhältigen Warum-Fragen immer wieder an mir nagt!"

Vertreibung aus dem Paradies oder Befreiung? Ich denke, es ist
wirklich beides in einem. So zwiespältig ist es. So, wie es
auch bei den Kindern ist, wenn sie halb freiwillig, halb ge-
zwungen, das Elternhaus verlassen. Sie sind vertrieben und doch
befreit, sie sind befreit und doch vertrieben, um irgendwann
einmal wieder zurückzufinden.
Wie sollte es auch bei uns - als so stolze Erwachsene - im Um-
gang mit Gott anders sein, da wir doch alle im besten Sinne
Kinder Gottes sind!.

Im Märchen, ja da haben Hänsel und Gretel das Urvertrauen:
"Gott wird uns nicht verlassen. Wir werden den Weg schon finden:" Ja, sie sagen die Wahrheit. Gott verläßt sie nicht, er
verläßt Adam und Eva nicht, er verläßt uns alle nicht.

3. Nach-Wort: Die Sündenfallgeschichte "männlich und "weiblich" verstehen

Der Urlaub bietet Zeit und Muße, um in heilsamem Abstand zur
alltäglichen Arbeit das, was lange Zeit schon in einem gearbeitet hat, sich weiterentwickeln zu lassen und noch einmal neu
zu betrachten. Am Plöner See in Schleswig-Holstein habe ich
noch einmal neu Drewermanns Buch "Strukturen des Bösen. Die
jahwistische Urgeschichte" gelesen, mit Muße und habe dann auch
mit meiner Frau - ein gutes Korrektiv für mich - darüber
ge-sprochen. Endlich hatten wir einmal Zeit, in Ruhe miteinander zu reden. Uns kamen Christa Mulack "Die Weiblichkeit Gottes" - vor Zeiten einmal gelesen - und andere sogenannte "femi-
nistische Theologie" treibende Frauen in Erinnerung. Und dann
wurde mir - wurde uns! - klar, warum ich die Sündenfallgeschichte und das Märchen von Hänsel und Gretel einmal mehr als
"Vertreibung" und einmal mehr als "Befreiung", im Grunde aber
immer als beides zugleich, verstehen konnte.
Denn was die Sündenfallgeschichte anbetrifft, so mag es ja
sein, daß sich hier in der "Vertreibung" ein "männliches" und
in der "Befreiung" ein "weibliches" Prinzip der Welt-Orientierung des Menschen zeigt.
Dabei gehe ich davon aus, daß nach echnologischen und tiefenpsychologischen Erkenntnissen über Matriarchat und Patriarchat
sowie über das "männliche" und "weibliche" Prinzip beides im

Menschen - ob Mann oder Frau - wiederzufinden ist, ob dominant für jeden offensichtlich oder ob als Schatten - dabei jedoch oftmals auch sehr dominierend - im Verborgenen[2]). So, wie es im ersten Schöpfungsbericht heißt: "Gott schuf den Menschen, sich zum Bilde, 'männlich' und 'weiblich' schuf er sie." Gott also trägt als Ur-Bild das männliche und weibliche Prinzip in gleicher Weise in sich. Ausdifferenziert in "männlich" und "weiblich" finden wir es im Menschen, so wie er uns äußerlich vor Augen steht, wieder. Aber zum wahren Ebenbild Gottes ist der Mensch erst geworden, wenn er das "männliche" und "weibliche" Prinzip in sich zusammenfügt und integriert, ja miteinander versöhnt, so wie 'anima' und 'animus' im Menschen miteinander versöhnt werden wollen [3].

Das "männliche" Prinzip kann schon vom Sexualverkehr her - da ist es am elementarsten und eindrucksvollsten vorgebildet - als das Prinzip der "Trennung", des "Weggehens", der "Suche nach einem anderen Ort", damit aber auch des "Verlassens eines ursprünglichen Ortes der Geborgenheit" bezeichnet werden. Der männliche Same trennt sich vom Mann und sucht einen neuen Ort, um ein neues Leben führen zu können. In Erinnerung dahin heißt es in der zweiten Schöpfungsgeschichte in bezeichnender Weise: "Darum wird ein Mann Vater und Mutter verlassen und hängt seiner Frau an". Der Mann also verläßt das elterliche Zu-Hause, das Paradies, und geht auf die Suche nach einem neuen Zu-Hause. Er lebt in "Aktion", "Trennung", "Distanz", "Entweder-Oder", "Differenzierung", "Auseinanderhalten", auch "Polarisierung". Das ist seine "natürliche", seiner Natur gemäße Umgangsform mit der Welt und sich selbst.

Das "weibliche" Prinzip kann dagegen eher mit Begriffen - die aber mehr als Begriffe sind, sondern Formen der Wirklichkeitserfahrung - beschrieben werden wie "Verbindung", "Versöhnung", "Harmonie", "Verschmelzung", "Fließgleichgewicht", "Sowohl - als auch", "Aufnahme von Gegensätzlichkeit", ja auch "Integration". Auch dies ist im Geschlechtsakt vorgebildet. Eine Frau nimmt den Samen des Mannes in sich auf, integriert ihn in sich, ja sie integriert ihn so sehr, daß in Verschmelzung mit der Eizelle neues Leben in der Frau (und eben nicht im Mann) entstehen kann. Der Mutterleib wird so selbst zum Ur-Paradies, in dem das neu heranwachsende Leben in ungetrübter, noch ganz mit der Mutter verschmolzener Einheit lebt.

Wo das "männliche" Prinzip seine Stärken in der "Trennung" und "Differenzierung" hat, da hat das "weibliche" Prinzip seine Stärken in der "Verbindung" und "Integration". Wo der 'Mann' "Entweder-Oder" sagt, sagt die 'Frau' "Sowohl - als auch". Wo der 'Mann' in seinem Drang, Neues zu gestalten, im ständigen Werden die Welt verändern und verwandeln, dabei oft auch Altes zerstören, will, da kann die 'Frau' die Welt "sein lassen", "gewähren lassen", "bewahren" in ihrem Zustand, wie sie - wie

es von Gott im Ur   gedacht ist - "sehr gut" ist, in Harmonie
ruhend [4].

Dabei hat zu gelten, daß damit jeweils dominante Wahrnehmungs-
und Verstehensweisen von Welt beschrieben sind. In jedem Menschen - ob Mann oder Frau - ist aber auch das andere Prinzip
als "Schattenseite" verborgen - zwar meist verborgen, aber doch
vorhanden -, so daß wir zum vollen Mensch-Sein (der Mensch als
Ebenbild Gottes) erst kommen, wenn wir als Mann unsere "weiblichen" Anteile und als Frau unsere "männlichen" Anteile wahrnehmen und verwirklichen. Gerade darüber kann die Paradiesgeschichte in ihrer doppelten Bedeutung als "Vertreibung" und
"Befreiung" Auskunft geben.

Für den 'Mann' ist sie tatsächlich eine "Vertreibung" aus dem
Paradies. Der 'Mann' scheint sich trotz seiner Fähigkeit zur
Trennung und Distanz - oder gerade deswegen? - nach Harmonie,
Geborgenheit, nach Integration zu sehnen. Er ist auf der Suche
nach der "verlorenen" Identität. Er kann daher nicht anders,
als das "Verlassen des Paradieses" als einen Hinauswurf in die
finstere, kalte Welt zu interpretieren. Die ursprüngliche Einheit und Harmonie ist verlorengegangen. Nun muß er - in der
Sündenfallsgeschichte ist es bewußt vom Manne gesagt - im
Schweiße seines Angesichtes sein Brot essen und mit Mühe den
Acker bebauen, sich die Erde untertan machen, eben "herrschen"
über sie durch Gestaltung, Differenzierung, Trennung, Auftei-
lung. Das hat der 'Mann' auch gründlich gelernt und bis zur
Vollendung verwirklicht. So ist denn auch unsere Welt ausdifferenziert bis zum Letzten. Immer blieb aber die Sehnsucht in ihm
nach der ehemaligen Ur-Harmonie; mythologisch formuliert: nach
dem Ur-Paradies; psychoanalytisch formuliert: nach der Rückkehr
in den Mutterschoß; theologisch formuliert: nach der Versöhnung
mit Gott [5].

Anders bei der 'Frau'. Die Paradiesgeschichte vor dem Sündenfall repräsentiert ihre Weltsicht der "Verbindung", "Verschmelzung", der "ursprünglichen Harmonie und Einheit mit Gott". Doch
darin ist kein Wachstum, nur bloßes Sein, nur ein ewiges Eins-
Sein mit sich und mit Gott. Bloße Harmonie, nichts als bloßes
Sein. Weiter-Entwicklung ist ausgeschlossen, denn alles ist
schon - nein: noch - alles in einem.

So wie aber das Kind in der Harmonie und Geborgenheit des Mut-
terleibes, verschmolzen mit der Mutter, doch wächst und größer
wird und wie dem Kind dieses natürliche Ur-Paradies im Laufe
seines fortschreitenden Wachstums zu eng wird und dies Paradies
 -mit Schmerzen für Mutter und Kind, denken wir an den Ur-Schrei
des Kindes, wenn es in die kalte Welt eintritt! - verlassen muß,
so will auch die integrations- und verschmelzungsfähige 'Frau'
heraus aus dem gar zu engen Paradies, um wachsen, sich trennen,
um fortgehen zu lernen; genau das, was der 'Mann' ganz "natür-

lich" kann. Daher ist die männliche "Sündenfall- und Vertrei-
bungsgeschichte" ein Schritt auf dem Weg zur "Befreiung".

Vertreibung und Befreiung aus dem Paradies, beides wird durch
das 'männliche' und 'weibliche' Prinzip der Welt-Orientierung
repräsentiert. Der Mann sehnt sich in seiner Trennungs- und
Differenzierungsfähigkeit nach Re-Integration. Die Sündenfall -
geschichte verstärkt jedoch die Tendenz der Trennung. Daher ist
es eine Vertreibung. Die Frau sehnt sich in ihrer Integrations-
und Verschmelzungsfähigkeit nach Trennung, Veränderung, nach
Neu-Werden. Die Paradiesgeschichte repräsentiert jedoch die
Verdammung zu ständiger Harmonie. Erst das Essen vom Baum der
Erkenntnis führt sie zu neuem Werden und Wachstum. Daher ist es
für die 'Frau' eine Befreiungsgeschichte.
Muß noch besonders hinzugefügt werden, daß es natürlich - wenn
der Impuls zur "Befreiung" oder "Vertreibung" zu stark wird -
sich auch sehr schnell ins Gegenteil verkehren kann? Der
'Mann', der seiner Sehnsucht nach Re-Integration nicht traut
oder diese als zu mühsame Arbeit an sich empfindet, pocht auf
seine "Befreiung" aus ursprünglichen Abhängigkeiten, um dann
umso stärker "die Erde sich untertan" zu machen! Und die
'Frau', die ihrer Sehnsucht nach Befreiung nicht recht traut
oder diese auch als einen zu mühsamen, ja schmerzlichen Weg in
die Ungeborgenheit einer kalten Welt empfindet, flüchtet zurück
in eine vermeintliche "Ur-Geborgenheit" und beklagt beredt die
"Vertreibung" aus dem Paradies.

Wir haben guten Grund, die biblische Erzählung vom Paradies/
vom Sündenfall männlich - weiblich zugleich zu lesen, in dieser
Geschichte eben nicht in männlicher Weise ein "Entweder-Oder",
sondern in weiblicher Weise ein "Sowohl-als-auch" zu sehen.
"Vertreibung" und "Befreiung" sind keine Alternativen, sondern
können sich ergänzen und gegenseitig interpretieren. Und erst
wenn es uns möglich ist, beides zugleich zu denken und in uns
zu erfahren, sind wir auf dem Wege - nicht mehr, als auf dem
Wege, doch dies immerhin - zur Integration, zum vollen Mensch-
Sein, männlich und weiblich zugleich, in uns.

Im Märchen von "Hänsel und Gretel" nehmen sich die beiden Kinder -männlich und weiblich wie sie sind - an die Hand und helfen sich gegenseitig. Auf dem Weg aus dem Paradies des Elternhauses heraus führt der Hänsel die Gretel. Er, der Mann, hat
gelernt, sich zu trennen; da liegt seine Stärke und Fähigkeit.
Da kann er der Frau helfen, da kann die Frau von ihm lernen. Er
führt sie in die Freiheit. Auf dem Weg der Rückkehr ins Paradies führt die Gretel den Hänsel. Sie, die Frau, hat gelernt,
nach Versöhnung und Verbindung zu streben; da liegt ihre Stärke
und Fähigkeit. Da kann die Frau dem Mann helfen, da kann der

Mann von ihr lernen. Im Märchen führt der Mann die Frau und die Frau den Mann, männlich und weiblich vereint, und so werden sie zu ganzen, zu wahren Menschen.

In der Bibel heißt es: "Am Anfang schuf Gott den Menschen, sich zum Bilde schuf er ihn, männlich und weiblich schuf er sie". Die alt-christliche Dogmatik nennt den Menschen Jesus - theologisch ganz abstrakt, psychologisch aber ganz konkret - den "wahren Menschen" und deshalb den "wahren Gott". Als frommer Mensch füge ich hinzu: Der Heilige Geist hat ihr da - bewußt? - unbewußt? - den Mund geführt.

Anmerkungen:

1.
Vgl. Eugen Drewermann, Strukturen des Bösen, Bd. 1, Die jahwistische Urgeschichte in exegetischer Sicht, Paderborn 1987, vor allem S. 27-110.

2.
Vgl. dazu neben den allseits bekannten Arbeiten von C.G. Jung vor allem auch Christa Mulack; Die Weiblichkeit Gottes, Stuttgart 1983, darin vor allem die Kapitel über "anima und animus" sowie das "matriarchalische und patriarchalische Bewußtsein". Aus einer anderen geistes- und kulturgeschichtlichen Sphäre vgl. auch Sukie Colegrave, Yin und Yang. Die Kräfte des Weiblichen und Männlichen, Fischer-TB 2335, Frankfurt 1984.

3.
Wirklich nur in einer Anmerkung soll darauf hingewiesen werden, daß für den christlichen Glauben Jesus Christus als "wahrer Gott" und "wahrer Mensch" eben der Mensch ist, in dem sich das 'männliche' und 'weibliche' Prinzip miteinander verbinden. Zum ersten Mal hat in dieser Deutlichkeit Hanna Wolff in ihrem Buch "Jesus, der Mann", Stuttgart 1978, darauf aufmerksam gemacht. Wobei - Hanna Wolffs Gedanken weiterführend, obwohl sie das Folgende gerade zu sagen vergißt oder nicht sagen will und kann - auf die Frage, die viele Feministinnen beschäftigt, warum Gott denn - der doch das männliche und weibliche Prinzip in sich vereinigt - ausgerechnet in der äußeren Gestalt des 'Mannes' sich in dieser Welt als Mensch gezeigt (inkarniert) hat, - für viele Feministinnen tatsächlich ein Anstoß - vielleicht zu antworten wäre: Weil es der Mann - so wie wir ihn in unserer Kultur vorfinden - vielleicht nötiger hatte als die Frau, daß Gott ihm - in Gestalt eines Mannes - wahre Integration von 'männlichen' und 'weiblichen' Anteilen vorlebte. Der Mann Jesus ist ja durchaus auch von einer Frau, ja aus einer Frau - wie sollte es auch anders ein - geboren worden, allerdings bezeichnenderweise - und das hätte durchaus anders sein können - ohne Zutun eines Mannes. Hier hat die fromme Legende - wissentlich? unwissentlich? - tiefenpsychologisch, nein mehr noch: frömmigkeits- und menschheitsgeschichtlich eine tiefe Wahrheit bewahrt und ausgesprochen.

4.
Hier ist zu erinnern an das Buch von Erich Fromm, Haben und Sein. Die seelischen Grundlagen einer neuen Gesellschaft, Stuttgart 1976. Die "Haben-Struktur" entspräche dem 'männlichen' Prinzip, die "Seins-Struktur" dem 'weiblichen' Prinzip.

5.
Eugen Drewermann bietet eine tiefenpsychologisch orientierte 'inner-seelische' Deutung der Paradiesgeschichte, die er als existentiellen (nicht moralischen!) Sündenfall des Menschen interpretiert. Der Mensch fällt aus Angst, seine Geborgenheit in Gott zu verlieren, gerade durch diese Anst aus der ursprünglichen Integration heraus. Seine Angst, er könnte Gott, der ihn doch nie verlassen wird, verlieren, ist seine "Sünde". Der Weg des Menschen in dieser kalten Welt - nach der von ihm selbst initierten "Vertreibung" aus dem Paradies - besteht nun darin, in dieser Welt durch neues "Vertrauen zu Gott", der den Menschen von Anfang an bis zum Ende die Treue hält, seine Angst überwinden zu lassen und so wieder eine Verbindung mit Gott zu finden.

LITERATUR - HINWEISE

Für diejenigen, die an dem Thema dieses Buches selbständig wei-
terarbeiten und es vertiefen wollen, sei hier in <u>Auswahl</u> weiter-
führende Literatur zu den beiden Teilbereichen "Märchen und Bibel" und "(psychologische) Märchen-Interpretation" genannt.

BETTELHEIM, Bruno, Kinder brauchen Märchen,
dtv 15o1o, München 1980, [8]1985

DENECKE, Axel; Mythos, Märchen und die biblische Verkündigungssituation
in: Pastoraltheologie, 77. Jg. 1988, S. 254-271

DREWERMANN, Eugen / NEUHAUS, Ingritt, Grimms Märchen tiefenpsychologisch gedeutet
Walter-Verlag Olten/Freiburg 1982 ff. (bisher acht Bände)

GUNKEL, Hermann; Das Märchen im Alten Testament,
Athenäum-Verlag, Frankfurt 1987 (Erstdruck 1921)

JANNING, Jürgen (Hg.); Gott im Märchen,
Erich-Röth-Verlag Kassel 1982

KAST, Verena; Wege aus Angst und Symbiose 1982
Mann und Frau im Märchen, 1983
Familienkonflikte im Märchen, 1984
Wege zur Autonomie, 1985
Märchen als Therapie, 1986
sämtlich im Walter-Verlag, Olten/Freiburg

LÜTHI, Max; Das europäische Volksmärchen, Form und Wesen,
UTB 312, Tübingen 1947, [8]1985

LÜTHI, Max; Was war einmal... Vom Wesen der Volksmärchen,
Kl. Vandenhoeck-Reihe 1136, Göttingen 1962

SEIFERT, Theodor, (Hg.); Weisheit im Märchen,
Kreuz-Verlag Stuttgart (bisher sind ca. 12 Bände erschienen)

STUMPFE, Ortrud; Die Symbolsprache der Märchen,
Aschendorf-Münster 1982, [6]1985